内蒙古高校人文社会科学重点研究基地心理教育研究中心项目成果
内蒙古自治区高等学校青年科技英才支持计划资助(NJYT−19−B20)成果

青少年移动社交网络使用行为研究

姜永志◎著

華中科技大學出版社
http://www.hustp.com
中国·武汉

图书在版编目（CIP）数据

青少年移动社交网络使用行为研究/姜永志著. —武汉：华中科技大学出版社，2019.4
ISBN 978-7-5680-5108-8

Ⅰ.①青…　Ⅱ.①姜…　Ⅲ.①互联网络-影响-青少年-社会交往-研究　Ⅳ.①C912.1

中国版本图书馆 CIP 数据核字（2019）第 054737 号

青少年移动社交网络使用行为研究　　姜永志　著
Qingshaonian Yidong Shejiao Wangluo Shiyong Xingwei Yanjiu

策划编辑：牧　心
责任编辑：苏克超
封面设计：孙雅丽
责任校对：曾　婷
责任监印：周治超
出版发行：华中科技大学出版社（中国·武汉）　电话：（027）81321913
　　　　　武汉市东湖新技术开发区华工科技园　邮编：430223
录　　排：华中科技大学出版社美编室
印　　刷：武汉市金港彩印有限公司
开　　本：710mm×1000mm　1/16
印　　张：20.75　插页：2
字　　数：318 千字
版　　次：2019 年 4 月第 1 版第 1 次印刷
定　　价：98.00 元

華中出版

前　言

移动互联网（简称“移动网络”）的高速发展已经将当代社会推向一个全新的数字化网络时代，互联网在我们生活和学习中发挥的作用越来越大，越来越多的现实问题被转移到网络中，现实世界与虚拟世界间的界限越来越模糊，这给社会治理带来了更多挑战。中国互联网络信息中心（CNNIC）将移动互联网界定为用户使用手机终端，通过移动网络浏览互联网站和手机网站，获取多媒体、定制信息等其他数据服务和信息服务。移动互联网网民是指过去半年内，使用手机终端设备，通过 GPRS、3G/4G 和 Wifi 等无线网络访问过互联网/移动互联网的 6 周岁及以上用户。我国首次对手机互联网网民规模进行的官方统计，出现在 2008 年 1 月中国互联网络信息中心发布的第 21 次《中国互联网络发展状况报告》中。中国互联网络信息中心（CNNIC，2015）结合我国社交网络应用使用情况，并参考国内外相关研究机构分类标准，把社交网络应用类型分为即时通信工具、综合社交应用、图片/视频社交应用、社区社交应用、婚恋/交友社交应用和职场社交应用等六大类。第 40 次《中国互联网络发展状况统计报告》（CNNIC，2017）统计显示，截至 2017 年 6 月，中国移动手机网民规模达 7.24 亿人，手机上网使用率为 96.3%，其中交流沟通类社交网络使用是移动手机网络使用最多的应用。在所有手机 App 使用排序中，微信使用率达到 84.3%，QQ 空间使用率达到 65.8%，微博使用率达到 38.7%。而在各种社交网络平台的使用中，微信朋友圈、QQ 空间和微博牢牢占据着前三位。以微信朋友圈、QQ空间和微博为代表的即时通信用户规模和使用率也不断增长。从手机网民的年龄结构或者职业结构来看，10～29岁人群占据49.1%，学生占24.8%。[①] 上述数据均表明，以即时通信为代表的移动社交网络（简称“移动网络”）使用，已经成为与现实社会交往同样重要的一种社交方式，并且呈现出用户年轻化的特点和趋势。目前我国手机移动互联网的发展速度远快于传统互联网，且对青少年手机移动互联网依赖的研究相对滞后于其发展速度。

随着移动互联网的迅猛发展，因过度沉浸于手机网络而产生的“手机依赖”、“手机成瘾”现象受到了越来越多的关注（Babadi-Akashe，Zamani，Abedini，Akbari，& Hedayati，2014；贺金波，陈昌润，鲍远纯，雷玉菊，2012；黄海，侯建湘，余莉，周春燕，2014；姜永志，白晓丽，2014）。在一项针对中国手机用户使用态度的调查中，Tian、Shi和Yang（2009）发现，青年群体普遍存在对手机使用的依赖感。然而，现有关于“手机依赖”或“手机成瘾”的研究存在一个明显的误区，即大多数研究没能区分究竟是手机本身对人的心理与行为产生影响，还是手机的附属功能，尤其是手机网络对人的心理与行为产生影响，这种对问题界定的模糊性可能导致对手机使用问题的心理学研究出现变量混淆问题。考虑到学术上“依赖”和“成瘾”主要用于描述个体对刺激物（主要是指物质）的生理上的依赖，《精神疾病诊断与统计手册》DSM-4也没有用“依赖”和“成瘾”来描述对某一物质或刺激物的病理性使用或滥用（张国华，戴必兵，雷雳，2013）。因此，我们倾向于将其看作“移动网络过度使用”，主要强调个体对基于智能手机的移动网络的非理性或不当使用及其带来的生理、心理和行为症状。

国内外专门针对移动网络过度使用的研究较少，相关研究的关键词主要包括“手机依赖”、“手机成瘾”、“病理性互联网使用”等，这些研究中虽然没有直接对移动网络进行研究，但或多或少都涉及了移动网络的内容。从现有研究的问题来看：一是从个体的角度探究哪些心理或行为变量可能使个体沉溺于对移动网络的使用，如人格特质、孤独感、社交焦虑、

① 中国互联网络信息中心．第40次中国互联网络发展状况统计报告［EB/OL］．2017-07-02. http：//www. cnnic. net. cn/hlwfzyj/hlwxzbg/.

羞怯等个人因素对移动网络过度使用的影响研究；二是从移动网络角度分析可能造成移动网络过度使用的原因，如，移动网络本身特性对移动网络过度使用产生的影响研究，互联网服务使用偏好对移动网络过度使用产生的影响研究（姜永志，白晓丽，2014）。这些研究在很大程度上，为个体在网络时代的行为依赖研究提供了基础，同时也为后续研究提供了新的启示。

以往研究还存在一个较为明显的局限，即手机使用问题的研究很少涉及手机的互联网使用功能对手机使用者的心理与行为所产生的影响，同样，网络成瘾研究也几乎不会考虑基于手机终端的移动互联网对网络使用及其心理与行为的影响。但是，移动网络的快速发展，已经衍生出基于移动网络过度使用行为的新问题。智能手机结合了传统手机和传统互联网的基本功能后已经成为推动互联网产业发展的新兴媒介。然而，作为一种快速发展的新兴移动媒介，单纯对手机使用或互联网使用的研究，已经不能解释日益增多的移动网络过度使用，这急需我们有效揭示移动网络怎样通过人的心理因素对行为产生影响，而这些问题并不能像手机依赖或网络成瘾那样轻易得到解释。因此，移动网络使用问题研究必须将个体因素（心理因素）与移动网络过度使用行为二者放在一个共同的框架内，并对它们的相互关系进行揭示，这样才能较为全面地把握移动网络过度使用的形成原因及其影响因素。

移动互联网的迅猛发展极大地影响着青少年的思维方式、交往方式和生活方式。对于社会群体中最具活力、最容易接受新生事物、正在成长的青少年而言，移动互联网正在潜移默化地影响着他们的学习、生活、思维方式乃至价值取向。移动互联网在对青少年的学习和生活起到巨大正面作用的同时，也促使青少年的思想认识呈现出多元化、易变性和复杂性的趋势与特点。如何引导青少年摆脱移动互联网给其带来的负面影响，构建青少年网络时代社会化的优质土壤，成为当前青少年教育面临的重大课题之一。青少年的社会化主要是指青少年通过学习、校园文化活动、社会实践、人际交往等环节，获得符合一定社会要求的文化知识、行为习惯和职业技能，健全和完善人格，努力形成正确的自我意识，内化社会价值标准，培养社会角色，树立科学的世界观、人生观和价值观，成为具有独特个性的社会成员并履行其社会职责的过程。在互联网时代，青少年的学习生活不可能离开互联网，而由于移动互联网的信息来源更加广泛、信息准入标准缺乏统一性等问题的存在，使青少年对信息价值判断导向更加难以控制，网络的虚拟化也极易淡化青少年的集体主义道德伦理规范，容易助长个人主义和自由主义倾向。

在移动互联网提供的诸多服务中，移动社交网络 App（如微信）是广受青少年群体青睐的移动互联网服务。在移动互联网的发展逐渐成熟的今天，移动社交网络是指“用户以手机移动终端为载体，以在线识别用户及交换信息技术为基础，按照流量计费，通过移动网络来实现的各种社交应用功能”。移动互联网社交媒体分为两类：第一类为基于内容分享的手机移动社交网络，比如手机客户端上的微博、豆瓣等；第二类为基于社交关系的移动社交网络，如人人网、微信、微博等。相较于传统网络社交媒体，手机移动互联网社交媒体除了兼具手机的移动特性和互联网的特性外，它的可定位性，使个体的交友模式从熟人圈子转向基于地理位置的陌生人交友，扩大了社交范围。手机移动互联网社交媒体极大满足了青少年的各种社交需求，但也使一部分青少年耗费大量的时间和精力进行网络社交的经营，沉溺于手机移动互联网社交之中而难以自拔，形成病理性手机移动互联网使用，对青少年正常的社会化发展产生消极影响。

从我国互联网社交移动化的进程来看，移动社交网络的发展大致可分为三个阶段：第一阶段是 2000—2005 年的萌芽阶段，此阶段的移动社交应用主要是运营商提供的一种增值业务，以移动 QQ 为代表，此时的移动 QQ 是一项基于短信的 SP（服务提供商）业务，主要内容形式是文字；第二阶段是 2006—2010 年的发展阶段，这一阶段电信运营商开始终止与各 SP 的合作，推出基于电信业务的免费手机移动社交应用，典型代表是中国移动推出的“飞信”，免费移动社交应用的出现吸引了大量用户，移动社交网络得到快速发展；第三阶段是 2011 年至今的流行阶段，这一阶段各种新型的手机移动社交应用大量涌现，“陌陌”、“微信”等应用彻底将移动社交应用的市场激活，各大运营商、互联网公司、终端厂商以及传统社交网络公司纷纷转至移动互联网市场，用户规模迅速膨胀，移动社交流行开来。有研究者在《中国社会科学报》刊文称，我国移动互联网过度使用问题的研究严重滞后于手机移动互联网的发展速度①。

从国内外现有研究来看，移动社交网络使用研究主要有三种视角：一是心理学视角，试图揭示移动社交网络使用与个体人格特质、现实社交能力、人际关系、人际信任、孤独感、自尊心等心理变量的关系，进而改善个体的心理健康水平；二是社会学的视角，试图揭示影响个体移动社交网络使用的社会因素，以及移动社交网络使用会给个体和群体带来哪些行为改变，进而提高移动社交网络使用对青少年社会化的积极效应；三是传播学视角，试图揭示移动社交网络使用中信息传播对人际关系的影响及其产生的社会效应，进而促进个体良好的人际关系的建立。现有研究从这三个视角均进行了相关研究，但限于各自学科壁垒，在这一问题上没有进行交叉的多学科研究，也没能使这一问题得到进一步深入探讨。

尽管国内外研究并没有直接提及移动社交网络使用对青少年社会化的影响，但事实上移动社交网络使用对青少年社会心理与行为产生的影响，其实就是社会化过程。这个社会化过程比前网络时代更加复杂，线上社交的虚拟特性与青少年不成熟的心理特性交织在一起，极易导致青少年的社会心理与行为发生扭曲。因而，本书从社会学、心理学和传播学的视角对这一问题进行综合研究，能够更加全面地把握移动社交网络使用对青少年社会化进程产生的影响，并采取相应措施来应对移动社交网络使用对青少年社会化进程带来的消极影响。

本书是作者在近5年来青少年智能手机移动社交网络使用心理与行为问题研究系列成果的基础上，进行整理和修改而完成的学术专著。移动社交网络使用的早期研究主要关注手机依赖或手机成瘾，但随着智能手机的普及以及相关App应用的开发，智能手机移动社交网络使用问题逐渐成为一个广受社会关注的问题。本书在对以往研究进行综合分析基础上，探究了青少年移动社交网络使用的评估、青少年移动社交网络使用的心理倾

① 姜永志．手机移动互联网依赖研究滞后于其发展速度［N］．中国社会科学报，2014-06-09.

向，以及青少年人格特质、情绪、社会交往与移动社交网络使用的关系及其相互作用机制，并基于研究提出了青少年移动社交网络使用的社会化教育与引导对策。本书选题具有鲜明的时代性特征，关注了新媒体时代青少年“低头族”、“触屏控”这类群体，他们使用智能手机及移动社交网络过程中的心理与行为问题，致力于揭示青少年移动社交网络使用的心理机制及影响因素，促进新媒体时代青少年身心健康发展。

本书共分八章，第一章“移动社交网络使用概述”，包括四节，主要探讨和分析了移动社交网络使用的基本理论问题，如移动社交网络使用的相关概念、移动社交网络使用的相关测量、移动社交网络使用与心理行为的关系、移动社交网络使用研究的理论基础；第二章“研究总体设计”，包括两节，主要提出了该书的研究依据和研究思路与内容；第三章“移动网络使用行为的评估”，包括三节，主要对相关的心理与行为评估工具的开发及应用进行了介绍，如早期的手机依赖行为的评估和移动网络过度使用行为的评估，以及后期研究涉及的问题性移动社交网络使用的评估；第四章“青少年移动社交网络使用的心理倾向”，包括四节，主要对青少年移动社交网络使用态度、青少年移动社交网络使用动机、青少年移动社交网络使用偏好和青少年移动社交网络使用行为特征等内容进行了深入的调查研究；第五章“青少年人格特质与移动社交网络使用”，包括四节，主要对青少年移动社交网络使用产生影响的人格因素及作用机制进行了探讨，如外向性、神经质和冲动性人格等对青少年移动社交网络使用产生影响的作用机制；第六章“青少年情绪与移动社交网络使用”，包括四节，主要对青少年移动社交网络使用产生影响的情绪因素及作用机制进行了探讨，如，孤独感、无聊倾向和羞怯感对青少年移动社交网络使用产生影响的作用机制；第七章“青少年社会交往与移动社交网络使用”，包括四节，主要探讨了青少年社会交往与移动社交网络使用的关系，如社交焦虑、社交困扰和社会适应对青少年移动社交网络使用产生的影响；第八章“青少年移动社交媒体使用的社会化教育与引导”，包括三节，主要从家庭教育、学校教育与社会教育的视角提出了青少年移动社交网络过度使用行为的教育与引导对策建议。

本书对青少年移动社交网络使用的心理与行为问题进行了探讨。首先，这些研究仅是笔者在研究过程中的一些个人观点，难免有不够成熟之处，还需与学界同人商榷；其次，本书涵盖的内容仅是移动社交网络心理与行为研究中的很小一部分，限于笔者个人能力，考虑到网络心理学正处于快速发展阶段等因素，本书在内容上也并不能对所有移动社交网络使用的心理与行为问题进行探讨。尽管本书在各个方面仍存在一些不尽如人意的地方，但还是希望本书的出版能促进我国网络心理学的基础与应用研究，推动更多青年学者投身到网络心理学研究中来。

目　录

第一章 移动社交网络使用概述

信息技术发展已经改变了人们的生活方式，人们通过智能手机便捷高效地进行网络连接，建立了一个与现实社会类似的虚拟社会。随着移动网络使用人数越来越多，研究者们开始关注移动网络使用过程中伴随的心理与行为问题。研究者普遍认为，移动网络过度使用使人们逐渐产生了对虚拟网络社会的依赖，甚至混淆了虚拟与现实的界限，影响了人们正常的现实社会生活。例如，有很多家长抱怨孩子因长时间使用移动社交媒体，产生了社会疏离和学业成绩下降。社会现实急需对这一问题的形成原因、深层动机、发生机制和干预手段开展系统研究，但这一系列问题的解决尚不能有效开展，原因在于对移动网络过度使用的概念和标准仍未达成一致看法，例如，这一行为应称作“移动网络成瘾”、“移动网络依赖”、“病理性移动网络使用”还是一般心理问题？这些问题讨论主要集中在是不是成瘾行为，以及应以何种标准作为衡量指标。而基本概念的澄清也将为进一步探究移动社交网络使用的心理结构，以及对该问题的风险评估提供依据。

不过，现有理论基础和研究假设主要借鉴病理性赌博和网络成瘾的相关标准，这也导致网络成瘾的评估标准等同于智能手机移动网络过度使用行为评估标准，使得现有评估工具也照搬了病理性赌博和网络成瘾的标准。除了概念界定和行为测量这两个问题之外，现有研究在对移动网络使用行为的理论解释上仍过多依赖网络成瘾等相关理论，而缺少基于智能手机的移动网络使用行为理论解释框架。对移动网络过度使用应如何界定，对其风险应如何评估，以及如何对这一现象做出合理解释，这些都需要进一步澄清。因此，本章在文献分析基础上，对上述问题进行了较为系统的梳理，以澄清现有研究中存在的混淆和分歧。

第一节　移动社交网络使用的相关概念

在信息社会，人们在生活中需要更快地获取各种信息，更快地与人沟通交流以节省时间成本，这就导致了人们对信息技术的更多渴求，使人被高度卷入到技术性需求之中，并最终产生对技术使用的依赖性，网络成瘾常被看作是典型的技术性成瘾。随着移动网络技术的发展，基于移动终端的智能手机使用也成为一种新的技术性使用行为，而且智能手机的过度使用及其表现的相关症状也与网络成瘾越来越相似。那么智能手机移动网络使用能否被看作是一种成瘾行为？智能手机社交网络使用问题也逐渐引发众多社会问题，如青少年沉迷于刷“朋友圈”而导致生理、心理和行为受到消极影响。那么，处于这种沉迷状态的移动社交网络使用是否也可以被看作是一种成瘾行为？从国内外研究来看，这一概念的类属尚无定论，现有研究对相关概念的名称也尚未统一，如手机成瘾、手机依赖、手机使用综合征、移动社交媒体成瘾、问题性手机使用等，诸多概念相互交叉混淆，“自说自话”是普遍现象。

一、行为成瘾

传统的诊断系统严格地把重复性和过多的物质滥用所引起的生理、心理和行为症状视为成瘾，并强调成瘾是由于物质滥用导致个体生理和心理功能障碍的一种行为，如，毒品滥用、酒精滥用、过度吸烟引起的生理和心理症状。例如，当一个人痴迷于某种活动，且这种痴迷活动对他的日常生活产生消极影响，并呈现出类似物质成瘾的症状。然而美国《精神疾病诊断与统计手册》（DSM-4）中，并没有使用“成瘾”这个概念来描述这样一种行为，而只是将物质滥用和物质依赖与其他精神疾病进行了鉴别，并且没有对不包括物质使用的成瘾行为进行讨论。

虽然在《精神疾病诊断与统计手册》（DSM-4）中行为成瘾仍是按照物质成瘾的标准来制定，但《精神疾病诊断与统计手册》（DSM-5）在物质相关障碍上做出重要修改，“成瘾及相关障碍”取代原来的“物质依赖”分类，增加了“行为成瘾”，并建议把“病理性赌博”从“冲动控制疾病”归类于“物质相关疾病”类目下的行为成瘾中。其主要理由是工作组认为病理性赌博跟物质成瘾在临床、病因、生理和治疗方面有诸多共同点，应把两者归为同类。工作组还将网络成瘾列入该类目下，但是由于目前还缺乏足够的神经生物学证据支持，因此暂将其列入手册的附录中（姜永志，白晓丽，阿拉坦巴根，刘勇，李敏，刘桂芹，2016）。

《精神疾病诊断与统计手册》（DSM-5）也对物质使用障碍的标准进行了重新描述，认为物质使用障碍可包括 11 个临床症状：① 使用数量或者时间比想象中更多；② 有想要控制或中断使用的愿望；③ 花费大量的时间来获取和使用；④ 使用渴求性；⑤ 反复的物质使用导致无法履行角色任务；⑥ 尽管知道反复使用会产生消极影响仍继续使用；⑦ 由于反复的使用而忽略其他重要活动；⑧ 在对身体有损害的情况下继续使用；⑨ 尽管知道使用对生理和心理的消极后果仍使用；⑩ 耐受性提高；⑪ 戒断性症状。[①] 根据这些症状标准，冲动性赌博行为、过度进食行为、冲动性行为，虽然不包含任何化学物质的使用，但其表现出的症状与物质使用障碍标准十分相似。病理性赌博也是第一个被正式收录在《精神疾病诊断与统计手册》（DSM-4）中的非化学物质使用导致的心理障碍。在传统的诊断系统中，病理性赌博被看作是一种冲动控制障碍，而此后的大多数成瘾行为都是以病理性赌博标准为依据来制定的。例如，网络成瘾和网络游戏成瘾。

但在物质成瘾相关研究中，《精神疾病诊断与统计手册》（DSM-4）将发现的神经生物学证据视为成瘾行为存在的重要依据。早期研究发现，病

① Laconi S, Rodgers R F, Chabrol H. The measurement of Internet addiction: A critical review of existing scales and their psychometric properties [J]. Computers in Human Behavior, 2014, 41: 190-202.

理性赌博、网络成瘾均可以找到有力的神经生物学证据，来证明成瘾行为导致神经系统的变化。但目前《精神疾病诊断与统计手册》（DSM-4）并没有将网络成瘾看作是一种十分具体明确的精神疾病，那么将网络成瘾作为一种明确的行为成瘾是否成立，仍处在争论之中。不过可以明确的是，以病理性赌博为代表的行为成瘾已经基本具备了所有物质成瘾的各项生理和心理筛查标准，而基于现代通信技术的问题性技术使用行为，是否应看作是一种行为成瘾，仍需要更多的证据来支持。

二、技术性使用及成瘾

在信息社会，人们在生活中需要更快地获取各种信息，更快地与人沟通交流以节省时间成本，这就导致人们对信息技术的更多渴求，使人被高度卷入到技术性需求之中，并最终产生对技术使用的依赖性（Turel & Serenko，2012）。Kuss 和 Griffiths（2011）将行为成瘾的概念发展为“技术性成瘾行为”，认为技术性成瘾是一种不涉及化学物质的，在人机交互作用中产生的对机器使用的依赖，它也是以《精神疾病诊断与统计手册》（DSM）的标准制定的，常被描述为一种基于技术使用并与心理相关的行为成瘾。这种行为成瘾主要与技术在人类生活中扮演的重要角色有关。正如以往研究所揭示的，技术性使用对人们的生活具有积极作用，而过度的技术性使用则会让使用者产生很多生理、心理和行为问题（Hadlington，2015）。换句话说，当技术使用行为占据了一个人大部分的时间和精力时，这些技术性行为就会对人的身心产生消极影响，并表现出成瘾行为的主要症状。Carbonell 等人（2009）对 1995—2005 年间技术性使用问题进行文献计量分析，认为技术性成瘾行为主要包括电视成瘾、网络成瘾和手机成瘾（早期研究主要涉及手机短信成瘾）等。心理学和健康医学研究也对技术性成瘾行为的各种形式开展研究，这些研究主要集中在过度的技术使用行为如何发生上。例如，技术性成瘾行为的动机、发生机制，以及技术性成瘾行为对个体身心发展带来影响。

在技术性成瘾行为的筛查上，目前主要是以《精神疾病诊断与统计手册》（DSM-4）中病理性赌博的症状标准为依据。例如，网络成瘾中，

Young（1998）最早使用病理性赌博的标准编制了网络成瘾量表，并提出了网络成瘾行为的筛查标准。随着研究的深入，网络成瘾的神经生物学证据被越来越多地发现，这也进一步确证了过度的网络使用是一种基于技术性使用的成瘾行为。近年来，由于移动互联网的快速发展和 Wi-Fi 覆盖率的提高，以及基于智能手机 App 应用服务的快速发展，过度的智能手机使用行为也导致一系列的社会心理问题，使过度的智能手机使用也发展为一种新的技术性成瘾行为（Wei & Lu，2014）。

三、网络成瘾

网络成瘾是一种十分普遍的网络使用障碍，它是约 20 年来基于技术性使用开展研究最多的一种行为成瘾。网络成瘾是 Young 在 1998 年以《精神疾病诊断与统计手册》（DSM-4）中病理性赌博的诊断标准为基础提出的概念，将它看作一种对特定在线行为过度使用的冲动控制障碍（王福兴，倪牧宇，李卉，沃建中，2008）。目前大多数网络成瘾的研究认为，网络成瘾与其他公认的成瘾行为（如病理性赌博、进食障碍、酒精依赖等）一样具有破坏性，其滥用模式类似于病理性赌博，具有精神病理行为特征，是一种包括耐受性增强（按以前相同的上网量则满足感下降，须增加上网量才能达到原有的满足程度），戒断性症状（尤其是震颤、焦虑），情绪障碍（包括抑郁、焦虑等），社会关系中断（数量减少或质量降低）等的精神障碍，而且 Young 开发的网络成瘾筛查工具也是根据赌博成瘾改编而来的，满足 8 条标准中的 5 条即可被认定为成瘾行为（梅松丽，2008）。虽然在《精神疾病诊断与统计手册》（DSM-4）及其修订版中没有将网络成瘾列入其中，但在 DSM-5 的附录中将网络成瘾列入其中，认为网络成瘾是一种更为普遍的成瘾行为。尽管没有被收录在正文中，但这也标志着作为非化学物质使用行为的技术性使用问题，已经被权威机构承认。目前学界已经承认这样一种基于网络使用成瘾行为的存在，并将基于网络的成瘾行为视为精神卫生疾病的一种亚型，强调网络成瘾与物质成瘾和药物滥用间的关系，以及网络成瘾行为对现实生活产生的消极影响（Sansone & Sansone，2013；Marder，Joinson，Shankar，& Thirlaway，2016）。

根据《精神疾病诊断与统计手册》（DSM-5）中的症状标准，网络成瘾及其亚型应主要包括以下症状：一是缺乏控制，个体试图控制和减少使用网络的时间但总是失败；二是耐受性提高，个体总是无意识延长了使用网络的时间，并且只有花费更多的时间上网才能达到以往同样的愉快体验；三是戒断性症状，当网络使用受限时，个体会产生紧张、焦虑、易怒、攻击性等消极情绪，并产生强烈的上网渴求；四是消极结果，个体长时间使用网络对生理、心理和行为产生消极影响。根据现有成瘾行为诊断标准，网络成瘾除了应具有显著的临床症候群外，同时也应具备独特的神经生物学基础。① 例如，现有研究已发现，网络成瘾与物质使用障碍都存在类似的大脑神经机制，当使用网络时大脑的奖赏系统会比一般情况下释放更多的多巴胺，引起大脑过度兴奋状态，并导致该区域神经元联结变化，而且网络成瘾已经被证明存在前额皮层和扣带回区域的频繁激活，这些神经生物学证据都表明网络成瘾作为一种行为成瘾，呈现出与物质成瘾越来越多的相似性（Duven，Müller，Beutel，& Wölfling，2014）。

四、社交网络成瘾

社交网络集合了多种网络应用服务，尤其是社交网络向智能手机终端的转移，使越来越多的人频繁、高强度地使用社交网络，智能手机已经成为社交网络依托的最主要媒介。目前在欧美国家使用的主流社交网站主要是 Facebook，作为世界上较流行的社交网站，Facebook 综合了多种网络功能。例如，Facebook 提供了图片、音乐、视频、信息传输、娱乐和网络游戏等功能，人们在这个社交网络中可以与熟人或陌生人通过视频、音频等进行联系，同时个体也可以通过这个平台发布和更新状态、上传和下载照片、玩网络游戏、听歌和看电影等。使用社交网络已经成为一种新的生活方式，就如同我们每一个使用智能手机的人都会使用微信一样（姜永志，李笑燃，白晓丽，阿拉坦巴根，王海霞，刘勇，2016）。

---

① Kuss D J，Griffiths M D. Online social networking and addiction—A review of the psychological literature［J］. International Journal of Environmental Research and Public Health，2011，8（9）：3528-3552.

随着使用强度的增加，有一小部分个体出现了过度的社交网络使用问题，这种过度的社交网络使用行为被认为是网络成瘾的一种具体形式（Andreassen，Torsheim，Brunborg，& Pallesen，2012），也常被称作社交网络成瘾行为。有研究者将社交网络成瘾看作是一种基于人机交互作用的不涉及化学物品使用的技术性成瘾行为（Lin et al.，2014）。而这种行为被描述成瘾行为时，研究者常使用《精神疾病诊断与统计手册》（DSM-4）中病理性赌博的标准来看待。按照该标准来看，社交网络成瘾行为主要体现在社交网络使用的时间和频率方面（即凸显性）。基于《精神疾病诊断与统计手册》（DSM-4）来解释，人们使用社交网络主要是用于缓解负性情绪（即情绪调节或心境改变），希望通过频繁使用社交网络获得积极愉悦体验（即耐受性或渴求感），而终止使用时就会产生痛苦体验（即戒断症状），由于过度的社交网络使用会对个体的生理或心理产生功能性损害（即冲突或功能损害），个体便会试图控制社交网络使用却总是失败（即反复或失去控制）。

有研究者总结认为，社交网络成瘾行为不仅是指社交网络使用时间和强度的增加，它还是一种包含心理依赖性、缺乏控制和对日常生活产生消极影响的行为，而且表现出较强烈的戒断综合征。目前，社交网络使用已经成为人们日常生活不可缺少的一部分，尽管研究表明社交网络使用的积极影响显著大于消极影响，但因社交网络使用消极影响的范围因智能手机的普及而迅速蔓延，越来越多的青少年产生了社交网络成瘾行为，而且青少年社交网络成瘾行为常常与抑郁倾向、自卑心理、低挫折耐受性和低自尊有关，并且会导致青少年学习成绩下降、攻击性行为、盗窃行为、社会关系发展不良等行为问题（Cheung & Wong，2011；Cruzado，Matos，& Kendall，2006；Huang & Leung，2009）。正是由于目前社交网络成瘾行为带来消极影响，社交网络成瘾的生理、心理与行为研究才显得迫切。

五、手机成瘾

（一）传统手机与智能手机

1973 年，世界第一款手机诞生，重量超过 1 公斤，电池仅能维持 20 分钟通话。而 40 多年后的今天，手机已经变得轻巧，可随身携带（Akın，Altundağ，Turan，& Akın，2014）。现有关于手机使用问题的研究存在一个分水岭，那就是智能手机（Smart Phone）的出现打破了人们基于传统功能手机（Feature Phone）的理解，这也使得手机使用问题的研究出现了重要的转折。智能手机概念与传统功能手机是相对应的，主要是指可以像电脑一样，能够安装和卸载第三方应用程序的手机。由苹果公司于 2007 年发布第一代 iPhone，以及苹果公司于 2008 年推出 iPhone 3G 服务开始，智能手机开启了手机使用的新时代。在随后的 10 年中，智能手机 App 软件的开发满足了大多数人的学习、生活、工作和娱乐需求，使那个曾经网络成瘾盛行的时代再次出现，只是这个时代人们对技术的依赖由电脑转移到了智能手机。因此，有必要对智能手机与传统功能手机的区别与联系做一简要介绍，以便对智能手机时代相关概念有更加深入的理解。

智能手机与传统手机存在以下三个显著的区别。一是智能手机使用与传统手机相比是一个动态的使用过程。智能手机使用者能够积极参与手机 App 使用，几乎所有 App 都在为满足不同的用户而不断变化，而且用户可以在使用过程中对 App 的使用体验进行积极反馈，以获得更优质的服务。二是智能手机提供了融合的服务。用智能手机下载相关 App 就可以使用各种应用软件，进行图片处理、网络社交、GPS 定位、信息浏览、收发邮件、玩网络游戏等。同时，智能手机的服务会实时更新，使手机成为一部便携式电脑。也正是因为智能手机的使用可以获得更多便利，智能手机的过度使用行为也越来越多。三是智能手机可以满足不同年龄阶层的人的需求。传统手机的主要功能是语音电话和收发信息功能，而智能手机则可以满足不同年龄的特殊需求，如进行网络社交、玩网络游戏、听歌看视频、收发邮件等，这也使不同年龄阶层的人对智能手机的功能使用产生了使用偏好和依赖性（Kim，Lee，Kim，Nam，& Chung，2014）。目前手机使用问题带来的广泛影响，主要是在2008年智能手机时代来临之后所发生的。近年来手机使用问题研究的内容主要也是指智能手机使用及其相关问题，因而文中讨论的手机成瘾问题主要指智能手机成瘾，下文不再做具体区分。

（二）手机成瘾及相关概念的争议

智能手机除了具备传统手机的便携式特点之外，它还是一部掌上电脑，它可以不受时间地点限制连接互联网，并可以随时下载、安装并使用各种App应用。例如，基于智能手机的Facebook、微信、人人网、在线网络游戏、在线视频音频、卫星导航App。由于智能手机是一种集合式的便携设备，其诸多优点使人们越来越频繁地使用它，在时间和强度上都超出了正常水平，并对个体的生理、心理和行为产生了消极后果。近年来有研究指出，手机的过度使用会对个体的健康产生消极后果，这使手机使用问题成为心理学、健康医学和信息技术科学的研究热点问题（Babadi-Akashe，Zamani，Abedini，Akbari，& Hedayati，2014）。尤其是，有研究表明，手机的过度使用会导致学业成绩下降、家庭冲突和工作困扰，甚至导致较为严重的抑郁和孤独症状（Chen et al.，2016）。基于智能手机终端的低头族现象就是一种典型的手机使用问题。低头族泛指那些只顾低头玩手机，而无暇顾及（冷落）其他人或事物的一群人或一种社会现象，这种现象的全球蔓延趋势已经产生了较为明显的消极后果。

在移动网络时代，个体可以通过各种智能手机App进行网络活动，使得由传统计算机进行的活动都可以转移到智能手机上，这使得这种行为与网络成瘾具有很多的相似性并且存在相互影响。例如，如果一个人总是在网络上花费大量时间，那么他更容易产生手机成瘾行为。手机成瘾常被看作“由于过度的手机使用而对个体生理、心理和行为产生消极影响的一种冲动控制障碍”[①]，并认为这种行为与病理性赌博、冲动性购物、网络成瘾等成瘾行为具有很多相似性。但是，手机成瘾的概念在学界尚未统一，关于手机成瘾行为的观点主要有两种：一种观点认为过度的手机使用是一种病理性的成瘾行为；另一种观点认为过度的手机使用应被看作是一种非病理性的问题性使用行为。

第一种观点认为过度的手机使用所表现出的临床症状与病理性赌博和网络成瘾等十分相似，应该将其看作成瘾行为（Kuss & Griffiths，2011）。持有此种观点者主要有以下两点理由。一是在临床心理学的文献中，手机成瘾与网络成瘾、病理性赌博等一样都具有相同的核心症状症候群，手机成瘾的筛查标准也要以《精神疾病诊断与统计手册》（DSM-4）中的症状标准为依据来评价。例如，Mok 等人（2014）认为手机成瘾行为可表现为以下临床症状：① 个体专注于特定行为（如智能手机）；② 这种行为是为了逃避现实或带来积极体验；③ 随着行为的持续会出现耐受性提高；④ 当行为终止或受干扰时会出现戒断症状（如感到焦虑、抑郁、暴躁）；⑤ 行为持续的后果会带来人际关系问题；⑥ 渴望终止行为却总是失败。[②]二是过度的手机使用给个体的生理、心理和行为都带来巨大的消极影响。例如，过度的手机使用会产生睡眠障碍、注意力不集中、记忆力减退等生理问题，会给个体带来焦虑、孤独和抑郁等消极情绪，并产生学业成绩下降、工作效率低下和退缩行为等。

持有第二种观点的研究者认为，过度的手机使用所产生的临床症状与病理性赌博等虽然十分相似，但并不能完全按照《精神疾病诊断与统计手册》（DSM-4）的标准将其看作成瘾行为，应将其看作是基于一般心理问题的手机使用行为，而不是基于精神病学的病理性成瘾行为（Kittinger，Correia，& Irons，2012）。持此观点的人主要有两点理由：一是尽管过度

---

① Guzeller C O，Cosguner T. Development of a problematic mobile phone use scale for Turkish adolescents［J］. Cyberpsychology，Behavior，and Social Networking，2012，15（4）：205-211.

② Mok J Y，Choi S W，Kim D J，Choi J S，Lee J，Ahn H，Song W Y. Latent class analysis on internet and smartphone addiction in college students［J］. Neuropsychiatric Disease and Treatment，2014，10：817-828.

的手机使用行为带来很多消极后果，但是与网络成瘾相比这些症状显得微不足道，手机使用产生的心理和行为问题几乎在每一个使用智能手机个体身上都存在，危害并没有想象中那样严重；二是尚无明确证据表明过度的手机使用与某些神经生物学机制存在联系，而神经机制是评价成瘾行为的关键指标，不能将这一行为称为手机成瘾，而应将其看作是一种心理问题。

事实上，从现有研究来看，很多学者仍认为过度的手机使用是一种成瘾行为，但这个概念仍然缺少确切的证据，迄今为止，将这种行为作为成瘾症状的证据仅仅来自一些测量学数据分析。更具体地说，与其他化学物质及行为成瘾相比，手机成瘾缺乏类似的神经生理学及心理学机制参与其中的证据。在《精神疾病诊断与统计手册》（DSM-4）中，这类证据在病理性赌博和网络游戏成瘾的诊断中起到了关键作用，尤其是成瘾行为的三大特征，即控制力丧失、耐受性和戒断症状方面，但在手机成瘾研究领域仍然缺少确切的证据。很多研究者主张将控制力缺失看作手机成瘾的关键症状（例如失去对冲动的控制），在现有研究框架内，研究结果主要来自心理测量分析和少数案例报告，在神经生物学方面仍然缺少实证。因此，需要进一步研究来证实这种证据的存在，即与病理性赌博和网络成瘾研究类似，需要从神经生物学层面上对其加以研究（例如使用 ERP、EEG 或 fMRI 技术）。根据物质成瘾标准，学者们试图将耐受性应用于手机成瘾的诊断。例如，姜永志等人（2016）指出，在手机成瘾的研究框架内，耐受性表现为“通过增加使用手机的频率与持续时间来获得满足”或者“需要市场中出现新型的替代操作设备”。事实上，根据手机使用时间和频率的增加来推断其耐受性是否科学仍值得商榷，尤其是在不同情境下，以及受到其他社会心理变量的影响，都会对使用频率和时间产生影响，如，年龄（青少年更容易受到同龄人的影响）、状态关系（单身或恋爱）、职业情况（职业性质）及重要的生活事件（恋爱关系的开始或结束）等。

尽管以往研究均认为，手机成瘾具有与药物成瘾类似的戒断症状特点，但是，这方面的支撑证据仍然很少。在这类研究中，用来评估戒断的项目包括“当无法使用时我会感到焦躁易怒”或“当我无法使用手机时会恐慌”等。从严格意义上讲，这些研究仅能提供戒断症状的间接证据。正是由于这些问题的不确定性，将过度的手机使用看作是成瘾行为还存在问题。但这并不意味着过度的手机使用并非不能被看作一种成瘾行为（至少一部分个体展现出问题性手机使用症状），只是目前现有研究证据还不足以得出明确的结论，还需要通过深入的研究、实验来获取它与神经生物学基础的关系。

通过以上分析，我们认为过度的手机使用无论被看作是成瘾行为还是问题性使用行为，学界最重要的分歧都在于是否应依据《精神疾病诊断与统计手册》（DSM-5）的标准。如果按照《精神疾病诊断与统计手册》（DSM-5）的标准，过度的手机使用应是一种精神疾病。如果不使用《精神疾病诊断与统计手册》（DSM-5）的标准，按照心理问题的行为标准来看，这一行为应属于不同程度的心理问题。我们并不希望在评判标准上过多纠结，而是认为过度的手机使用问题评估，既应借鉴《精神疾病诊断与统计手册》（DSM-5）的病理性使用相关标准，也应基于现实生活实践寻求生活的相关标准。因此，我们倾向于将其看作是一种基于智能手机的移动网络过度使用行为。这种行为表现为个体过度使用移动网络（包括娱乐服务、社交服务、网购服务、信息服务等），并对生理、心理和行为造成损害，但这种损害没有达到精神病学标准，而仅是一种技术性依赖行为。因此，我们将其视为一种介于心理问题与精神疾病之间的心理状态。

六、相关概念的层次梳理

通过相关概念的辨析，我们将相关概念按照层级逻辑进行了梳理。这个概念系统共分为四层（见图 1-1）。第一层为行为成瘾，它是与物质成瘾相对应的概念类别，是一种不包括化学物质使用的冲动控制障碍。第二层可分为技术性成瘾与非技术性成瘾，技术性成瘾与非技术性成瘾是相对应的概念。第三层中，非技术性成瘾主要以病理性赌博最为典型，其他还包括色情成瘾、其他非技术成瘾；技术性成瘾主要包括网络成瘾、问题性手机使用和其他技术性成瘾，其中网络成瘾是最为典型的技术性成瘾。早期技术性成瘾还包括电视成瘾，而问题性手机使用也常被称作手机成瘾，它是近年随着手机尤其是智能手机的发展而产生的一种新技术性使用问题，但目前尚缺乏足够的证据支持其被作为成瘾行为。第四层主要包括基于网络成瘾的各种亚型，以及基于问题性手机使用的各种亚型。典型的网络成瘾包括网络游戏成瘾和社交网络成瘾，其中网络游戏成瘾是最早提出的网络成瘾亚型，而社交网络成瘾则是近十年随着 Facebook 等社交网络的发展而出现的一种新的网络使用行为。典型的问题性手机使用主要包括问题性移动社交网络使用和问题性移动在线游戏使用。其中，问题性移动社交网络使用是随着社交网络从电脑终端向智能手机终端转移后，产生的一种新的技术性使用行为。这种技术使用行为已经成为人们生活的一部分，对人们的学习、生活和心理发展都具有重要影响。

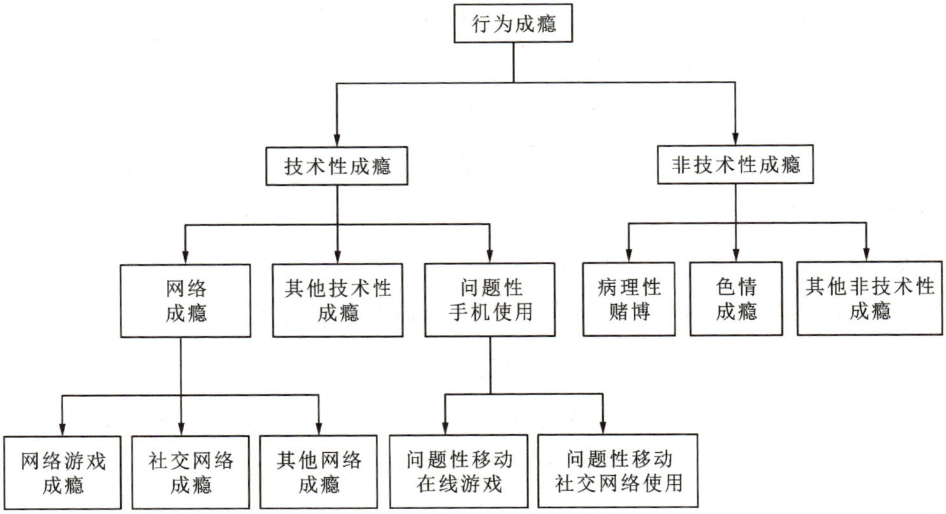

图 1-1　移动社交网络使用及相关概念结构图

第二节　移动网络使用的相关测量

移动网络使用既应包括智能手机移动网络使用，同时也包括智能手机 App 使用，如社交 App、娱乐 App、购物 App 等的使用。从目前相关领域的研究现状来看，研究者更多关注青少年移动网络整体性使用和移动社交网络使用。本节基于国内外研究文献，着重对目前移动网络使用及其相关测量与评估工具及其存在的问题进行分析，以澄清国内外在青少年移动网络使用心理与行为评估问题上的不同观点。

一、移动网络过度使用的测量与评估

如何判断个体是否形成了移动网络过度使用，主要以心理测量评估为主要依据。我们对目前已经编制的手机使用及相关问题的测量工具进行梳理。这一问题研究大致可分为三个阶段。第一阶段为非智能的功能手机时期，时间为2008年之前。这一阶段主要探讨过度的手机使用所呈现出的症状和消极后果，即症状表现和消极影响，并主要以《精神疾病诊断与统计手册》（DSM-4）中病理性赌博的症状作为评价标准，这也使这些测量工具的结构基本一致。这一阶段的研究对象主要是手机短信和语音通话使用中所表现出来的具体问题。第二阶段为智能手机初步发展阶段，时间为2008年至2012年。在这一阶段，人们除了关注手机依赖的症状表现外，还关注手机依赖的前因和后果，即什么原因导致手机依赖，以及手机依赖带来了哪些消极影响。这一阶段的研究对象主要是新兴的网络平台和服务，如人人网、开心网、微博等。第三阶段为智能手机快速发展阶段，时间为2012年之后。在这一阶段，智能手机的使用对个人、家庭和社会带来的消极影响日益凸显，尤其是某些手机依赖亚型成为研究的主要热点，Facebook、微信等社交媒体使用成为这一时期欧美国家和我国在这一领域中关注的焦点。从上述各阶段的评估工具研究来看，以往研究编制的评估工具主要存在三个问题：一是绝大多数测验仅能测量手机依赖的严重程度，揭示这种现象的结构维度，而不能作为筛查评估工具进行诊断筛查；二是大部分工具都以《精神疾病诊断与统计手册》（DSM-4）中关于病理性赌博的症状作为评价标准，而这种基于病理性赌博行为的标准对网络成瘾或其他技术性成瘾可能适合，但是否适用于移动网络过度使用还值得商榷；三是几乎所有测评工具都以大学生为研究对象，而较少针对青少年、中老年人或者其他人群，这也使得相关工具的普遍适用性受到限制。

笔者通过文献搜集和整理，对近年来发表在SCI期刊数据库中的论文和国内发表在专业期刊上的文献进行检索，并根据量表名称、作者、时间、对象、题目/计分、信度系数和维度结构几个方面，进行了归纳和整理（见表 1-1）。

表 1-1 问题性手机使用及相关问题测量

量表名称	作者	时间	对象	题目/计分	信度系数	维度结构
手机依赖问卷（MPDQ）	Toda，Monden，Kubo，Morimoto	2004 年	大学生	20 题/4 点计分	0.86	三维度：突显性、过度使用、强迫性短信使用
手机依赖问卷（MPS）	Bianchi，Phillip	2005 年	大学生	27 题/10 点计分	0.91	五维度：戒断症状、消极健康影响、消极社交影响、经济问题、社会地位影响
短信使用问题诊断问卷（SMS-PUDQ）	Rutland，Sheets，Young	2007 年	大学生	8 题/2 点计分	0.87	二维度：病理性使用、过度使用
问题性手机使用问卷（PMPUQ）	Billieux，Van der Linden，Rochat	2008 年	大学生	30 题/4 点计分	0.85	四维度：禁止使用、危险使用、依赖性、经济问题
手机短信依赖量表（TMDS）	Igarashi，Motoyoshi，Takai，Yoshida	2008 年	青少年	15 题/5 点计分	0.85	三维度：情感反应、过度使用、关系维持
问题性手机使用问卷（PCPU-Q）	Yen，Tang，Yen	2009 年	青少年	12 题/2 点计分	0.96	二维度：问题性使用症状、功能损害

续表

量表名称	作者	时间	对象	题目/计分	信度系数	维度结构
手机卷入问卷（MPIQ）	Walsh，White，Young	2010年	大学生	8题/7点计分	0.87	单维度
智能手机成瘾量表（SAS）	Kwon，Lee，Won，Park，Min	2013年	青少年	33题/6点计分	0.96	六维度：日常生活干扰、积极预期、戒断症状、过度使用、耐受性、网络关系取向
智能手机成瘾量表（SAS-SV）	Kwon，Kim，Cho，Yang	2013年	青少年	10题/6点计分	0.91	单维度
智能手机成瘾量表（SAUS）	Won-jun，Lee	2013年	大学生	20题/5点计分	0.84	六维度：忽视工作、逃避现实、忽视现实社交、缺乏控制、突显行为、过度使用
问题性手机使用量表（PUMP）	Merlo，Stone，Bibbey	2013年	大学生	20题/5点计分	0.94	七维度：耐受性、戒断症状、时间延长、渴求性、活动减少、任务失败、忽视问题

续表

量表名称	作者	时间	对象	题目/计分	信度系数	维度结构
智能手机成瘾倾向量表(SAPS)	Kim，Lee，Lee，Nam，Chung	2014年	青少年	15题/4点计分	0.86	四维度：适应困扰、虚拟生活取向、戒断症状、耐受性
大学生手机依赖问卷(CPDQ)	Alavi，Maracy，Jannatifard，Ojaghi，Rezapour	2014年	大学生	18题/5点计分	0.88	三维度：突显性、过度使用、强迫性短信使用
智能手机成瘾倾向量表(SPAI)	Lin，Chang，Lee，Tseng，Kuo，Chen	2014年	大学生	29题/4点计分	0.94	四维度：强迫行为、功能障碍、戒断症状、耐受性
问题性手机使用量表(MPPUS)	Mohammadi，Alavi，Jannatifard，Sepahbodi	2015年	大学生	24题/5点计分	0.91	三维度：过度专注、戒断症状、过度使用
青少年问题性手机使用量表(PMPUS)	Guzeller，Cosguner	2012年	青少年	18题/5点计分	0.84	三维度：消极影响、强迫性、戒断性
问题性手机使用量表(PMPUS)	Pamuk，Atli	2016年	大学生	24题/5点计分	0.99	四维度：手机剥夺、消极后果、控制问题、社交回避

续表

量表名称	作者	时间	对象	题目/计分	信度系数	维度结构
大学生手机依赖量表（MPDQ）	徐华、吴玄娜、兰彦婷、陈英和	2008年	大学生	13题/5点计分	0.59	四维度：耐受性、戒断性、社会功能、生理反应
大学生手机成瘾倾向量表（MPATS）	熊婕、周宗奎、陈武、游志麒、翟紫艳	2012年	大学生	16题/5点计分	0.91	四维度：戒断症状、突显行为、社交抚慰、心境改变
大学生手机依赖量表（MPAS）	姜永志、白晓丽	2013年	大学生	21题/5点计分	0.86	五维度：强迫性使用、戒断反应、关系卷入、身心健康不良、人际疏离
青少年手机使用依赖自评问卷（SQPMPU）	陶舒曼、付继玲、王惠、郝加虎、陶芳标	2013年	青少年	13题/5点计分	0.87	三维度：戒断症状、渴求性、身心效应
手机依赖指数中文版（MPAI）	黄海、牛露颖、周春燕、吴和鸣	2014年	大学生	17题/5点计分	0.91	四维度：失控性、戒断性、逃避性、低效性
大学生智能手机成瘾量表（SAS-C）	苏双、潘婷婷、刘勤学、陈潇雯、王宇静、李明月	2014年	大学生	22题/5点计分	0.88	六维度：戒断行为、突显行为、社交安抚、消极影响、App使用、App更新

续表

量表名称	作者	时间	对象	题目/计分	信度系数	维度结构
中学生智能手机依赖量表（SDISA）	向松柏、刘建榕	2015 年	青少年	24 题/5 点计分	0.86	四维度：症状诊断、人际依赖、行为表现、情感依附
大学生智能手机依赖量表（SDISC）	王睿迪	2016 年	大学生	33 题/5 点计分	0.96	四维度：戒断性、突显性、兴奋性、满足感
大学生手机移动网络过度使用量表（MPIEU）	姜永志、白晓丽、阿拉坦巴根、刘勇、李敏、刘桂芹	2016 年	大学生	17 题/5 点计分	0.78	五维度：戒断症状、情绪改变、社会功能受损、耐受性提高、时间延长
成年人智能手机成瘾量表（SASA）	陈欢、王丽、乔宁宁、曹玉萍、张亚林	2017 年	成年人	26 题/5 点计分	0.909	六维度：App 使用、App 更新、戒断反应、突显性、社会功能受损、生理不适

整理分析发现，最早对手机使用开展研究的是 Toda 等人（2004），他们以大学生为研究对象编制了“手机依赖问卷（MPDQ）”，量表包括 20 个题目，分为突显性、过度使用、强迫性短信使用 3 个维度，这是最早对该问题进行测量的工具。随后研究者们相继编制了相关测评工具，但以 Billieux 等人（2008）编制的“问题性手机使用问卷（PMPUQ）”最为有名。该问卷针对大学生使用手机中存在的问题，编制了 30 个题目，包含禁止使用、危险使用、依赖性、经济问题 4 个维度，这个问卷在随后研究

中不断在其他国家和文化背景中进行信效度检验，且基本都得到了验证。在 2010 年之前，智能手机使用带来的相关问题也没有成为人们关注的主要问题。在这个阶段，相关测评工具更多关注的是人们在使用短信和语音通话过程中存在的过度使用问题，以及这些问题给个体带来的经济问题、安全问题和依赖性问题等。

在 2012 年之后，随着智能手机的普遍使用以及相关 App 的开发和应用，智能手机 App 及其相关使用问题成为人们关注的焦点，这一时期的测评工具开发也包括以下几个特点。首先，这一时期人们关注的是基于智能手机的移动互联网和相关 App 使用与个体身心发展的关系。例如，Won-jun 等人在2013 年编制的“智能手机成瘾量表（SAUS）”，这个量表主要关注大学生使用智能手机造成的不良后果，量表包括忽视工作、逃避现实、忽视现实社交、缺乏控制、突显行为和过度使用 6 个维度，以揭示智能手机使用带来的消极后果为目的。其次，这一阶段测量工具均使用了《精神疾病诊断与统计手册》（DSM-4）中关于病理性赌博的相关标准。例如，Merlo 等人（2013）编制的“问题性手机使用量表（PUMP）”，量表包含 7 个维度：耐受性、戒断症状、时间延长、渴求性、活动减少、任务失败和忽视问题。在这之后的测评研究，虽然大多都是针对智能手机使用，但人们在对它的命名上并不一致。例如，“智能手机成瘾倾向量表（SAPS）”、“大学生手机依赖问卷（CPDQ）”、“智能手机成瘾倾向量表（SPAI）”、“问题性手机使用量表（MPPUS）”和“大学生手机成瘾倾向量表（MPATS）”等，这也构成了这一时期相关测评工具开发的第三个特点，即尽管测评内容和结构维度十分相似，但名称没有统一。另外，需要补充的是，由于国外主要以《精神疾病诊断与统计手册》（DSM-4）的标准作为工具编制的依据，国内研究者在借鉴过程中也是以这样的标准作为依据，但这一标准对于网络成瘾行为或许有效，它是否也同样可以直接照搬到对智能手机使用问题上来，还值得商榷并需要相关研究进一步证实。

二、移动社交网络过度使用的测量与评估

随着社交网络使用的普及以及社交网络使用带来的一系列消极影响，问题性社交网络使用及相关测量工具也得到开发，但这些量表与问题性手

机使用及相关测量工具等并无太多变化。笔者通过文献整理，对近年来发表在SCI期刊数据库中的论文和国内发表在专业期刊上的论文进行检索，并根据量表名称、作者、时间、对象、题目/计分、信度系数和维度结构几个方面，进行了归纳和整理（见表1-2）：

表1-2 移动社交网络过度使用及相关测量

量表名称	作者	时间	对象	题目/计分	信度系数	维度结构
社交网站成瘾量表（SNWAS）	Turel, Serenko	2012年	大学生	5题/7点计分	0.87	单维度
卑尔根Facebook成瘾量表（BFAC）	Andreassen Torsheim, Brunborg, Pallesen	2012年	大学生	17题/5点计分	0.83	六维度：突显性、情绪改变、耐受性、戒断症状、冲突、反复
Facebook依赖问卷（FDQ）	Aquije, Bernabe-Ortiz	2013年	大学生	8题/2点计分	0.67	单维度
Facebook自我呈现问卷（SPFBQ）	Michikyan, Dennis, Subrahmanyam	2014年	大学生	17题/5点计分	0.81	五维度：真实自我、理想自我、自我欺骗虚假自我、探索虚假自我、虚假自我比较
Facebook社交焦虑量表（F-SIAS）	McCord, Rodebaugh, Levinson	2014年	大学生	7题/5点计分	0.86	单维度
微博过度使用量表（MEUS）	Hou	2014年	大学生	10题/5点计分	0.92	三维度：健康和戒断问题、时间管理、社会舒适

续表

量表名称	作者	时间	对象	题目/计分	信度系数	维度结构
社交网络成瘾风险建构量表（Cr. A. R. S）	Vilca，Vallejos	2015 年	青少年	43 题/5 点计分	0.96	七维度：缺乏控制、戒断症状、学业失败、情绪改变、依赖性、对其他活动失去兴趣、社会冲突
社交媒体成瘾量表（SMAS）	Al-Menayes	2015 年	大学生	12 题/5 点计分	0.75	三维度：消极社会后果、时间延长、冲动性
Facebook 使用的社会心理行为问题量表（PSAFU）	Bodroža，Jovanović	2016 年	大学生	43 题/5 点计分	0.92	五维度：心理补偿、自我呈现、关系维持、成瘾行为、虚拟自我

从文献数量来看，这类测评工具数量并不多。较早的是 Turel 和 Serenko（2012）以大学生为研究对象编制的“社交网站成瘾量表（SNWAS）”，量表主要是基于传统互联网的使用情况编制的，是包括 5 个题目的单维量表。其他相关工具大多是针对 Facebook 的问题性使用编制的。例如，Andreassen 等人（2012）编制的“卑尔根 Facebook 成瘾量表（BFAC）”，为包括 17 个题目的六维度结构量表，包括突显性、情绪改变、耐受性、戒断症状、冲突和反复。从国外研究来看，Facebook 的使用问题是研究者关注的热点问题，也有部分研究者针对微博等其他社交网络，编制了相关的测评工具。这一时期测评工具的编制和开发，主要是基于传统互联网的社交网络使用情况，且以 Facebook 的使用情况为主。

进一步分析发现，这些工具呈现出以下特点：一是大多数工具仍延续了网络成瘾的研究思路，采用了病理性赌博的症状标准作为评定依据，所以在工具结构上有很多共性；二是这类工具的编制主要以 Facebook 的使用为主，根据 Facebook 的功能特点设置相应的题目，偶尔也有研究者针对微博和 Twitter 的使用编制的工具，但主要以 Facebook 的使用为主；三是问题性社交网络使用及相关量表，并没具体区分基于传统互联网的在线社交网络和基于智能手机的移动社交网络使用；四是相较于问题性手机使用及相关量表在数量上要少，且这类工具的编制时间主要以近 5 年为主；五是量表主要以国外研究为主，我国尚没有专门针对社交网络使用而编制的测量工具。由此可见，问题性社交网络使用工具的开发主要以 Facebook 的使用为主，并且测量工具主要是国外研究者开发的。

综上所述，无论手机使用问题的相关测评工具，还是社交网络使用问题的相关测评工具，都存在一些共同特点和问题。首先，它们都主要以《精神疾病诊断与统计手册》（DSM-4）中行为成瘾的标准作为问卷编制的理论依据；其次，现有手机使用或社交网络使用问题相关测评工具的编制和开发，仅能探寻现象的基本结构或严重程度，而不具备问题筛查功能，使得相关测评工具在评估筛查等应用领域受到很大限制。

第三节　移动社交网络使用与青少年心理行为的关系

随着社交网络技术的快速发展，人们的交往方式逐渐从现实向网络转移，越来越多的人希望通过社交网络与他人建立联系（McCord，Rodebaugh，& Levinson，2014；McKinney，Kelly，& Duran，2012）。社交网络（SNSs）越来越成为青年人进行交流的新平台，通过社交网络，个体可以进行上传照片、发表状态、分享经历、与人聊天、共享信息、自我展示等活动，这个平台极大地满足了青年人的心理需求（Grieve，Indian，Witteveen，Anne，& Marrington，2013；Toma & Hancock，2010）。目前国内外比较流行的社交网络平台包括 Facebook、MySpace、 eMarketer、人人网、微信等，其中 Facebook 已经拥有至少 10 亿全球用户，eMarketer 拥有至少超过 15 亿全球用户，微信从 2011 年推出至今至少拥有 5.7 亿全球用户。从社交网络在短时间内吸收用户的数量来看，社交网络正在改变人们的生活方式和交往方式。西方研究者对社交网络风靡的程度进行研究，认为社交网络的使用强度和频率已经超出了满足正常心理需求的水平（Kim，Mihye，& Prabu，2015；Lam，2014）。有研究者（Koc & Gulyagci，2013）考察了青少年 Facebook 的使用与网络成瘾的关系，发现 Facebook 的使用频率和强度与网络成瘾行为显著相关，推测社交网络使用的频率和强度过大，可能导致一种类似于网络成瘾的新行为成瘾。随着智能手机的普及化和互联网技术的发展，移动社交网络在整个社交结构中所占的比例越来越大。尤其是对于青少年，他们更偏好使用社交网络进行交流和沟通，这使青少年群体更易形成问题性社交网络使用行为（Valkenburg & Peter，2011）。Kuss 和 Griffiths（2011）对近 10 年社交网络使用行为进行文献回顾，分析认为目前社交网络使用行为的研究主要集中在六个方面：一是社交网络使用模式；二是社交网络使用动机；三是人格与社交网络使用的关系；四是负性事件与社交网络使用的关系；五是社交网络使用的潜在成瘾研究；六是社交网络成瘾行为症状和相关并发症研究。其中与问题性社交网络使用相关的研究领域就占两个。社交网络使用已经成为一项全球性跨学科研究议题，本节综合国内外相关研究成果，就社交网络使用对青少年身心发展的影响和发生机制，以及现有相关研究不足进行了探讨。

一、社交网络使用对青少年心理与行为发展的积极作用

（一）社交网络使用对青少年社会关系建立、维持和心理健康发展的影响

社交网络作为一种开放的自我展示和交流平台，它的广泛使用改变了传统面对面交流的社交模式。社交网络作为一种连接人与人之间社会关系的弱连接，能起到弥补现实社交关系维持的作用（Mc Ewan，2013；

Valenzuela et al.，2008）。有研究者（Zhao，Grasmuck，& Martin，2008）指出，社交网络的使用可以促进群体认同，以及群体成员关系的维持，尤其是对那些较为特殊的群体（如少数民族群体、同性取向群体、残疾人群体等）。Ellison、Steinfield 和 Lampe（2007）的研究发现，在社交网络中，青少年不但可以建立新的线上社交关系，维护和巩固已有的线上社交关系，还可以加深线下的社会交往。除此之外，青少年使用社交网络的益处，还不仅仅是建立和发展线上线下社交关系，更为重要的是社交网络满足了青少年个性化的心理需求，对青少年的心理健康发展和社会化进程同样具有积极意义（Gentile，Twenge，Freeman，& Campbell，2012）。例如，Valkenburg、Peter 和 Schouten（2006）的研究也认为，青少年在社交网络中获得同伴的积极反馈，可以显著提高青少年的自尊水平。青少年在社交网络中经由社交网络平台所提供的上传照片、分享经验、双向沟通互动等服务，有目的性的展现自我。通过这种展示，他们能够获得积极的同伴反馈，可以获得更多的社会和情感支持，不但可以有效降低社交焦虑、抑郁和孤独感（Subramanyam & Smahel，2011），还能有效提升青少年的自尊水平、幸福感、亲密感和生活满意度（Taraszow，Aristodemou，Shitta，Laouris，& Arsoy，2010），并显著提升青少年的社会地位（Ellison，Steinfield，& Lampe，2010；Gruzd，Wellman，& Takhteyev，2011）。由此可见，社交网络已经根植到青少年生活的社会结构中，对青少年的自我建构、心理健康和社会化都具有积极影响。

（二）社交网络使用对青少年躯体疾病康复的影响

社交网络在对青少年身心发展起到积极促进作用的同时，也被应用到了心理学之外的其他领域。在疾病治疗领域，西方欧美国家正探索将社交网络使用与病人的健康治疗联系在一起的治疗方法。有研究显示，在美国，80%以上的病人在使用社交网络来获取健康信息、分享患病经历和传播健康知识，针对某些特定病人群体在社交网络中创建相关的论坛，其所起到的作用甚至超过了普通门诊，尤其是社交网络的使用对那些患有慢性疾病、癌症、抑郁、心理健康等疾病的病人的治疗具有积极效果（Korda

& Itani，2013）。还有研究者（Mowafa，Elizabeth，& Andre，2014）对2004—2012年期间，在疾病治疗中使用社交网络进行辅助治疗的765篇文献进行了分析，发现年轻的病人更乐于接受这种辅助治疗方式。这种在医生与病人、病人与病人间建立起来的社交网络，可以使病人对自己的疾病有充分的认识，同时病人也可以从社交网络中获得必要的社会和情感支持，通过在社交网络中的交流，也可以培养病人面对疾病时的积极乐观的态度，这对病人的疾病治疗和康复来说无疑具有十分积极的意义。

二、社交网络使用对青少年心理与行为发展的消极作用

（一）线上社会比较与青少年个体自我评价的关系

在社交网络中，青少年的个人信息、资料和行为活动等都是可见的，这使同一个圈子中的朋友可以相互看到对方的即时行为活动和行为表现，这使在线的社会比较成为社交网络中的一种普遍现象。有研究显示，社交网络中的社会比较与现实中的社会比较相似，对于青少年来说可能是有害的，尤其是当青少年出现问题性社交网络使用时，这种社会比较导致的消极影响会更明显（Feinstein et al.，2013；Johnson & Knobloch-Westerwick，2014；Lee，2014）。例如，Chou和Edge（2012）研究发现，经常使用社交网络进行自我展示的青少年，认为在Facebook中自己的朋友比自己幸福，跟他们比较，自己很多方面都表现得不好。Haferkamp和Krämer（2011）研究发现，当青少年在Facebook上看到朋友表现出色或在某方面优于自己时，会对自己有更消极的自我评价。Jesse、Jennifer和Moreland（2015）使用焦点小组法进行研究，要求被试叙述与社交网络有关的消极心理体验，结果发现几乎所有人都报告了消极的心理体验，被试还报告社交网络中的社会比较以及由此产生的嫉妒心理和焦虑情绪，是他们较常见的消极心理体验。费斯廷格认为，社会比较主要是和自己类似的他人相比较以确认自己与他人相类似的属性（杨雪，陈为东，马捷，2015）。然而在社交网络中，青少年倾向于展示自我最好的一面，甚至使用虚假自我呈现来获得他人关注，并获得积极的心理体验。事实上，青少年在社交网络中看到的都是他人最好的一面，这与自己在社交网络中只呈

现有利于自己的信息一样，这种与他人最好一面的社会比较是将自己的某一方面与他人的优势方面进行比较，这种比较常会给青少年带来“我不如他”的自卑心理。

（二）社交网络使用与行为成瘾的关系

问题性社交网络使用可能引发青少年的消极心理，如低自我评价、高焦虑和抑郁等心理，但现有研究结果并没有就此完全达成一致（Deters & Mehl，2013；Kormas，Critselis，Janikian，Kafetzis，& Tsitsika，2011）。Wright 等人（2012）对 361 名大学生社交网络使用与抑郁的关系进行探讨，发现问题性社交网络使用直接预测抑郁心理，但是在 Jelenchick 等人（2013）对大学生的研究中，并没有发现问题性社交网络使用可以直接产生抑郁心理的证据。然而，越来越多的研究显示（Elphinston & Nollen，2011；Park，Kee，& Valenzuela，2009），抑郁症状是青少年问题性社交网络使用的主要表现，同时它也是问题性社交网络使用行为产生的重要预测指标。由于问题性社交网络使用产生的消极心理与行为同网络成瘾产生的消极心理与行为很相似，有研究对问题性社交网络使用与网络成瘾的关系进行研究，发现问题性社交网络使用可能是网络成瘾行为的风险性因素（Wilson，Fornasier，& White，2010），即青少年问题性社交网络使用可能会演化成具有病理性临床意义的成瘾行为。例如，有类似研究（Müller et al.，2016）发现，问题性社交网络使用行为以及社交网络使用的时间、频率和强度均与网络成瘾呈显著正相关（Laura，Susan，& Stacy，2015），这预示着介于正常使用与病理性使用之间的问题性社交网络使用作为一种中间状态，可在一定程度上预测网络成瘾行为的发生。

（三）社交网络使用与青少年受网络侵犯行为的关系

问题性社交网络使用可能增加青少年受网络侵犯行为的概率。有研究者对欧洲 25 个国家 1000 名 9～16 岁青少年社交网络使用行为进行调查，发现过度的社交网络使用可以增加青少年受到网络欺负、在线骚扰、在线跟踪等伤害的风险（Kwan & Skoric，2013），那些经常使用社交网络的青少年比那些很少使用社交网络的青少年会遇到更多的在线伤害，社交网络中拥有较多联系人和在社交网络中展示了大量个人信息的青少年比那些拥有少量联系人和展示了少量个人信息的青少年更容易受到在线伤害（Staksrud，Ólafsson，& Livingstone，2013）。还有研究者（Sampasa-Kanyinga & Hamilton，2015）发现，问题性社交网络使用与网络欺负、心理压力和自杀意向存在显著正相关，问题性社交网络使用可以显著预测在线的网络欺负、心理压力和自杀意向。同时，研究也发现，网络欺负在问题性社交网络使用与心理压力间存在完全中介效应，网络欺负在问题性社交网络使用与自杀意向间起部分中介作用。这支持了问题性社交网络使用可以增加青少年受到网络伤害的概率的结论，即青少年的问题性社交使用增加了个体受到网络侵犯行为的概率，而网络侵犯行为又增加了青少年的心理压力，并可能增加青少年的自杀意向。

（四）社交网络使用与青少年睡眠质量的关系

问题性社交网络使用可能会对青少年的睡眠质量产生消极影响。有研究（Karaiskos，Tzavellas & Balta，2010）指出，如果青少年每天使用社交网络超过 5 个小时，将会对睡眠质量产生较大的消极影响。研究（Andreassen，Torsheim，Brunborg，& Pallesen，2012）发现，那些报告有社交网络过度使用倾向的大学生，睡眠质量要比那些未报告有社交网络过度使用倾向的大学生差 1.3 倍，而且社交网络过度使用使大学生形成了晚睡晚醒的不规律生活习惯，这都对青少年正常的身体发育产生消极影响。这一结论也得到了一项跨文化研究的支持，Xanidis 和 Brignell（2016）以不同国家的 324 名大学生为研究对象，对社交网络使用与睡眠质量的关系进行研究，结果发现，不同国家的大学生在持续使用社交网络之后，均出现了睡眠质量的明显下降，同时也报告白天会出现更多的疲乏和困倦，以及由睡眠质量下降导致更多的认知失败。既然问题性社交网络使用会对睡眠质量产生负面影响，那么青少年在睡前熄灯后使用社交网络会不会进一步加剧睡眠质量的下降，并产生其他消极行为反应呢？研究者

(Wolniczak et al.，2013）发现，睡前熄灯后继续使用社交网络的青少年大多是问题性社交网络使用者，问题性社交网络使用与睡眠质量呈显著负相关，而且发现睡前熄灯后继续使用社交网络的青少年表现出更多的抑郁、焦虑和嫉妒等消极情绪，以及自杀心理倾向和自残行为（Lemola，Perkinson-Gloor，Brand，Dewald-Kaufmann，& Grob，2014）。可见，问题性社交网络使用延长了使用时间，增加了社交网络使用的耐受性，使得这种“熄灯社交”或“睡眠社交”成为青少年的“睡眠杀手”。

（五）社交网络使用与青少年婚恋行为维系的关系

问题性社交网络使用会产生一系列社会问题，其中典型的问题是问题性社交网络使用可能会增加产生婚恋危机的风险。有研究者（Hand，Thomas，Buboltz，Deemer，& Buyanjargal，2013）对大学生社交网络使用与婚恋的关系进行研究，结果发现问题性社交网络使用不仅不能促进幸福恋爱关系的发展，反而使很多大学生情侣因难以忍受对方而终止了恋爱关系。在另一项针对成年夫妻的研究中，研究也发现社交网络的使用与婚姻满意度存在显著负相关，问题性社交网络使用导致婚姻满意度的显著下降（Utz & Beukeboom，2011）和相当高的离婚倾向（Valenzuela，Halpern，& Katz，2014）。问题性社交网络之所以会产生婚恋危机，主要原因是社交网络提供了一个寻求与自己具有共同兴趣、爱好和特点的朋友交流的平台，而且在社交网络中的自我展示和高自我暴露也更容易建立亲密感，个体也更容易获得来自朋友的社会和情感支持、归属感和陪伴等。尤其是，当个体对配偶的某些方面不满意时，社交网络会促使个体从社交网络中需求情感支持，这也增加了产生婚外情和婚恋危机的风险（Vitak，Ellison，& Steinfield，2011）。

近几年来，随着互联网技术和移动社交网络的发展，越来越多的青少年出现了明显的问题性社交网络使用行为。欧美国家一些研究中常使用“社交网络成瘾”来表述这一现象，但这个概念具有较明显的精神病学性质（如DSM-5)，而目前青少年对社交网络的使用程度以及相应症状尚未完全达到精神病学成瘾行为诊断标准。问题性社交网络使用与成瘾行为有很多相似之处，尤其是它对青少年身心发展带来的消极影响日益突出，对社交网络使用给青少年带来消极影响的研究也成为近年来的研究热点（Bane，Cornish，Erspamer，& Kampman，2010；Bonetti，Campbell，& Gilmore，2010；Okdie，Guadagno，Bernieri，Geers，& McLarney-Vesotski，2011）。不过，需要注意的是问题性社交网络使用虽然与网络成瘾等行为成瘾一样会产生一系列的消极心理与行为，但这种消极心理与行为和网络成瘾并不完全一致，尚没有直接的生物学证据显示问题性社交网络使用与网络成瘾具有相似的神经生物学基础。例如，网络成瘾者大脑神经中枢会引起肾上腺素水平异常增高、交感神经过度兴奋和植物神经功能紊乱等症状，而且激活个体中枢神经的奖赏机制，才可称为成瘾行为（Peter，Yellowlees，& Marks，2007）。不可否认的是，问题性社交网络使用与网络成瘾行为具有很相似的心理与行为特征，这也表明问题性社交网络使用可能成为新的网络成瘾行为之一。

三、青少年问题性社交网络使用行为的发生机制

（一）人格特质与青少年社交网络使用的关系

1. 大五人格与社交网络使用的关系

人格特质作为行为成瘾的主要预测指标，同样也对问题性社交网络使用行为具有显著的预测作用（Müller，Beutel，Egloff，& Wölfling，2013）。在以往一些以青少年为研究对象的网络成瘾研究（Huang et al.，2010；Ko et al.，2006；Zamani，Abedini，& Kheradmand，2011）中，却发现不同人格特质对网络成瘾行为的预测存在诸多矛盾之处。例如，有研究认为，高神经质人格可以显著预测网络成瘾行为，而其他人格变量则预测作用不显著（Avander et al.，2009）；还有研究认为，高外向性人格可以显著预测网络成瘾行为，但也有研究认为高内向性人格可以显著预测网络成瘾行为（Yan et al.，2014）。这些研究存在矛盾之处的原因在于，不同研究者使用人格特质对不同网络成瘾类型进行了预测，这可能导致人格对不同网络成瘾类型的预测存在差异。问题性社交网络使用常被看作是网络成瘾的社交使用偏好，那么，问题性社交网络也会受到人格特质的影

响。在现有相关研究中，主要采用大五人格和一些特定人格对青少年社交网络使用的发生机制进行探讨（Andreassen，Torsheim，Brunborg，& Pallesen，2012）。

大五人格是研究网络成瘾问题常用的预测变量，而在最近的问题性社交网络研究中也被证明是有效的预测变量。澳大利亚研究者（Wilson，Dip，Fornasier，& White，2010）以大学生为研究对象，探讨了人格特质对问题性社交网络使用的影响，发现高外向性和低责任感对问题性社交网络使用具有显著预测作用，大学生更容易形成问题性社交网站使用行为。Wang、Ho、Chan 和 Tse（2015）对我国香港地区大学生进行研究，发现人格特质与问题性社交网络使用呈显著相关，尤其是高外向性、高神经质和低责任感可以显著预测问题性社交网络使用。此外，也有研究显示，高外向性和高神经质青少年使用社交网络的频率更高，同时高外向性青少年也比高内向性青少年拥有更多的在线社交朋友（Ross et al.，2009）。从大五人格与青少年问题性社交网络的关系来看，除了谨慎性没有发现与问题性社交网络存在显著关系外，其余四种人格特质都能对问题性社交网络使用做出预测，高外向性的青少年更加活跃、合群、热情、富有表现力，并且具有更多的积极情绪，它对问题性社交网络使用的预测验证了“富者更富模型”；高神经质的青少年具有易情绪化、易冲动、易焦虑和逃避现实等特点（Walsh，White，& Cox，2011），它对问题性社交网络使用的预测也验证了“使用与满足理论”。

2. 其他人格特质与社交网络使用的关系

除大五人格对问题性社交网络使用的预测研究外，也有研究者（Ryan & Xenos，2011）使用特定的人格对问题性社交网络使用的发生机制开展研究，如抑郁性、冲动性、自恋性、害羞和边缘性人格都是问题性社交网络使用的预测变量，其中抑郁性人格特质可以显著正向预测 Facebook 成瘾行为（Hong，Huang，Lin，& Chiu，2014）。还有研究采用聚类分析的方法，对青少年问题性社交网络使用行为进行研究，发现青少年问题性社交网络使用呈现出某些精神学症状，尤其发现以抑郁为核心的边缘性人格青少年组在问题性社交网络使用上的得分要高于正常组，抑郁症状被认为是对网络成瘾和问题性社交网络使用的最有效预测变量（Moreau，Laconi，Delfour，& Chabrol，2015）。有研究（Wu，Cheung，Ku，& Hung，2013）也发现，社交网络使用时间越长就越可能出现问题性社交网络使用行为，并且高冲动性人格是预测问题性社交网络使用的重要人格因素。也有研究（Mehdizadeh，2010）发现，有自恋性人格倾向的青少年希望在社交网络中展示自己最好的一面，期望通过社交网络构建理想自我，他们也在社交网络中表现得更加活跃。害羞也被认为是问题性社交网络使用的显著预测变量，有研究（Orr，Ross，Simmering，Arseneault，& Orr，2009）发现，具有害羞倾向的青少年在现实生活中会出现社交焦虑，这使他们更愿意花大量时间在社交网络中寻求社交满足，同时这些青少年相比其他人会有更多的在线社交朋友。

（二）心理动机与社交网络使用的关系

1. 自我认同和归属需要与社交网络使用的关系

使用与满足理论认为，人们接触和使用媒体的目的是为了满足自己的认知和情感需要，以达到缓解压力的作用。社交网络作为一种新兴的传播媒介，它的使用可以给青少年带来诸多社会心理满足。那么，基于使用与满足理论，青少年对社交网络的使用也是为了满足某些心理需要，比如，获得归属感、提高自尊水平、缓解焦虑情绪等。归属需求是人类互动的准则，寻求社会依赖与归属是人类行为的普遍行为。有研究指出（巢乃鹏，2012），归属需要与担心拒绝是社交网络使用的重要预测值，归属需要越强烈的人，其社交网络的使用强度也越高；与之相反，担心拒绝心态越强的人，社交网络使用强度则越低。Bright、Kleiser和Grau（2009）以使用与满足为理论基础，对青少年问题性社交网络使用行为进行研究，指出青少年使用社交网络的主要目的之一就是自我提升，那么自我提升的方式就是通过社交网络进行积极的自我展示，来获得积极的自我认同感并寻求归属感。也有研究以计划行为理论为基础，试图揭示青少年问题性社交网络使用的影响因素，结果发现社交网络使用受到自我认同的调节，其中归属感是影响社交网络使用意向的主要影响因素，而且社交网络使用的愉快感、社交网络使用意向、社交网络系统质量和社交网络连通性，也会通过归属感间接影响青少年的社交网络使用意向（Pelling，Sc，& White，2009）。

2. 消极情绪与社交网络使用的关系

情绪是心理行为的调节变量，以往的研究大都认为人的行为受到情绪的调节，积极情绪可以促进积极行为的发生，而消极情绪往往也导致消极行为。尤其是在早期网络成瘾问题的研究中，焦虑、抑郁、孤独感、无聊等消极情绪都可以导致网络成瘾的产生。例如，Janet 和 Phyllis（2003）早期的一项研究发现，相较于非孤独感大学生，高孤独感大学生具有非常强烈的上网渴求，他们比非孤独感大学生报告了更多的网络社交体验。高孤独感大学生还报告他们进行网络社交的目的主要是降低心理焦虑、抑郁和孤独感，获得社会支持和提高生活满意度。那么，问题性社交网络使用行为作为一种消极的行为方式，也必然要受到抑郁、孤独感和社交焦虑等消极心理的影响。有研究指出（Meena，Mittal，& Solanki，2012），抑郁和社交焦虑可以直接预测青少年的问题性社交网络使用，并且发现青少年对社交网络使用结果的预期可以调节社交焦虑与问题性社交网络使用的关系。即如果青少年具有较高的社交焦虑，那么基于对现实社交焦虑的回避和对社交满足的需求，青少年更愿意通过社交网络来达到需求的满足，而且对于高社交焦虑的青少年来说，他们使用社交网络的时间要远远长于低社交焦虑的青少年，这就更易导致问题性社交网络使用的产生。

3. 生活满意度和幸福感与社交网络使用的关系

除了通过社交网络来缓解孤独感和社交焦虑外，也有研究认为，青少年形成问题性社交网络使用的原因，可能还来自青少年对现实生活满意度和幸福感的感受性低所致。一项来自土耳其的研究（Satici & Uysal，2015）显示，低生活满意度和低幸福感能对 Facebook 成瘾行为具有显著的预测作用，也就是说当青少年体验到较低生活满意度和较低幸福感的时候，他们希望通过社交网络的使用来提高他们的生活满意度和幸福感，并有可能导致问题性社交网络使用行为的产生。印度的一项以青少年为研究对象的研究（Modi & Gandhi，2014）却发现，高幸福感能反向预测 Facebook 成瘾行为，这一结果与上述结果存在矛盾。那么，究竟是什么导致两项研究结果相互矛盾呢？事实上，当青少年没有形成问题性社交网络使用时，他们使用社交网络仅是为了从社交网络中获得心理满足，提高生活满意度和幸福感。如果青少年本身就已经对生活感到满意和幸福，或者他们通过社交网络的使用获得了生活满意感和幸福感，那么在对生活满意感和幸福感不再有强烈需要时，可能会产生过度的社交网络使用行为，这就会导致高生活满意度和高幸福感与 Facebook 成瘾呈负相关。

四、研究不足与展望

（一）概念需要进一步澄清

社交网络是基于互联网而开发的一种社会交往服务平台，在社交网络的概念理解上基本不存在什么问题。现有研究对问题性社交网络使用的概念并没有一致的理解，从国外的文献来看，“Social Network Addiction”（社交网络成瘾）、“Problematic Social Network Use”（问题性社交网络使用）、“Over Use of Social Network”（社交网络过度使用）、“Pathological Social Network Use”（病理性社交网络使用）等是常被提及的，而且还有专门针对 Facebook 使用行为的“Facebook Addiction ”（Andreassen，2015）。目前在这一概念的使用上仍没有统一，其中“Social Network Addiction”的使用频率最高，其次是“Problematic Social Network Use”。一些研究者将这一现象概括为社交网络成瘾，这显然是将社交网络成瘾看作网络成瘾的一种亚型，那么社交网络成瘾就会表现出网络成瘾的相关症状。但是，从目前社交网络使用行为的现状来看，很少有青少年因为社交网络的使用而表现出精神病学成瘾症状，而网络成瘾的诊断标准一般是由 Yang 根据精神病学诊断标准制定的，显然社交网络过度使用所表现出的心理和生理症状还达不到精神诊断标准。社交网络过度使用行为和病理性社交网络使用两个概念的使用频率较低，社交网络过度使用行为研究并没有说明何为“过度”使用的标准，病理性社交网络使用的概念显然也是将社交网络的过度使用看作近似网络成瘾的一种行为，这应是对目前普遍认可的“病理性互联网使用”（Pathological Internet Use，PIU）这一概念的翻版或模仿。而本文书使用的“问题性社交网络使用”的概念在使用频率上居中，这个概念否认以精神病学标准来对其进行界定，而是将其作为一般心理问题来对待。从社交网络使用的现状和程度来看，这一概念应是与症状程度较为吻合的，不过现在缺少对这一概念的界定标准。由此可见，以问题性社交网络使用的症状标准，同时结合行为成瘾的相关诊断标准，对这一概念进行标准化和公认度高的界定，应该在未来的研究中逐步开展。

（二）发生机制需要深入研究

问题性社交网站使用的发生机制或者动机问题，是青少年社交网络使用行为的研究重点。既然问题性社交网络使用给青少年的身心发展带来了人们不太希望看到的结果，如问题性社交网络使用引起了青少年的消极自我评价、延长了网络使用时间、增加了在线伤害的风险和导致睡眠质量下降等，那么对这一问题是如何发生以及受到哪些因素的影响等应该受到关注，目前的研究也正是以这样的思路开展研究的。对问题性社交网络使用的发生机制研究主要集中在人格特质和心理动机（如自我认同、归属需要、消极情绪、低生活满意度和幸福感等）两个大的方面，研究者通过问卷调查的方法探讨了哪些人格特质更易引起问题性社交网络使用，哪些人格特质对问题性社交网络没有影响。其中，对问题性社交网络使用具有显著预测作用的人格特质基本与易引发网络成瘾的人格特质一致，而其他特定的人格特质，如抑郁性、自恋性、冲动性、害羞等也被认为对问题性社交网络使用具有预测作用。在引发问题性社交网络使用的心理动机上，与自我相关的自我认同、归属感、生活满意度和幸福感等也均能对问题性社交网络使用具有预测作用。尽管上述人格特质和心理动机还仅是引发青少年问题性社交网络使用的很小一部分，这些研究却极大丰富了我们对问题性社交网络使用行为发生机制的认识。问题性社交网络使用不仅表现在具体行为和简单心理活动中，它还表现在某些大脑区间的激活水平上。关于网络成瘾的脑机制研究发现，网络成瘾者的大脑与非网络成瘾者的大脑不同，例如，“发现额叶和扣带回多部位存在结构性萎缩和功能退化，导致其对上网行为的冲动控制出现障碍；内囊后肢的神经纤维结构较密、活性较高，可能与其长时间兴奋性操作键盘、鼠标或游戏手柄有关”（贺金波，洪伟琦，鲍远纯，雷玉菊，2012）。那么，问题性社交网络使用者的脑机制是否与正常使用者的一致？如果不一致，它与网络成瘾者的脑机制有什么联系？进一步的研究可以从问题性社交网络使用的脑神经机制出发，探寻问题性社交网络使用者的大脑生物学基础，揭示引发问题性社交网络使用行为发生的脑机制，并寻求通过相应的机能训练进行调节。

（三）研究方法应基于多维视角

问题性社交网络使用是一种由一系列生理和心理因素导致的行为问题，同时伴有消极情绪体验。早期对网络成瘾的研究主要是以心理测量法开展的，后期逐渐向脑神经科学方法转变，如使用 ERP（事件相关电位）和 fMRI（功能性磁共振成像）等认知神经科学仪器开展脑神经机制研究。现有的问题性社交网络使用研究几乎均使用问卷和心理测量法，并通过统计分析方法来揭示哪些人口变量和心理变量与问题性社交网络使用行为有关，通过回归分析来揭示哪些心理因素引发了问题性社交网络使用行为。也有研究采用焦点小组讨论法，以质化的研究揭示问题性社交网络使用的形成机制，但这类方法运用的数量还是相当有限（Jesse，Jennifer，& Moreland，2015）。综合来看，目前对问题性社交网络使用研究的方法还是过于单一。第一，研究者对问题性社交网络使用缺乏统一的概念和统一的测量工具（目前使用较多的是“Facebook Addiction Scale”），而且揭示的也仅是心理变量与社交网络使用行为间的关系（Augner，Hacker，2012；Al-Menayes，2015；Carbonell et al.，2012）。第二，问卷法和心理测量法也不能揭示变量间的因果关系，通过回归分析获得的“拟似因果关系”，能否真正揭示哪些变量引起了问题性社交网络使用？这种基于心理测量的方法局限显然使得它对问题的深入探讨缺乏足够的科学性。第三，人作为既具有生物属性又具有社会属性的个体，其心理与行为也同样受生物学和社会因素的影响，那么仅从心理因素探讨问题性社交网络使用也是不全面的，而采用神经科学、医学和生物学的研究方法来探讨问题性社交网络使用的生理机制和社会机制，则可能成为未来该领域研究在方法上的突破点（罗江洪，2011）。基于上述分析，未来的研究应在现有问卷法和心理测量法的基础上，以质化研究和量化研究同步开展。在质化研究上使用访谈、焦点小组讨论等方法进行主观性心理的探索，在量化研究上逐步开展相应的行为实验研究，探索问题性社交网络使用的因果关系。并通过神经生物学方法，探讨问题性社交网络使用的生物学基础。同时也应与相关学科，如神经管理学、神经经济学、生物医学等学科开展学科与方法的综合研究，通过跨学科和综合方法，以多维视角对问题性社交网络使用的影响因素、发生机制和生物基础进行探讨（张保刚，2014）。

（四）理论建构和干预研究应成为发展方向

心理学研究的目标在于使用心理学的研究规律来调节和管理人的心理与行为，使个体身心都能得到较为健康的发展，那么这种调节和管理的具体运用就是对某些消极心理与行为的干预和引导。从国内外的研究文献来看，问题性社交网络使用的研究内容主要集中在：① 揭示心理和行为变量与问题性社交网络使用的相互关系；② 探讨问题性社交网络使用给青少年心理发展带来的消极影响；③ 揭示问题性社交网络使用的发生机制。这三个研究领域大多属于基础性研究，这些研究能加深人们对这一现象的认识。但是目前仍然缺乏对问题性社交网络使用的干预和引导研究，较少文献能够系统地提出问题性社交网络使用的干预方案和模型（Sussman，Lisha，& Griffiths，2011），大多数研究主要是根据研究结论讨论从哪些方面进行干预和引导及其可能性。关于问题性社交网络使用行为的干预、引导研究缺乏的主要原因，可能在于对问题性社交网络使用的很多基本问题的研究不够，如基本概念、界定标准、病理性还是非病理性、理论基础和模型建构、方法问题等。这样一些基本问题的模糊不清，使得对干预和引导研究得不到相应的理论支持而难以着手，而仅以一些零散研究结论为基础开展干预和引导研究也是缺乏依据的。不过，目前基于网络成瘾研究的“行为计划理论”、“使用与满足理论”、“富者更富模型”、“穷者变富模型”等理论模型（雷雳，杨洋，柳铭心，2006），常被应用到问题性社交网络使用的解释中来，也给研究者提供了一些新的思路。那么，如何根据研究结论构建问题性社交网络使用行为的理论模型，进而指导问题性社交网络使用的干预和引导，应是进一步研究需要考虑的问题。

第四节　移动社交网络使用研究的理论基础

移动社交网络使用与其他相关问题性行为（如药物成瘾和网络成瘾等）有很多类似之处，它们的发生机制和解释框架同样存在诸多相似之处。以往研究认为，传统的媒介依赖理论、使用与满足理论、行为强化理论、计划行为理论、认知自我调节理论、自我决定理论和问题性手机使用综合模型等理论，均能从各自的视角对移动网络过度使用行为提供合理解释，为该行为的发生提供理论依据。具体来看，现有的理论解释框架可按照认知主义视角与行为主义视角来分类。基于行为主义视角的理论有媒介依赖理论、使用与满足理论、行为强化理论等，基于认知主义视角的理论有计划行为理论、认知自我调节理论、自我决定理论等。也有研究者基于综合视角提出移动网络过度使用的理论解释框架，如问题性手机使用综合理论和问题性移动社交网络使用综合理论。本节分别从行为主义视角、认知主义视角和综合视角对相关理论进行分析。

一、基于行为主义视角的理论解释框架

（一）媒介依赖理论

美国传播学家桑德拉·鲍尔·洛基奇（Sandra Ball-Rockeach）和学者梅尔文·德弗勒（Melvin L. DeFleur），在1989年出版的《大众传播学绪

论》中正式提出媒介依赖理论。该理论认为，如果个体越是希望通过媒介使用来满足自己的心理需求，那么这种媒介在生活中就扮演越重要的角色，对个人的影响也越大。这一理论包括以下四个方面的假设：一是某种媒介的影响力并不完全由媒介和信息决定，而是看媒介是否在一定情境中满足了个体对特定信息的心理需求；二是媒介影响力的大小受到个体心理与行为因素的影响，主要取决于特定媒介及其信息与个体的认知、情感和行为变量间的关系强度，这种关系强度越大，个体越可能选择某种媒介；三是当个体身处复杂的社会情境中，个体不仅需要通过特定的媒介（如电视、网络）来认识情境和理解情境，并且需要依赖特定的媒介做出反应，以达到心理需求的满足，而媒介使用与积极心理预期及其满足又会强化媒介使用行为；四是媒介对个体的影响各不相同，有些人受媒介影响较大，而有些人受媒介影响较小，那些心理需求多的个体受到媒介的影响也越大。

媒介依赖理论认为，信息技术的发展使个体面对越来越多的信息，这也使个体需要主动寻求特定信息来满足自己的需求，并且随着个体需求的增多，个体与媒介之间的关系也越来越紧密。该理论还认为，媒介系统与个体的关系并不是谁影响谁而是相互作用的关系。从个人层面来讲，个体受到生存与发展动机的驱使，需要依赖媒介寻求三类需求——理解自己和社会，确定自己与他人的行为，以及娱乐与社会交往——的满足。这些都是与个体生存、发展关系密切的需求，这些需求的满足必定要依赖个体对媒介及其信息的使用及控制，而信息社会的不确定性和信息超载使人们对能够满足需求的媒介更加渴求。具体来说，个体对媒介的依赖，既包括对媒介工具的依赖，又包括对媒介内容的依赖。根据媒介依赖理论，个体之所以出现网络成瘾或移动社交网络过度使用行为，是因为个体有满足生存与发展的需要，例如，网络游戏成瘾的个体希望获得娱乐需求的满足，社交网络成瘾的个体希望获得社会交往需求的满足。

（二）使用与满足理论

在现代信息技术快速发展的今天，人们寻求媒体使用来满足自我心理需求。例如，网络媒体使用是为了满足人们对信息的渴求、对休闲娱乐的需要、对社会交往的需要等，而电视媒体使用则满足了人们对各类信息和休闲娱乐的需要等。人们选择使用某种媒体都是出于某种特定心理需求，通过心理需求满足来获得积极情绪（刘树娟，张智君，2004）。使用与满足理论（Uses and Gratifications Theory，UGT）是一种被广泛用于理解媒体选择和使用行为的理论（Chen & Leung，2016）。使用与满足理论假设：① 媒体的选择和使用是有目的和动机的行为；② 人们主动选择特定网络通信媒体是为了满足某种心理需求；③ 社会和心理因素直接或间接影响人们之间的沟通行为；④ 通过对各种媒体的比较来选择能够使个体得到满足的媒体；⑤ 个体对媒体使用的选择具有主动权。这一理论可以为现代通信技术使用与心理行为间的关系提供解释（Malik，Dhir，& Nieminen，2016）。该理论还认为，人们基于个人心理需要或动机选择媒体和技术来满足不同的需要，如果这些需要得到满足，个人就更可能继续重复这样的行为。近年来，越来越多的研究使用该理论对成瘾行为进行解释。例如，有研究发现，社交关系维持和休闲娱乐需要是人们使用社交网络的主要动机（Quan-Haase & Young，2010）。也有研究者认为，社交网络的使用动机主要包括信息需求、娱乐需求、社会交往需求和身份认同需求（Bright，Kleiser，& Grau，2015）。Ku 等人（2013）认为，人们经常使用 Facebook 的动机包括关系维持需求、娱乐需求、信息需求、社交需求和自我实现需求。上述研究均表明，建立和维持社交关系、信息需求、休闲娱乐、分享信息、情感需求等是社交网络使用者的心理动机，这些都处于使用与满足理论的解释框架下。

（三）行为强化理论

行为主义心理学家斯金纳最早提出行为强化理论，强调个体某种行为之所以出现是因为受到强化的结果。按照行为强化理论，强化可分为正强化和负强化。一种积极刺激的出现使行为出现概率增加的强化称为正强化，一种消极刺激的出现使行为出现概率增加的强化称为负强化。行为强化理论被提出以来，主要应用于学习行为和行为矫正等领域。在行为强化理论的具体应用中，强调要因地制宜地使用强化物、信息反馈应及时、强化物呈现要及时。在上述原则基础上使用行为强化理论，就会使特定行为发生的概率增加，并塑造和改变特定行为。按照行为强化理论，问题性移动社交网络使用是受到强化的结果。根据该理论的解释，如果移动社交网络使用在过去获得奖励，则这种行为可能会再次发生。例如，他人的积极关注和积极反馈作为正强化物，可以增加行为产生的概率。如果移动社交网络使用可以避免个体现实生活中的社交焦虑、孤独感和抑郁等情绪，那么移动社交网络使用的时间和频率也会得到加强。从现有文献来看，移动社交网络使用给个体带来了积极影响，例如，提升自尊，获得情感支持和认同感，缓解社交焦虑、孤独感和抑郁情绪等，这些影响作为一种强化物能显著增加个体移动社交网络使用动机（巢乃鹏，2012；Mc Ewan，2013）。在移动社交网络使用过程中，个体可以被“点赞”、获得即时反馈和评论，这也可以作为积极强化物而加强移动社交网络使用行为（Fox & Moreland，2015）。

二、基于认知主义视角的理论解释框架

（一）计划行为理论

计划行为理论（TPB）是理性行为理论（TRA）的发展与延伸。理性行为理论认为，个体认知系统能够对凸显信息进行合理而系统的评价（Walsh & White，2011）。该理论认为，个体的行为意向亦即个体行为表现动机是行为的直接决定因素。行为意向被认为包括两个重要成分：行为态度（attitude toward the behavior，AB）和主观规范（subject norm，SN）。行为态度反映了个体对执行行为积极或消极的评价；主观规范反映了个体根据来自重要他人的压力感知来决定是否采取行动。因此，当个体感知到来自重要他人的积极期望时会产生积极态度，有利于个体行为意向的形成，这种行为意向的强度对行为具有积极的预测作用（Fishbein & Ajzen，1974）。为了提高对非自主行为的预测，计划行为理论在理性行为理论的行为态度和主观规范两个基本结构上，又增加了知觉行为控制这个结构，以增加对特定行为的有效预测。知觉行为控制

（PBC）是指个体感知到内部和外部因素对促进或抑制某种行为的影响（段文婷，江光荣，2008）。根据计划行为理论，行为意向受到行为态度、主观规范和知觉行为控制的影响，这三个成分相互作用，产生相应的行为意向，行为意向最终导致某种行为产生（见图1-2）。即当个体对行为态度越积极、重要他人支持越大、知觉行为控制越强，则会产生积极行为意向。

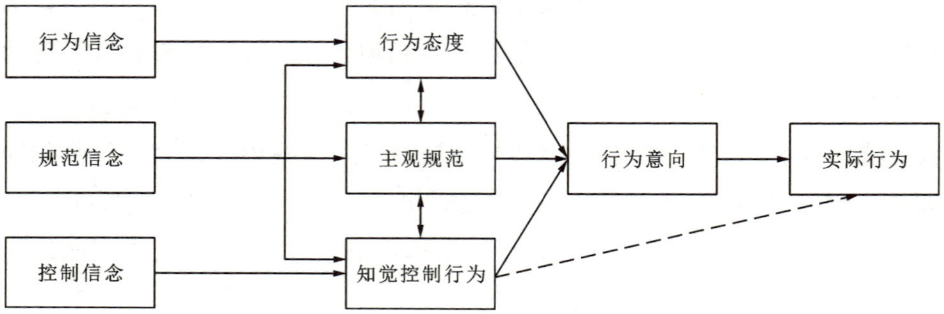

图1-2 计划行为理论结构模型

可见，计划行为理论对行为意向和实际行为具有显著预测作用，但从目前研究来看，该理论仅能对行为意向和实际行为做出有限的预测。段文婷和江光荣（2008）认为，尽管个体拥有大量关于行为的信念，但在特定时间和环境下只有相当少量行为信念能被获取。这些可获取的信念也叫突显信念，它们是行为态度、主观规范和知觉行为控制的认知与情绪基础。社交网络使用作为一种技术性使用的类型，可以被看作是一种突显信息，人们对社交网络的积极需求使个体对社交网络使用产生积极态度，而社交网络中被反馈的信息可以看作是重要他人的支持，这些积极信息能使个体的心理需求获得更多满足，从而产生较强的知觉行为控制力，三者相互作用产生积极行为意向。这得到了Walsh和White（2007）相关研究的支持，他们基于计划行为理论考察了计划行为理论对手机使用的影响，发现计划行为理论对手机使用强度有直接预测作用。

（二）认知自我调节理论

认知自我调节理论是Lin、Fan和Chau（2014）在班杜拉自我调节理论基础上发展而来的。该理论强调个体首先要对环境进行评价，看其是否可以满足自己的目标；其次，这个评价过程将引发个体不同的情绪反应；最后，通过评价和情绪反应，个体将产生继续维持积极情绪体验的意图，或者逃避消极情绪体验的意图。如果个体通过评价产生积极情绪体验，就会持续这种行为；而当个体通过评价产生消极情绪体验，就会终止这种行为。因此，这个认知加工过程包括三个阶段：认知评价→情绪反应→应对反应。这个模型强调认知和情绪自我调节机制对行为反应的重要作用，而自我调节受到结果导致的认知评价和情绪反应的相互影响。他们基于自我调节的视角提出解释社交网络使用的理论框架，认为社交网络使用涉及复杂的认知过程，是一个认知评价→情绪反应→反应应对相互连接的过程（见图 1-3）。

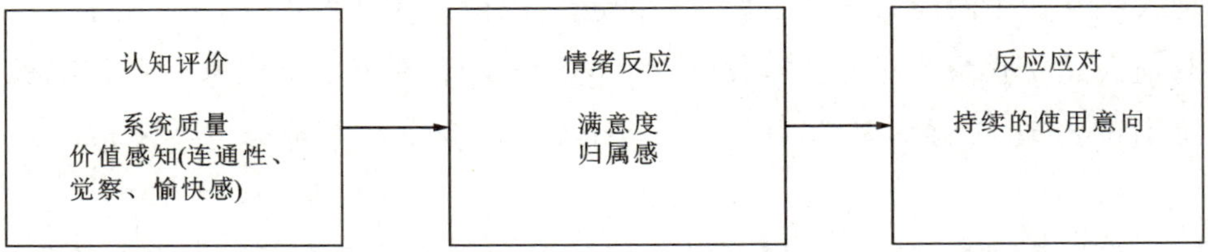

图 1-3　认知自我调节理论结构模型

移动社交网络使用一般包括三个认知阶段。第一阶段为认知评价阶段，即个体对移动社交网络的整体评价，包括系统质量和价值感知（包括连通性、觉察和愉快感）。系统质量主要是指整个移动社交网络的技术是否达到预期，如链接是否流畅、页面是否美观、功能是否齐全等。这种对移动社交网络整体技术的评价会产生积极情绪体验。价值感知是指用户对移动社交网络能否满足自己某种需求的主观评判，价值感知对使用者的满意度和重复使用有直接影响。第二阶段为情绪反应阶段，包括用户满意度和归属感。满意度是指使用者对移动社交网络的整体是否达到心理预期而持有的态度，归属感是指使用者能够在移动社交网络使用中获得归属体验，归属感对在线虚拟网络使用具有直接影响。第三阶段为反应应对阶段，包括持续的使用意向。当个体通过认知评价产生积极情绪体验时，移动社交网络使用者会希望继续获得积极体验，并产生持续使用的行为意向。通过这个理论模型，能够从认知视角解释移动社交网络过度使用的发生。

（三）自我决定理论

移动社交网络使用使越来越多的人产生“缺失恐惧症”。“缺失恐惧症”是指当人们长时间无法使用手机或手机无法连接网络时，个体因为害怕错过与自我有关的信息而产生的焦虑心理。也就是说，缺失恐惧是一种人们对能给自己带来积极回报行为缺失导致的普遍心理担忧。对于那些具有缺失恐惧的人来说，社交媒体的参与对他们具有很大吸引力，如Facebook和微信这样的社交网络能使个体更深入地参与到社交互动中。自我决定理论从一个宏观视角提出了对缺失恐惧的合理解释，根据自我决定理论，有效的心理调节和心理健康应基于以下三个方面：能力——有效与他人相互作用的能力，自主性——能够主动做出改变的能力，关联性——与他人建立联系的能力。自我决定理论认为，心理满足感应来自自我积极主动的心理与行为调节（Przybylski，Murayama，Haan，& Gladwell，2013）。

根据该理论，缺失恐惧可以被理解为，个体对相关信息需求的缺失，使个体感到不能自主掌控与外界的相互作用，由此带来的希望积极寻求需求满足而产生的信息恐惧。因此，人们在现实生活中的心理缺失会导致个体通过移动社交网络使用来寻求满足，而移动社交网络的即时变化又使很多信息无法即时获得，这使个体基于获得心理需求满足的心理承受压力，由此使个体产生基于移动社交网络使用的缺失恐惧心理。这种缺失恐惧强迫个体不断使用移动社交网络，由此造成恶性循环并导致问题性移动社交网络使用的产生。例如，Przybylsk等人（2013）研究发现，那些具有较低心理需求满足、情绪较低落和生活满意度较低的个体报告了更多的缺失恐惧，具有较高缺失恐惧的个体更倾向于使用移动社交网络。因此，缺失恐惧可以被看作是移动社交社交网络使用的心理动机和预测因素，而自我调节理论能为基于缺失恐惧而产生的移动社交网络过度使用提供理论解释。

三、基于综合视角的理论解释框架

（一）问题性手机使用综合模型的理论解释框架

Billieux等人（2015）通过手机成瘾及相关研究文献的分析，提出了问题性手机使用行为综合模型，认为至少有以下三个路径可以导致问题性手机使用：① 过度安慰寻求路径；② 冲动性路径；③ 外向性路径。他们强调每条路径都会受到个体因素的影响，并会导致不同的使用行为（例如，使用的频率及类型、风险使用、类成瘾症状）。第一条路径是过度安慰寻求路径。以往研究认为某些个体会通过手机使用来获取情感支持（Alt，2015），如短信的过度使用与关系维持具有积极相关性（Alavi，Maracy，Jannatifard，Ojaghi，& Rezapour，2014）；也有究发现社交焦虑水平与问题性手机使用及发送信息数量存在密切关系（Babadi-Akashe，Abedini，Akbari，& Hedayati，2014）；有研究者还使用聚类研究，发现较高的神经质水平及较低的自尊水平都与问题性手机使用的增加相关（Augner & Hacker，2012）。因此，问题性手机使用可能是由安慰需求所引发的，而较高焦虑水平、缺少自尊、不安全依附或情感不稳定性等这些因素，都会使个体通过手机寻求心理安慰。第二条路径是冲动性路径。调查研究显示，手机使用的成瘾倾向与具体的冲动性表现相关，如迫切性（在涉及情感时行为鲁莽）、缺乏计划（更高的无意识行动倾向）和自我控制力差（不愿意考虑行为后果）。第三条路径是外向性路径。已有研究表明，问题性手机使用与高外向性存在密切关系（Billieux，Philippot，Schmid，Maurage，De Mol，& Van der Linden，2015），当个体受到与他人持续紧密交流欲望及建立新关系的欲望驱动时，就会产生问题性手机使用行为。根据该理论假设，个体产生问题性手机使用受到情感因素和人格因素影响，其中情感因素主要涉及情感寻求，而人格因素主要涉及冲动性人格和外向性人格。由于这一理论仅仅是根据文献分析后提出的，总体而言并不能完全揭示移动社交网络使用的发生机制，如某些人格特质、心理与社会动机和情绪因素未能完全包含在模型中。

（二）问题性移动社交网络使用整合理论模型

从现有的行为主义和认知主义视角出发，有研究者认为现有行为主义与认知心理学视角的理论解释框架，要么忽视认知与评价因素的考量，要么缺乏对心理需求与特异性行为间关系的考量，基于以往研究不足，提出解释青少年问题性移动社交网络使用的综合理论模型。在这一理论模型中，移动社交网络过度使用的产生受到诸多因素的影响，主要由以下四条主要路径构成。一是人格因素路径，主要包括神经质人格、开放性人格、自恋性人格和冲动性人格。其中神经质人格是对移动社交网络过度使用影响最大的人格特质，而自恋性人格和冲动性人格也对移动社交网络过度使用具有重要影响，而且这三种人格特质均会对移动社交网络过度使用产生直接的预测作用。开放性人格则取代了以往研究中的外向性人格，对移动社交网络过度使用也具有重要影响，只是开放性人格对移动社交网络过度使用会产生抑制效应。二是情绪因素路径，主要包括交往焦虑、遗漏焦虑、孤独感和无聊倾向。值得注意的是，这四种消极情绪均与人际交往困扰存在密切关系，青少年的人际困扰均会通过这四种消极情绪表现出来，并且这四种消极情绪均会对移动社交网络过度使用产生直接预测作用，这也验证了以往研究普遍认为的负性情绪是移动社交网络过度使用的重要影响因素的结论。三是动机因素路径。青少年使用移动社交网络的动机较为复杂，概括起来主要包括以下五个方面：① 通过“晒”来展现自己积极状态的积极自我呈现；② 对自我相关信息的渴求与遗漏焦虑；③ 纯粹无聊和娱乐心理；④ 特异性信息心理需求；⑤ 关系维持与扩展心理。这些动机主要表现为网络积极自我呈现、网络积极反馈、信息获取、关系维持、避免焦虑、娱乐消遣、情感支持和自我展示等。四是认知因素路径，青少年可能存在对移动网络使用相关内容的选择性注意偏向，并对特定移动网络相关内容具有渴求性使用心理（姜永志，2018）。

心理与行为的改变均受到个体内部环境和外部环境的影响，上述四个方面的实证研究已基本揭示了问题性移动社交网络使用的部分内、外部环境因素，上述各方面的影响因素更侧重于内部环境的揭示，如认知、人格、情绪和动机，主要表现为个体的内部心理状态或心理过程。在上述诸多因素的讨论中，几乎所有的因素均与自我有关，而大多数问题性行为形成或产生的一个重要原因就是不正确的认识，同时缺乏有意识和有效的控制。那么，个体对使用移动网络的不正确认识及其缺乏有效控制，其实便是自我觉知系统出现障碍，进而导致对移动社交网络使用相关刺激的注意偏向和心理渴求感。那么，在认知因素部分，引入自我觉知的概念将对模型的解释力有进一步的提升（见图 1-4）。

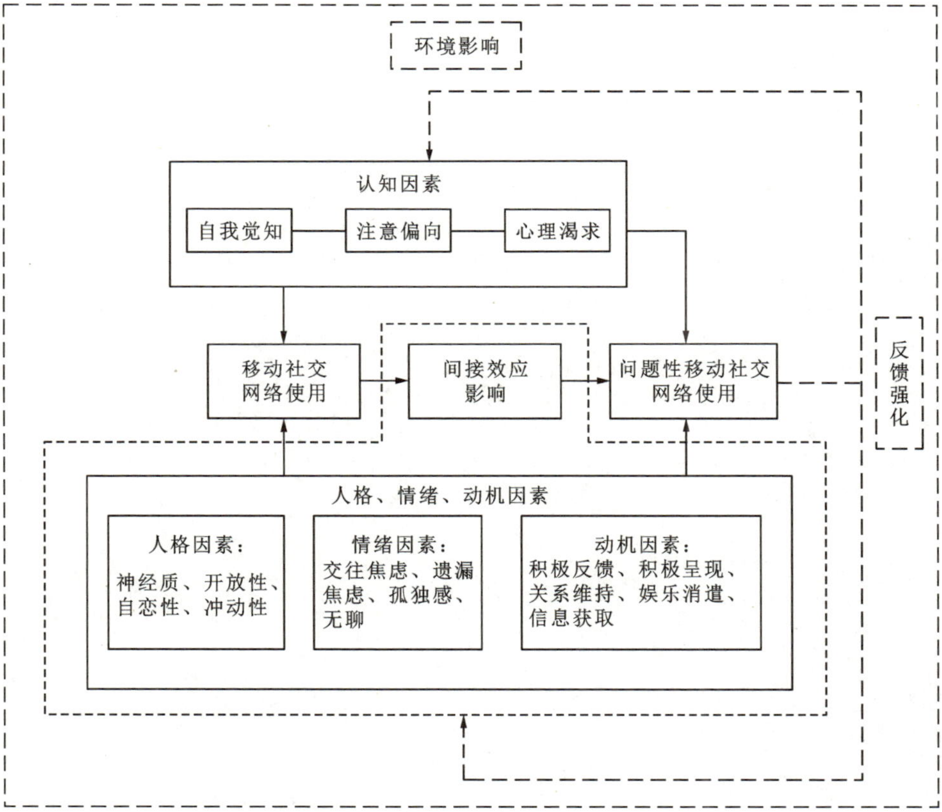

图 1-4　问题性移动社交网络使用综合理论模型

不可否认，上述各因素更侧重个体微观的心理变化，但这些因素同样不可避免地会受到外部环境的影响而变化。例如，根据需要与满足理论，移动社交网络使用带来的积极体验会引发更多积极情绪，移动社交网络过度使用又会引发遗漏焦虑、孤独感等消极情绪。移动社交网络使用动机大多也受到外部环境的影响而产生，如在线社会比较的动机、维持社会关系、娱乐需求等社会动机也会引发个体更多的移动社交网络使用行为。由此可见，外部环境因素是移动社交网络使用形成的重要因素，但外部环境的影响又十分宏观和宽泛，无法对所涉及的环境变量进行一一求证。因此，主张将环境因素作为一个大的宏观背景，将基于实证研究提出的理论模型放置其中，这样理论模型就既有坚实的实证基础和理论基础，同时也较为全面地考虑到研究之外环境因素的影响。

第二章 研究总体设计

伴随智能手机、平板电脑等移动设备使用范围扩大，基于智能手机的移动媒体（例如微信）使用引发了一系列社会问题，此类问题也被称为问题性移动社交网络使用或移动社交网络过度使用，主要是指个体由于某种动机频繁使用移动媒体而使个体在生理、心理和行为上受到消极影响，并对其正常学习生活产生阻碍的移动媒体使用行为。从近年移动社交网络使用及其对青少年的影响来看，它常导致青少年注意力不集中、记忆力减退、学业成绩下降等问题，也使青少年现实社交障碍和道德下滑问题突出，而相关问题的研究能有效提升青少年身心健康水平，促进移动媒体时代青少年社会化的顺利完成，保障新时代“健康中国”战略任务的顺利完成。基于上述青少年移动社交网络使用问题的研究现状，本章基于现有研究存在的不足及问题，对本书的整体研究框架、研究对象、研究方法等问题进行了说明。

第一节 研究依据

移动互联网的迅猛发展极大地影响着青少年的思维方式、社交方式和生活方式，对于社会群体中最具活力、最容易接受新生事物、正在成长的青少年而言，移动互联网正在潜移默化地影响着他们的学习和生活，乃至价值体系的发展。不可否认，移动互联网对青少年的学习和生活起到了巨大的正面作用，促进了青少年的认知、思维、情感和人格等方面的发展。但越来越多的社会现象也表明，移动媒体的使用也对青少年的身心发展产生了消极影响，尤其是移动社交媒体的发展，彻底改变了青年人的社交方式，产生了一系列的社交困扰。那么，如何引导青少年摆脱移动互联网给其带来的负面影响，构建移动互联网时代青少年身心健康发展的优质土壤，成为青少年教育面临的重大课题。

从目前基于智能手机的移动社交网络使用研究现状来看，国内相关研究存在一些问题，需要进一步深入研究。

一是相关评估工具借鉴与开发并重但缺乏统一评估标准。我国研究者从2013年起对相关问题关注增多，近5年积累了较多实证研究基础。早期研究侧重关注手机依赖或问题性移动网络使用的测量，研究者多使用从国外翻译和修订而成的评估工具开展相关心理测评。近年来有研究者编制相应测量工具，例如，熊婕等人（2012）编制的《大学生手机成瘾倾向量表》，王睿迪（2016）编制的《大学生智能手机依赖量表》，陈欢等人（2017）编制的《成年人智能手机成瘾量表》，上述评估工具在心理咨询和学术研究中发挥了积极作用。但从现有评估工具编制来看，工具编制主要借鉴美国《精神疾病诊断与统计手册》中的成瘾行为标准，多数工具仅能评估问题严重程度，不能进行问题诊断、筛查、评估。另外，相关测评工具过多关注外部症状学指标，较少关注心理动机、形成原因等内部心理指标。

二是相关理论探讨与实证研究增多但缺乏系统性深入研究。从近年来的研究看，对移动网络使用动机、原因、对策、教育的理论探讨偏多，对加深人们对问题理解有一定积极作用，但现有理论探讨相对零散且缺乏系统深入性（贺金波，陈昌润等，2012）。近年来对该问题的实证研究也逐渐增多，例如，周宗奎课题组（2016）、雷雳课题组（2016）开展了大量相关问题研究，并取得了一些重要成果，对移动网络使用发生机制及间接效应进行了广泛研究。实证研究对关系揭示过多，对心理机制和神经生物学机制揭示相对不足（刘勤学，杨燕等，2017）。从研究方法看，相关研究主要以心理测量为主，质性研究和实验研究等方法较少，导致对问题探讨不够深入，因果关系解释力度不够。

三是相关干预研究增多但缺乏有效分类干预。近年来的相关干预研究增多，且部分干预视角新颖、方法独特、效果较好。例如，张晓旭等人（2014）使用正念训练对手机依赖进行干预，冀嘉嘉等人（2015）使用团体辅导对手机依赖进行干预，葛仁凯等人（2015）采用运动干预的方式对手机依赖进行治疗，祖静等人（2017）使用控制抑制训练和积极情绪训练对手机依赖进行干预治疗。上述干预研究针对手机依赖行为有一定积极效果。从文献分析来看，现有干预研究在理论上仍主要借鉴和依赖网络成瘾、物质依赖等相关理论；在研究数量上也仍显相对不足，且缺乏基于移动社交网络使用的独特干预方案；在干预手段上仍以传统的心理咨询、团体心理辅导为主，缺乏应用新技术的干预研究；在干预模式上，鲜有根据问题形成原因采取不同干预策略的分类干预。

从目前基于智能手机的移动社交网络使用研究现状来看，国外相关研究存在一些问题，需要进一步深入研究。一是相关概念存在争议且内涵和类属不清。问题性移动网络使用相关概念与网络成瘾和病理性赌博等有很大相似性，但概念内涵与上述概念内涵仍存在区别（Keskindag & Karaaziz，2015）。相关概念争议主要存在两种观点：一种观点认为该问题是一种病理状态，其概念应基于《精神疾病诊断与统计手册》相关标准来界定；另一种观点认为该问题属于偏离常态的一般心理问题，应基于个体现实生活中的生理、心理与行为症状来界定。除此之外，两类研究对相关概念名称也存在争论，国外相关概念包括手机依赖、手机成瘾、问题性手机使用、移动网络过度使用等，这些概念在表述上大同小异，既有重复也有差异，但学科内部尚没有形成统一概念界定标准和名称（Billieux et al.，2015）。澄清相关概念，明确概念内涵和类属，则能避免因概念内涵和类属不清导致的概念等值性缺失，造成研究结果难以比较的问题。

二是相关影响因素与发生机制研究全面但存在部分矛盾之处。近年来国外相关研究主要集中于移动网络使用影响因素和发生机制，不同心理变量在移动网络使用中发挥的不同作用，以及相关的神经生物学基础。从研究内容来看，研究者主要致力于揭示相关问题形成原因。例如，研究发现神经质人格和外向性人格是典型的“成瘾人格”，是问题性移动网络使用重要风险预测指标（Błachnio & Przepiorka，2016）；发现孤独感、交往焦虑、抑郁等负性情绪是问题性移动网络使用的重要风险预测指标（Chen et al.，2016）；发现关系维持、获得归属感、社会与情感支持等心理需求是问题性移动网络使用的重要心理动机（Kim et al.，2015）。上述研究对人们了解青少年问题性移动网络使用具有积极作用，为相关干预研究提供了实证依据。但由于现有研究主要依赖于心理测量，且使用的研究工具不同，导致其研究结论也常出现矛盾。例如，外向性人格是否能预测手机依赖存在研究矛盾，孤独感与手机依赖相互影响关系上是谁影响谁存在矛盾，这些矛盾有待进一步验证。

三是相关干预研究丰富且手段多样，但仍缺乏有效分类教育干预方案。国外对移动网络使用干预研究比我国起步早且手段多样，不但有传统心理治疗技术和方法，还借鉴了移动网络信息技术开展辅助干预。现有干预主要包括三种模式：一是认知行为干预模式，强调通过认知行为训练对个体的认知失调进行建构，如正念认知训练在行为矫正领域具有较广泛的应用（Clarke et al.，2014）；二是药物干预模式，强调通过药物抑制某些脑区激活水平来治疗问题性使用行为；三是自助干预模式，强调采用手机App软件来监控手机使用的碎片化时间，并结合智能手机使用者在一段时间内的耐受性提高水平来评价问题性手机使用行为（Lin，2015）。从文献分析来看，国外针对相关问题的预防干预研究较丰富且手段多样，但现有干预研究仍缺少相应的分类教育干预方案，即鲜有针对问题原因开展的分类教育干预研究。

综上所述，国内外现有研究丰富了该研究领域的成果，也对现实问题解决提供了学理支持，但仍存在需要进一步完善之处：① 该问题性行为的界定、评估标准是什么并没完全达成一致；② 该问题行为的发生机制尚没有完全弄清楚，且部分研究间存在矛盾；③ 问题性移动社交媒体使用的教育引导与干预研究相对较少，已有相关干预研究较少基于其发生机制（如人格特质、情绪特点、社会心理动机和使用过程等）和认知特点，有针对性地制定相应的预防干预方案。因此，本书基于非病理性评估标准，从社会心理学的视角评估青少年移动社交媒体使用行为，揭示这种行为的认知特点及发生机制，采取分类干预方案对该行为进行早期预防干预，避免其对青少年身心发展带来消极影响，并探究移动社交网络使用如何在青少年社会发展中发挥积极作用。

从现实意义来讲，移动社交网络过度使用对青少年产生的消极影响已经成为青少年正常社会化发展的阻力，给学校教育和家庭教育制造了诸多阻碍，使得传统教育方式在青少年人格塑造和积极行为习惯养成方面的影响力被大大削弱。现有研究一般认为，青少年移动社交网络过度使用动因存在以下几个方面的特征：一是通过“晒”来展现自己某一时间点与自我相关的最好状态，以此通过线上社会比较获得关注来满足虚荣心；二是对信息的渴求与恐慌，高负载信息环境中对自我大脑信息储备不足的过度担心，对那些与自己相关或无关信息的无意识关注，这可能源自“怕失去”而对自我有损害的不安全感心理；三是纯粹无聊心理，无意识刷屏以满足无聊心理，以及感官对特异性刺激的需求；四是特异性信息心理需求，通过移动社交网络发布或收集特异性信息。这些心理特征可能是大多数青少年移动社交网络使用中都存在的。那么，我们能否通过系统研究，一方面验证这些因素是否存在，另一方面通过周密的设计揭示青少年移动社交网络过度使用的发生机制，并为此而开展有价值的教育干预，这些问题都是现实而具有可操作性的。那么，对这些问题的完整揭示可以使社会、学校、家长和学生对此形成新的认识，并根据其心理机制的了解采取相应的控制和调节，在一定程度上缓解青少年对移动社交网络的过度使用，引导青少年健康合理使用移动社交网络，摆脱对虚拟社交的依赖，促进其现实社会交往技能的发展，减少学校与家庭教育中的矛盾与冲突，缓解社会对青少年社会化进程的忧虑，这是本研究重要的现实意义。该研究也很好地契合了 2016 年 12 月 30 日国家卫生计生委、中宣部等 22 个部门印发的《关于加强心理健康服务的指导意见》的指导精神。

从理论意义上讲，网络成瘾、智能手机成瘾研究在理论假设、理论解释和理论分析上过多依赖物质成瘾和行为成瘾的理论，而问题性移动社交网络使用是不是一种成瘾行为目前尚未定论，那么依据此类标准开展研究无疑给青少年移动社交网络过度使用行为贴上了成瘾行为的“帽子”，这显然不一定恰当。此外，青少年移动社交网络使用可归入网络心理学和社会心理学领域，但目前学界对其归属问题尚没有明确化，目前的网络心理学更像是基于网络技术发展而来的一种研究取向，如何丰富和拓展网络心理学研究领域，使网络心理学成为拥有自身研究使命的规范学科，青少年问题性移动社交网络使用的心理学研究应对此有所贡献。

第二节　研究内容与思路

移动网络使用的心理与行为作为网络心理学领域的一个分支研究领域，至今仍有很多值得探究的问题。尤其是基于智能手机的移动社交网络过度使用问题，他们自身受到何种因素影响？是什么因素诱发了青少年长期沉溺于移动社交网络？其对青少年社会化进程中的心理与行为将产生什么影响？这种影响主要集中在哪些方面？对上述问题的讨论有助于促使人们对移动新媒体时代青少年移动社交网络使用心理与行为有一个较为全面的认识。

一、研究思路

本研究遵循“基本关系”→“关键机制”→“特殊机制”的基本逻辑，并按照目标设定→可行性论证→理论分析→专题实证研究→引导对策研究的基本思路，抓住青少年移动社交网络使用的几个关键问题，从以下几个方面对移动社交网络过度使用的形成机制及对社会化的影响开展研究。

一是开展移动社交网络使用测量与评估研究，着重从手机依赖、移动社交网络过度使用等方面对该行为进行测量与评估。二是开展青少年移动社交网络使用心理倾向研究，着重探究青少年移动社交网络使用的态度、移动社交网络使用的动机及特点、移动社交网络使用的偏好及影响因素和移动社交网络使用的行为特征等，上述研究将为后续研究提供研究基础。三是开展人格（如大五人格、冲动人格等）与移动社交网络过度使用的关系研究，着重探究典型的人格倾向与移动网络过度使用的关系，以及各心理变量在人格与移动社交网络过度使用间的复杂作用机制。四是开展情绪（如孤独感、焦虑、无聊等情绪）与移动社交网络过度使用的关系研究，着重探究典型的负性情绪与移动社交网络过度使用的关系，以及各心理变量在情绪与移动社交网络使用间的复杂作用机制。五是开展社会交往（如社交焦虑、社交困扰、社交适应等）与移动社交网络过度使用的关系，以及各心理变量在社会交往与移动社交网络使用间的复杂作用机制。六是基于以往研究开展青少年移动社交网络使用的社会化引导与教育研究，着重从家庭教育、学校教育和社会教育的视角提出青少年移动社交网络使用的社会化引导策略。研究总体思路和框架如图 2-1 所示。

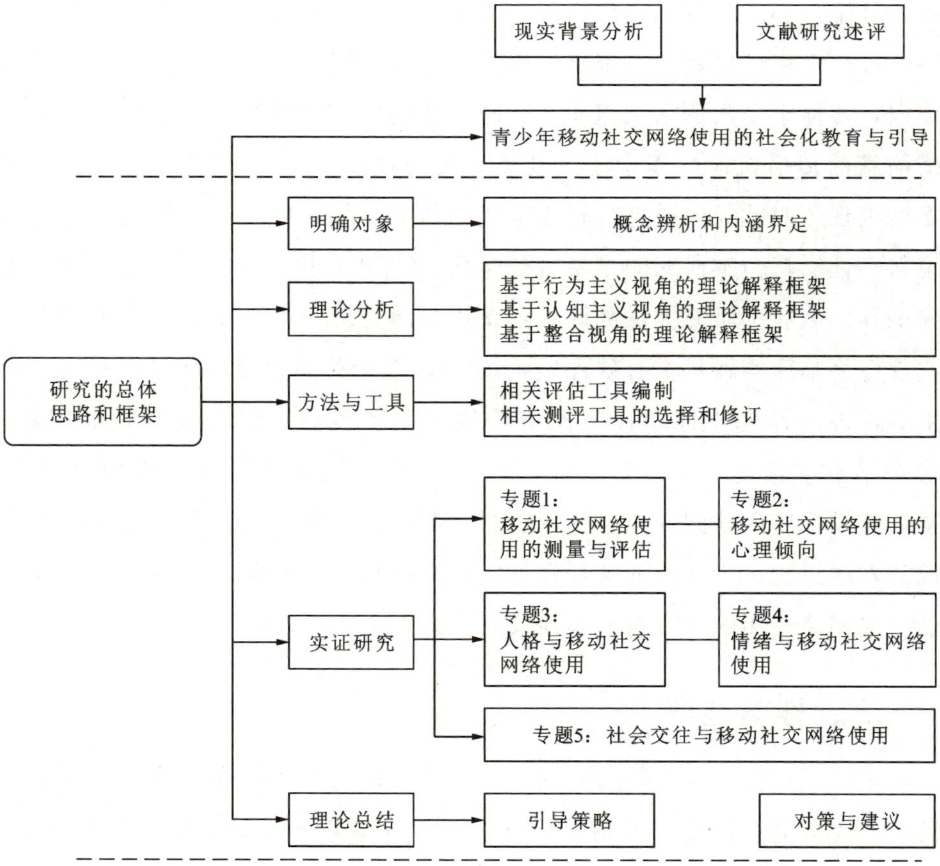

图 2-1　研究总体思路和框架

二、研究目标

移动社交网络及其相关 App 软件平台的快速发展，开启了线上线下社交并行的移动网络社交时代，青少年的学习与生活被深深烙刻上了移动社交网络的痕迹。从新技术发展角度来看，移动社交网络使用给个体的心理、行为发展带来诸多益处，合理的移动社交网络使用有助于提高个体的自尊水平，提升幸福感，减少焦虑和抑郁心理，对青少年社会交往技能的发展和高层次社会交往需要的满足也有益处。然而，现有研究也发现，不恰当的移动社交网络使用给青少年的身心发展带来严重消极后果。现有相关研究主要从心理学视角、社会学视角、传播学视角等对该问题进行探讨。其中，心理学视角侧重从微观层面探讨移动社交网络使用的机制和成因，社会学视角侧重从宏观层面探讨移动社交网络使用的社会发生机制和成因，传播学视角侧重从移动社交网络使用的典型特征出发，探讨社交网络信息的传播机制（姜永志，刘勇，白晓丽，2017）。笔者认为，从心理学微观视角对此类问题进行较为系统的研究，将为后续研究提供可靠的理论与实证支持。本研究的主要目标包括：① 建立移动社交网络过度使用测评工具，为后续研究提供测评工具支撑，同时也为青少年心理健康教育与心理咨询临床实践提供有效评估工具；② 基于移动社交网络过度使用测评工具，揭示青少年移动社交网络使用的基本现状、特点及存在的问题；③ 从人格、情绪和社会交往等视角，探究移动社交网络过度使用的影响因素，以及这些因素间的相互作用机制，明确青少年移动社交网络使用的形成和发展过程，为现象的解释提供实证支持和理论依据；④ 提出青少年移动社交网络使用的教育对策与建议，促进青少年身心健康发展。

三、样本选取

本研究选择青少年作为研究对象，主要是因为在现实生活中，青少年已经成为智能手机使用的最重要群体，而且他们的年龄跨度大约有十年，对这一群体开展研究更具代表性。移动社交网络使用问题涉及复杂的心理过程，这个过程包括个体的认知、情绪、行为和意志等心理。因此，对于青少年移动社交网络使用研究需要整合相关的心理与行为变量，这样才能基于整合的视角对这一问题开展系统、完整的研究。

我国最早关注手机使用问题的研究主要集中在手机依赖这一问题上，而对手机依赖的研究主要集中在手机本身而非基于手机的移动互联网，因此，早期研究主要开展了大量手机依赖的理论探讨与测量研究。本研究立足现有相关科研项目，先后分三次开展了大规模测量研究。在研究领域上，以大学生手机依赖研究为起点，随后逐渐扩展到移动互联网过度使用、移动网络使用偏好、问题性移动社交网络使用等领域。在研究对象上也从最开始的大学生扩展到中学生，直至包括了初中、高中和大学三个学段十个年级的青少年。由于关于青少年年龄划分的区间差异，本研究将青少年群体的年龄区间范围界定为初中生和大学生，这样的扩展后样本的年龄基本为12～22岁。从2013年末开始进行研究设计并逐步完善，截至2017年6月近5年共完成3次样本采集。除此之外，研究中还涉及一些小样本的取样，这部分样本在具体研究中做具体说明。

1. 第一次数据采集

2013年9—12月，采用整群分层抽样方法，从内蒙古三所高校选取大一至大四学生1500名参与研究，使用调查问卷对样本进行了测量，回收有效问卷1488份。其中，男生556人（37.37%），女生932人（62.63%），年龄为20.55±2.42岁；大一年级512人（34.40%），大二年级384人（25.81%），大三年级376人（25.27%），大四年级216人（14.52%）；城市生源760人（51.08%），农村生源728人（48.92%）；文科480人（32.26%），理工科1008人（67.74%），研究参与者均为自愿参与调查研究。

2. 第二次数据采集

2015年9—12月，采用随机抽样的方法，从全国5个省区11所中学和高校选取2300名学生参与研究，中学样本主要来自内蒙古乌兰浩特音德尔高中、通辽市三中、通辽市实验中学、包头市北重三中、甘肃省兰州市外国语高中和宁夏石嘴山市高中等学校，大学样本主要来自内蒙古民族大学、呼伦贝尔学院、西北民族大学、石河子大学、石家庄学院等高校。

样本包含了全国23个少数民族。研究共回收有效问卷2056份，问卷有效率89.39%。具体来看，男生688人（占33.46%）、女生1368人（占66.54%）；高中生830人（高一322人（15.66%）、高二434人（21.11%）、高三74人（3.60%））、初中生594人（初一98人（4.77%）、初二164人（7.98%）、初三332人（16.15%））、大学生632人（大一254人（12.35%）、大二212（10.31%）、大三166人（8.07%））；城市生源地1108人（53.89%）、农牧区生源地948人（46.11%）；汉族学生1276人（62.06%）、蒙古族学生592人（28.79%）、其他少数民族学生188人（9.14%）；大学生样本中，文科生418人（20.33%）、理科生214人（10.41%）。

3. 第三次数据采集

2017年3—4月按照学段分层抽样方法，选取内蒙古自治区、广西壮族自治区、甘肃省、湖北省、辽宁省、吉林省、河北省和海南省等8个省区的16所中学和大学作为调查样本，调查方式为现场发放问卷，纸笔作答，共发放问卷3000份，最后共回收有效问卷2872份，问卷有效率为95.73%。被试的年龄区间为12～25岁，包括男生1012人（35.24%），女生1860人（64.76%）；初中生772人，占调查总数的26.88%（初一180人（6.27%）、初二380人（13.23%）、初三212人（7.38%））；高中生1032人（高一524人（18.25%）、高二144人（5.01%）、高三364人（12.67%））；大学生1068人（大一368人（12.81%）、大二280人（9.75%）、大三192人（6.69%）、大四228人（7.94%））；城市生源地1276人（44.43%）、农牧区生源地1596人（55.57%）。

四、研究工具

由于研究持续时间长和研究范围广，所以研究中所涉及的测量工具较多，主要包括三种工具：一是根据研究需要直接使用的前人已经编制好的测评工具；二是根据研究需要基于以往研究中的测评工具适当修改而成的测评工具；三是根据研究需要自行编制的测评工具。在研究中使用的部分工具在测量前进行了适当调整，如有工具是以青少年为对象编制的，那么在适用于大学生群体时对题目表述做了修改，并进行了结构效度分析。同样有工具是以大学生为对象编制的，那么在适用于青少年群体时也对题目表述做了适当修改，并进行了结构效度分析。研究中所使用到的测评工具主要包括移动网络使用相关工具和相关心理变量评估工具。其中，移动网络使用相关工具主要包括手机成瘾倾向量表、手机网络过度使用行为量表、青少年移动社交网络使用偏好影响因素问卷、青少年移动社交网络使用态度问卷、青少年移动社交网络使用动机问卷和大学生手机网络服务使用偏好问卷；相关心理变量评估工具包括青少年人格五因素问卷、青少年疏离感量表、大学生网络社会支持量表、青少年社会支持量表、大学生心理和谐量表、大学生交往焦虑量表、沉醉感量表、羞怯量表 、UCLA 孤独感量表、大学生无聊倾向问卷、人际关系综合诊断量表、青少年社会适应量表、自我认同量表、在线交流心理需求满足问卷和压力知觉量表等。

五、数据分析方法

本研究问卷的三次数据采集施测均由高校和中学心理学专业教师完成，在施测之前对研究者进行了集中培训，统一了指导语和施测程序。测试以班级为单位，由被试单独完成，测量结束后立即收回问卷。由于研究中所有变量的测量均来自被试的自我报告，这可能导致共同方法偏差。为减少可能存在的共同方法偏差对研究结果的影响，进行了程序控制和统计控制。在程序控制上，使用了匿名作答，安排被试在同一间教室完成测量。在统计控制上，采用了 Harman 单因素检验，因素分析后提取的第一个因子解释变异低于 40%的临界值即可认为所受到的共同方法偏差影响较小，可以进行数据的统计分析。研究所得数据使用 SPSS18.0、偏差校对非参数百分位 Bootstrap 法和 Amos17.0 进行处理。主要涉及 t 检验、F 检验、Pearson 相关分析、多元线性回归分析和中介效应分析等，研究中涉及的统计显著性均使用标准化的统计指标（$^{*}p<0.05$，$^{**}p<0.01$）。

第三章　移动网络使用行为的评估

基于智能手机的移动网络使用的测量评估，是考量该问题的关键指标。从国内外的相关测评和评估工具来看，理论基础和结构维度基本延续了网络成瘾的模式，即主要借鉴了《精神疾病诊断与统计手册》（DSM-4）中病理性赌博的症状标准作为测量指标。从近年对该问题的关注来看，虽然已有一些研究者对国外相关工具进行了修订，或者基于已有研究编制了新的工具，但现有工具在概念界定和理论基础上也存在分歧。基于研究的整体思路，我们先后对相关问题的评估进行了考量，包括最初的手机依赖的测量评估，随后的移动网络过度使用的测量评估，以及问题性移动社交网络使用的测量评估，在不同阶段呈现了对该问题的不同关注点。但是，该问题的测量评估无疑对进一步揭示移动社交网络过度使用的影响因素及其作用机制发挥了关键作用。本章着重介绍了笔者及合作者在研究中开发和应用的移动社交网络过度使用相关评估工具。

第一节　手机依赖行为的评估

在网络时代，很多人都会出现诸如当手机忘记带感到心烦意乱，经常有“手机响了”的幻觉，甚至会有把别人手机铃响当作自己手机铃响的困惑；当手机经常连不上线、收不到信号，就会出现焦虑、脾气也暴躁起来等心理反应。这类现象对于网络时代的人来说非常普遍。对于青少年和上班族来说，每天睁开眼第一件事通常就是摸手机，每天睡觉前最后一件事通常是放下手机（彭鑫，2011；蒋娅娅，2012；赵兵辉，禹建，2013），这样的生活方式已经普遍存在。在网络时代，手机的普及已经极大地改变了现代人的生活方式，手机在给我们带来极大交流便利的同时，也制造了不少麻烦（王佩剑，2012）。我国工信部运行监测协调局统计，截至 2013 年 3 月，我国移动互联网用户净增 1394.1 万户，总数达到8.17 亿户，其中手机上网用户占 96.4%。有专家称，中国已迎来“触屏时代”，其中主要是智能手机和平板电脑。《工人日报》（杜鑫，2012）的一项调查也显示，我国六成网民不玩手机难入眠，九成网民离开手机难生活。《中国城市通信行为研究报告》显示，约有 62%的智能手机用户在睡觉前玩手机，约有 75%的上班族在上下班途中玩手机。《人民日报》（吴月辉，赵永新，2013）也发表题为《触屏时代，不要“为屏所控”》的文章，指出“屏控”危害不容小觑，会影响人们的身心健康，特别是影响青少年及幼儿的身体、心智的健全发育。还有研究（Walsh，White，Cox，& Young，2011）显示，长时间使用手机会影响身高发展，长时间的电磁辐射有可能影响到人的大脑，容易造成脑损伤，造成注意力不能集中，对年轻女性甚至会引起生理周期紊乱。对于青少年和儿童来讲，玩手机成瘾会导致人格障碍，对人冷漠，缺乏爱心，还可能使他们的社交行为产生问题，不善于与人沟通，遇到事情更愿意用简单粗暴的方式解决（Walsh，White，& Young，2008，2009）。过度使用手机在国外也是一个普遍的社会问题。2013 年 6 月 13 日《中新网》援引韩联社的报道指出，在韩国 1.06 万受访的智能手机用户中，智能手机成瘾按年龄来分，10～19 岁人群占 18.4%，20～30 岁人群占 13.6%，30～40 岁人群占 8.1%，40 岁以上人群占 4.2%，这一结果显示，手机成瘾主要集中在青少年和大学生群体中。另外，美国马里兰大学曾在 10 个国家做了一项“无设备世界”的调查，调查大学生在一天之内不使用包括手机在内的任何多媒体设备的情形，结果显示，离开了手机让这些大学生“坐立难安”（Igarashi，Motoyoshi，Takai，& Yoshida，2008）。

过度使用手机给人们带来的负面影响已经成为一个社会问题，并越来越受到关注。与此同时，“手机依赖”、“手机成瘾”、“手机焦虑”、“手机控”、“手机中毒症候群”和“手机综合征”等这样的新概念也逐渐衍生出来，用以描述智能手机时代人们“被手机绑架”的现状（周挥辉，党波涛，蒋永红，2011）。但是，目前对手机过度使用现象并没有统一的名称和界定，国内外使用频率较高的主要是“手机依赖”和“手机成瘾”（Bianchi & Phillips，2005；Chliz，2010），这两个概念往往被当作一个概念使用，主要指由于某种动机过度地滥用手机而导致手机使用者的心理和社会功能受损的痴迷状态。事实上，这两个概念存在量上的区别，手机依赖要比手机成瘾的程度低，手机成瘾更多考虑的是病理性成瘾症状，而手机依赖应还在正常心理范围内，即在界定上应该从严重程度来区分。Toda等人（2008）还认为，手机依赖是“使用者过度使用和间歇性渴望使用移动电话”。国外对手机成瘾的界定仍限定在心理现象的范围内，强调手机使用的动机和情绪。我国天津师范大学李止庸（2011）则从手机过度使用的症状来进行界定，认为手机依赖“是对手机的过度依赖使用，对身心健康、学习、工作和生活产生负面作用的行为”，可表现为：手机不离身并随时查看，信号或网络中断时的失落感和焦虑感，电话交流取代面对面交流等。鉴于手机依赖与手机成瘾的差别，我们更倾向于将在可控范围内的过度使用手机现象称为手机依赖倾向。不过，无论倾向于哪一种界定范畴，现代人对手机的依赖与对互联网的依赖本质一样，过度使用必然会对身心产生较大的负面影响。

手机依赖现象已经越来越深地影响了人们的正常生活，国内外对该问题的报道呈逐渐增多趋势，但是国内外针对这一现象进行的深入研究则较少，在病理性手机依赖和正常手机依赖的测量上并没有很完备的测量工具，仅有的开发出来的工具也具有很大的局限性。例如，Toda（2006）针对女性群体编制了“手机依赖量表”（Cellular Phone Dependence Questionnaire），Bianchi和Phillips（2005）针对问题性手机使用者编制了“问题性手机使用量表”（Mobile Phone Problem Usage Scale）。徐华等人（2008）将手机依赖看作是“行为成瘾”，编制了“大学生手机依赖量表”（Mobile Phone Dependence

Scale)，熊婕等人（2012）借鉴网络成瘾的理论和模型编制了“大学生手机成瘾倾向量表”（Mobile Phone Addiction Tendency Scale）。这些测量工具有的是针对某些特殊群体编制的，有的是借鉴网络成瘾相关理论编制的，有的则因信效度不够理想而难以推广。我们在借鉴并综合了以往测量工具的基础上，结合已有相关的网络成瘾模型及理论，立足于现实生活的具体现象，初步编制了具有较高信度和效度的测量工具，并希望可以有效推广，进一步推动对青少年手机依赖倾向的测量，拓展该研究领域的成果。

一、问卷编制

（一）访谈

通过文献分析，以以往手机依赖量表和网络成瘾量表为基础，结合手机使用者在现实社会中出现的现象，编制半结构式访谈提纲。半结构式访谈提纲制定过程为：首先，研究者根据研究目的，参考相关资料编制访谈提纲的初稿；其次，邀请5名心理学专业教师对访谈提纲初稿进行讨论并修改；最后，招募1～3名受访者，对其进行全程录音访谈，整理结果，根据访谈情况最后修订访谈提纲，最终确定10个访谈题目。随机抽取20名大学生进行访谈，其中男性10人，女性10人，并全程记录。

（二）量表初步编制

在以往相关手机依赖量表和网络成瘾量表的基础上，结合访谈结果，抽取出手机依赖核心症状和手机依赖相关问题2个症状指标。其中，手机依赖核心症状包括强迫性使用和戒断反应2个维度，手机依赖相关问题包括关系卷入、人际疏离和身心健康不良3个维度。据此初步编制问卷题目30个，随后请有关的心理学教师和研究生就题目内容的合理性、适用性进行分析并对区分度不高和模糊的题项进行筛选，形成初测问卷24个题目。量表采用里克特5点计分方式，从“非常不符合”到“非常符合”评定为1～5分，总分越高表明手机依赖倾向程度越严重。

二、对象与方法

（一）研究对象

研究采用随机抽样的方法在内蒙古东部区与西部区各抽取一所高校的大学生为研究对象。问卷发放以课堂集体施测为主，由学生填写答案后当场收回。

样本1：共发放问卷480份，收回有效问卷442份（92.08%）。其中，男性232人（52.49%），女性210人（47.51%），平均年龄为20.55岁，标准差为1.42；汉族302人（68.33%），其他民族140人（31.67%）；城镇生源286人（64.71%），农牧区生源156人（35.29%）。研究参与者均为自愿参与调查研究。对这些样本进行探索性因素分析。

样本2：共发放问卷500份，收回有效问卷487份（97.40%）。其中，男性206人（42.30%），女性281人（57.70%），平均年龄为20.47岁，标准差为1.56；汉族298人（61.19%），其他民族189人（38.81%）；城镇生源324人（66.53%），农牧区生源163人（33.47%）。研究参与者均为自愿参与调查研究。对这些样本进行验证性因素分析。

样本3：为考察重测信度，自填写问卷之日起的第4周进行重测。重测样本取自样本2，共50人，获得有效样本为43人（86. 00%）。其中，男性20人（46. 51%），女性23人（53. 49%），平均年龄为21.25岁，标准差为1.12；汉族36人（83. 72%），其他民族7人（16. 28%）；城镇生源28人（65. 12%），农牧区生源15人（34. 88%）。

（二）研究工具

1. 大学生手机成瘾倾向量表（MPATS）

为考察新编制量表的结构效度，选用熊婕、周宗奎等人（2012）编制的“大学生手机成瘾倾向量表”来考察效标效度。该量表共16个项目，分为戒断症状、突显行为、社交抚慰和心境改变4个维度。量表采用里克特五点计分，从1～5分别表示非常不符、不太符合、一般、比较符合、非常符合。总量表的信度系数为0. 83，4个因素的克伦巴赫内部一致性

α 系数在 0.55～0.80 之间。

2. UCLA 孤独感量表

国内外研究表明，孤独感是预测网络成瘾和手机依赖的重要指标，网络成瘾者更容易产生孤独感，手机依赖得分高者也更容易产生孤独感。研究选取 Russell 等人（1987）编制的"UCLA 孤独感量表"（第 3 版）来考察新编量表的效标效度。UCLA 孤独感量表是单维度量表，由 20 个题目构成，采用里克特四点计分，量表得分越高表示孤独感越强，UCLA 孤独感量表的克伦巴赫内部一致性 α 系数为 0.92，重测信度为 0.73。

（三）正式施测

对选定的样本 1 和样本 2 进行同时正式施测，相隔 4 周后对样本 3 进行重复测量以获得重测信度。

三、研究结果

（一）项目分析

研究按照量表总分将被试分为高分组和低分组，区分原则为统计学的最高上限 27%和最低下限 27%，并求出两组研究对象在每个项目上的得分差异。结果发现，有 2 个项目差异不显著，并将其剔除。对剩余的项目进行项目区分度分析，经计算得到的鉴别指数 D 值均大于 0.40，根据心理测量学的一般原理，项目鉴别指数 $D \geqslant 0.30$ 即可认定具有良好区分度。经过项目分析，保留有效项目 22 个。

（二）探索性因素分析

为检验量表的结构效度，对剩余的 22 个项目进行 Bartlett 球形检验，结果显示 $\chi^2 = 4019.61$，$p < 0.01$，KMO＝0.817，表明适合做因素分析。研究采用主成分法（Principal Components）抽取因子，用最大变异法（Varimax）进行正交旋转，对量表进行初步分析。结果发现 1 个项目因子载荷小于 0.35，将其删除。对剩余的 21 个项目进行因素分析，结果发现

特征值大于 1 的因素有 5 个，可解释项目总变异的 58.27%。通过观察因素分析碎石图（见图 3-1）也发现，从第五个因素（因子数）开始特征值变得较为平缓，因此研究最终抽取 5 个公共因素，包括 21 个项目，这与研究最初假设的五个维度一致。各因素项目及载荷见表 3-1。

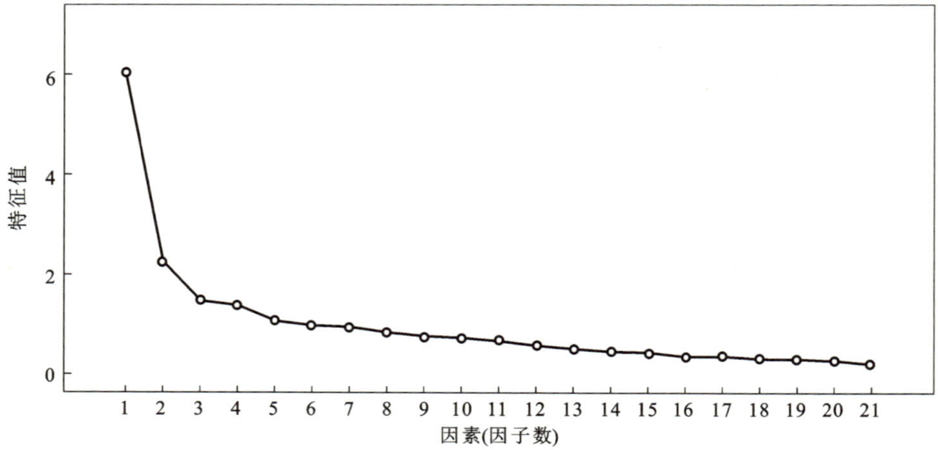

图 3-1　因素分析碎石图

由表 3-1 可知，量表最后剩下的 21 个项目较好地分布于各个五因子中。其中，因子 S_1 包括 7 个项目，涉及手机强迫使用行为，命名为“强迫性使用”；因子 S_2 包括 4 个项目，涉及手机使用戒断后带来的一系列心理不适反应，命名为“戒断反应”；因子 S_3 包括 4 个项目，涉及手机使用过程中因网络依赖而产生的情感卷入水平，命名为“关系卷入”；因子 S_4 包括 3 个项目，涉及手机使用戒断后带来的生理和心理反应，命名为“身心健康不良”；因子 S_5 包括 3 个项目，主要涉及手机使用带来的人际关系疏离等，命名为“人际疏离”。

表 3-1　手机依赖量表的探索性因素分析表

题项	因子载荷					共同度
	S_1	S_2	S_3	S_4	S_5	
V_7	0.782					0.669
V_1	0.692					0.637
V_5	0.684					0.636

续表

题项	因子载荷					共同度
	S_1	S_2	S_3	S_4	S_5	
V_6	0.667					0.573
V_8	0.651					0.625
V_2	0.648					0.528
V_3	0.418					0.449
V_{11}		0.689				0.514
V_4		0.672				0.594
V_{10}		0.658				0.642
V_9		0.569				0.687
V_{14}			0.760			0.682
V_{13}			0.734			0.701
V_{15}			0.602			0.578
V_{12}			0.570			0.576
V_{19}				0.786		0.643
V_{20}				0.622		0.489
V_{18}				0.575		0.550
V_{17}					0.687	0.565
V_{16}					0.632	0.521
V_{21}					0.486	0.603
α 系数	0.835	0.750	0.707	0.550	0.504	0.865
特征值	6.036	2.243	1.473	1.395	1.091	
贡献率/（%）	28.741	10.679	7.015	6.645	5.194	58.274

注：小于 0.4 的因子载荷没有显示；0.865 为整个分量表的 α 系数；58.274%为总贡献率。

在抽取的 5 个因素的基础上，研究需要考察提取出的这几个维度是否共同代表了手机依赖倾向，于是对 5 个维度再次进行了因素分析。结果发现，提取出一个特征根 4.304 的因子的贡献率为 92.628%，且每个维度在这个因子上的载荷都高于 0.70。我们可以认为这 5 个维度都一致地代表了手机依赖倾向的内容，见表 3-2。

表 3-2　手机依赖量表 5 个维度因素分析结果

特征值	贡献率/（%）	因子载荷				
		S_1	S_2	S_3	S_4	S_5
4.304	92.628	0.845	0.735	0.838	0.842	0.938

（三）量表的效度分析

采用样本 2 进行验证性因素分析，依据探索性因素分析的结果，我们假定模型由五个因子组成，分别是强迫性使用、戒断反应、关系卷入、身心健康不良和人际疏离。通过 Amos17.02 进行分析，并建构五维模型。由于初步分析发现关系卷入和人际疏离两个因子相关度较高，所以将这两个因子合并为 1 个因子，建构四维模型。结果表明，五维模型的各项拟合度指标优于四维模型的，结果见表 3-3。

表 3-3　模型拟合度指标

模型	χ^2/df	GFI	AGFI	NFI	NNFI	CFI	RMSEA
五维模型	4.464	0.861	0.906	0.862	0.900	0.830	0.06
四维模型	5.761	0.890	0.847	0.791	0.872	0.804	0.18

探索性因素分析与验证性因素分析结果表明，手机依赖量表可以区分为 5 个维度，且结构方程模型拟合度指数良好，因此，量表的结构效度良好。心理学统计研究还认为，量表各分量表之间以及分量表与总量表的相关度可以作为衡量结构效度的另一个指标。通过分析发现，分量表之间相关显著，相关系数在 0.239～0.609 之间；分量表与总量表之间相关显著，相关系数在 0.514～0.853 之间。表明量表的结构效度较好，见表 3-4。

表 3-4　手机依赖量表分量表及总量表相关系数矩阵

变量	S_1	S_2	S_3	S_4	S_5	Total
S_1	1					
S_2	0.609**	1				
S_3	0.387**	0.428**	1			
S_4	0.239**	0.340**	0.295**	1		

续表

变量	S_1	S_2	S_3	S_4	S_5	Total
S_5	0.410**	0.328**	0.293**	0.509**	1	
Total	0.853**	0.739**	0.673**	0.514**	0.595**	1

相关研究表明，孤独感是预测网络成瘾和手机成瘾的重要指标，研究以 Russell 等人（1987）编制的“UCLA 孤独感量表”和熊婕、周宗奎等人（2012）编制的“大学生手机成瘾倾向量表”来考察新编量表的效标效度。结果发现，“大学生手机成瘾倾向量表”与新编量表显著相关，“UCLA 孤独感量表”与新编量表显著相关，表明新编制的大学生手机依赖量表具有较好的效标效度，见表 3-5。

表 3-5　大学生手机依赖量表的效标效度

变量	大学生手机依赖量表	大学生手机成瘾倾向量表	UCLA 孤独感量表
大学生手机依赖量表	1		
大学生手机成瘾倾向量表	0.800**	1	
UCLA 孤独感量表	0.189**	0.182**	1

（四）量表的信度分析

信度分析研究表明，总量表的克隆巴赫 α 系数为 0.865，各分量表的克隆巴赫 α 系数在 0.741～0.896 之间；总量表的分半信度为 0.629，各分量表的分半信度在 0.692～0.847 之间。4 周后对样本 3 进行测量获得重测信度，结果发现，总量表的重测信度为 0.872，各分量表的重测信度在 0.743～0.914 之间。按照心理统计研究要求，对信度进行检验时，如果信度系数大于 0.60，则说明具有较好的信度。本量表从整体上看，问卷的信度达到问卷编制的要求。

四、量表的初步分析

（一）大学生手机依赖的总体状况

以样本 1 和样本 2 的研究对象进行初步统计，得到新编大学生手机依赖量表总量表和各分量表的描述统计量（见表3-6），另外结合直方图也发现，数据呈正态分布趋势。

表3-6　大学生手机依赖的总体状况

变量	强迫性使用（S_1）	戒断反应（S_2）	关系卷入（S_3）	身心健康不良（S_4）	人际疏离（S_5）	总量表
M	3.043	2.739	2.319	2.464	3.247	2.784
SD	0.859	0.926	0.829	0.747	0.849	0.638

（二）大学生手机依赖的性别差异

对研究对象进行性别差异分析，结果显示，男生和女生在强迫性使用和戒断反应上没有显著的差异（$p>0.05$），但是在关系卷入、身心健康不良和人际疏离上，男生与女生差异显著（$p<0.05$），且女生显著大于男生，见表3-7。

表3-7　大学生手机依赖倾向的性别差异

变量	男生		女生		t
	M	SD	M	SD	
强迫性使用（S_1）	2.992	0.977	3.074	0.842	1.011
戒断反应（S_2）	2.711	0.872	2.751	0.958	0.475
关系卷入（S_3）	2.173	0.822	2.408	0.821	3.156**
身心健康不良（S_4）	2.339	0.685	2.539	0.773	2.992**
人际疏离（S_5）	3.112	0.875	3.321	0.825	2.737**

五、讨论与分析

手机依赖的社会心理现象已经在很大程度上改变了当今大学生的生活方式，也给大学生带来了严重的心理与行为问题，而Toda（2006），Bianchi和Phillips（2005），徐华（2008），以及熊婕等人（2012）从不同角度编制的相关量表，或者是针对特殊群体而不具有普遍性，或者是信度较低而难以有效测量，它们对大学生手机依赖的测量并不够理想。另外，手机依赖与网络成瘾的本质基本相同，因为在一定程度上手机过度使用者主要是使用其网络功能。因此，可以将网络成瘾的相关理论作为本研究的理论基础，但手机依赖倾向与网络成瘾并不完全相同，有其自身的特点。因此，本研究在借鉴以往网络成瘾理论和量表的基础上，对大学生进行了深入的访谈分析，并最终确定了量表的5个维度作为研究的理论构想。在收集访谈资料和以往相关量表的基础上初步形成了30个项目的量表。随后请有关专家对项目进行讨论，因部分项目区分度不高、表达模糊等问题，删除了6个项目。为了确保问卷质量，研究分3次选取了3个样本群体，并且在预测过程中严格按照程序让被试回答问卷，及时记录下了被试出现的问题，再经过理论与逻辑上的考察，最后获得24个项目的初测问卷。

研究首先对样本1和样本2施测，项目分析发现2个项目区分度小于统计学要求，将其删除后形成22个项目的量表。其次，研究使用样本1进行探索性因素分析，删除1个因子载荷小于0.35的项目，形成最终正式量表。进一步进行探索性因素分析发现，大学生手机依赖倾向量表由5个维度构成，分别为强迫性使用、戒断反应、关系卷入、身心健康不良和人际疏离，这5个维度构成了大学生网络依赖倾向的核心症状（强迫性使用和戒断反应）和手机依赖倾向的相关问题（关系卷入、身心健康不良和人际疏离）两大症候群，这与研究的理论构想一致。最后，研究使用样本2进行了验证性因素分析，通过Amos生成结构方程模型。结果与理论构想完全一致，五维度结构方程模型各项拟合指标拟合较好，但是相关研究也发现关系卷入和人际疏离两个因子相关度较高，所以将这两个因子合并为1个因子，并建构四维度模型。结果显示，四维模型拟合度不如五维度模型拟合好，最终确立大学生手机依赖倾向量表的五维度结构模型。

为了检验量表的信度，研究通过在第四周后进行样本3的施测来获得重测信度。重测信度结果也表明，量表及其各维度不因时间的变化而发生显著变化，重测信度在0.743～0.914之间。此外，研究也对样本1和样本2进行了克隆巴赫α系数检验、分半信度和复本信度检验，结果表明其信度系数在统计学可以接受的范围内。为了检验量表的结构效度，研究的探索性因素分析和验证性因素分析所区分的五维度模型已经验证，不再赘述。研究还选取熊婕、周宗奎等（2012）编制的“大学生手机成瘾倾向量表”和Russell等人（1987）编制的“UCLA孤独感量表”来考察新编制量表的效标效度，结果也发现熊婕等人的量表与本研究量表达到0.800的显著相关，而与UCLA孤独感量表达到0.189的显著相关，再次表明该量表能够很好地与类似量表相容。

为考察量表的适用性，研究初步分析了量表各维度的描述统计量，结果发现量表的平均数和标准差没有出现极端值的情况。通过描述统计也发现选取样本的数据呈正态分布，说明大学生手机依赖倾向在大学生群体中倾向强与倾向弱的学生占少数，大部分学生手机依赖倾向的程度处于中等水平，这与人们通常认知相吻合。这也说明，从整体来说，大学生群体中尽管普遍存在手机依赖倾向，但这种现象并没有呈现特别严重的趋势。

为考察在校大学生手机依赖倾向的性别差异，研究进行了独立样本 t 检验，结果发现在手机依赖倾向的核心症状（强迫性使用和戒断反应）上，男生与女生没有差别，这说明无论男生还是女生，在使用手机过程中都存在强迫性使用现象，这与相关研究结果一致（Zulkefly & Baharudin，2009）。同时还发现，无论男生还是女生，在手机没电、没有信号、接收不到网络等被迫无法使用手机功能的情况下，都会出现紧张、焦虑和情绪不稳定等心理不适现象，这一结果也再次验证了手机依赖倾向的核心症状普遍存在于所有过度使用手机的大学生群体中。另外，研究结果显示，女生在手机依赖倾向的相关问题（关系卷入、身心健康不良和人际疏离）上都显著高于男生，即女生过度使用手机的动机主要是通过手机的关系软件（如QQ、微信、MSN）与朋友交流，而男生则可能更多使用手机的其他功能（如游戏、网页浏览等）。女生由于使用手机比男生更容易出现人际疏离的现象，她们由于使用手机而忽略与现实中的朋友和同学的交往，过度关注网络中的关系交往。这直接导致大学女生人际关系的紧张，这也是高校中女生宿舍关系和同学关系要差于男生的原因之一。由于过度关注网络人际关系而导致现实人际关系的疏离，已经在一定程度上影响了大学女生的心理健康状况，使得她们与现实生活逐渐疏远，与朋友交流逐渐减少，直接或间接导致她们心理健康状况差于男生，比男生更容易出现生理与心理的不适感。不过，上述差异还应考虑男生与女生的人格差异，男生和女生在人格上存在的性别差异可能也是导致女生更容易在关系卷入、身心健康不良和人际疏离三个方面凸显的原因（Takao，Takahashi & Kitamura，2009）。

本量表在分析与应用过程中，表现出了良好的适应性，但是手机依赖目前并没有统一的界定，且现有的界定概念较为含糊和概括，具体可操性较差，这就决定了本研究所编制的量表适用性的问题，这也限制了本量表的推广使用。其次，本量表的理论构想主要是参考了网络成瘾的相关理论和相关测量工具得出的，虽然有研究表明手机依赖与网络成瘾关系密切，但手机依赖仍与网络成瘾有很大区别。手机的小巧灵活、携带方便、信息存储量大、功能强大等特点优于笨重的计算机，这也决定手机依赖并不固定于某一区域，它是随时随地都在发生的，将网络成瘾的理论作为手机依赖倾向量表的理论基础是否坚实还有待考察。因此，今后的研究要加强手机依赖的理论分析，对手机依赖的界定、手机依赖的类型、手机依赖的症状等方面做出与网络成瘾相区别的独特解释，形成手机依赖专有的一套理论体系。

第二节　移动网络过度使用行为的评估

手机移动互联网的高速发展正使其逐渐替代传统互联网，手机网民的快速增长预示着手机移动互联网渗透到人们生活的广度和深度正不断增加。相关研究表明，手机移动互联网的过度使用可能引起大学生抑郁、焦虑、退缩、回避、孤独等消极心理。也有研究表明，大学生的人格、自尊、孤独感、归属感、自我认同等都会对手机使用产生影响（王相英，2012）。以往研究主要涉及手机依赖的相关问题，这些研究仅部分涉及移动互联网使用问题，而当代大学生移动网络使用问题涉及的核心，应是由移动互联网使用带来的一系列生理和心理变化造成的。为对这一问题进行操作性界定，借鉴国外相关研究而将其界定为“问题性移动网络使用”。它是指个体由于某种原因长时间使用移动社交网络，使生理、心理和行为等方面受到消极影响，部分程度上影响了正常生活，但未达到病理性或精神障碍程度的一种移动网络使用行为（姜永志等，2016）。这一概念与手机成瘾或手机依赖的区别主要在于，它较之以往手机依赖或手机成瘾的目标指向更加明确，其程度介于手机依赖与手机成瘾之间，更强调基于移动终端的互联网过度使用行为，而非仅仅对手机本身或者其附属功能（通信、娱乐等功能）的使用，但现有测量工具较少针对移动互联网使用行为来设计具体题项。目前移动互联网过度使用行为已经成为网络时代社会心理问题的核心，手机移动互联网的快速普及尽管给大学生在信息搜索、社会交际、娱乐休闲等方面带来了便利，但不容忽视的是移动网络使用行为对大学生的学习、生活也产生了消极影响。例如，课上课下手机控已经严重影响了教师的教学效果和学生的知识接受。因此，移动网络过度使用研究是着眼于课堂的教学效果和学生的学习效率，这就要求相关的测量工具来评估个体移动网络过度使用行为，并基于评估给出合理化的对策与建议。

一、问卷编制

（一）移动网络过度使用量表的结构

现有研究主要涉及手机成瘾/依赖的结构研究，而较少专门对移动网络使用行为的心理结构进行分析。虽然手机成瘾/依赖研究中没有单独对该问题进行清晰界定，但这些量表中所涉及的结构几乎都与移动互联网使用有关。因此，这些量表的结构对问题性移动网络使用的结构建构仍具有重要借鉴价值。除此之外，早期病理性互联网使用的相关研究成果也可为编制该量表提供借鉴。例如，雷雳和杨洋（2007）参照国内外研究并结合我国大学生的实际情况，编制的“大学生病理性互联网使用量表”将病理性互联网使用分为突显性、耐受性、戒断症状、心境改变、社交抚慰和消极后果6个因子，这与手机依赖或手机成瘾量表的结构十分相似。不过，以往研究主要涉及手机使用问题，对手机成瘾/依赖的界定和区分比较模糊，甚至有时二者交替使用，“问题性移动网络使用”这一概念，就能从更具操作性的水平对这一问题进行具体化。

除了可从以往相关研究中得到借鉴和启示外，为进一步了解问题性移动网络包含的结构，本研究对 10 名大学生进行访谈。访谈结果表明，大学生问题性移动网络使用的症状表现，与手机成瘾/依赖和病理性互联网使用十分相似，例如，都表现为耐受性的提高、戒断症状的凸显、消极的生理反应、寻求社交抚慰与社会支持、社会功能和生活方式的变化等。结合访谈结果和以往相关研究的结构构想，经过专业人员的讨论分析，初步确定该量表的结构包括耐受性提高、戒断症状、社交抚慰和社会功能受损 4 个因子。

（二）初始量表的编制

问卷题项的收集和编写工作主要通过以下两种途径进行。一是文献回顾，检索国内外相关文献，收集国内外手机使用问题的相关研究问卷，参照了 Bianchi 和 Phillips（2005）针对问题性手机使用者编制的问题性手机使用量表，Toda（2006）针对女性群体编制的手机依赖量表，徐华等人编制的大学生手机依赖量表，熊婕等人借鉴网络成瘾的理论编制的大学生手机成瘾倾向量表，姜永志和白晓丽编制的大学生手机依赖量表。二是根据访谈结果，依据大学生描述的手机移动互联网过度使用行为的症状和心理表现进行编制。初始问卷共 50 个题项，请有关的心理学教师和研究生就题目内容的合理性、适用性进行分析并对区分度不高和模糊的题项进行筛选，形成最终的初测问卷 44 个题目。量表题项采用 Likert 5 级记分，包括“完全不同意”“基本不同意”“不清楚”“基本同意”“完全同意”5 个等级，总分越高，表明大学生移动网络过度使用行为倾向越严重。

二、对象与方法

（一）研究对象

采用整群抽样方法从内蒙古 3 所高校选取大一至大四学生被试 1500 名，回收有效问卷 1488 份。其中，男性 556 人，女性 932 人，平均年龄为 20.55，标准差为 1.42；大一 512 人，大二 384 人，大三 376 人，大四 216 人；城市生源 760 人，农村生源 728 人；文科 480 人，理工科

1008人。被试自愿参与调查研究。研究将有效问卷随机分成均等的两份，一半被试用于探索性因素分析，另一半被试用于验证性因素分析，全部问卷用于信效度检验。

（二）数据处理

使用初步编制的44个项目的初始问卷对1488名被试施测，采用团体测试的方式进行。本研究的正式测量均由心理学专业教师来完成，在施测之前主试进行了集中培训，统一了指导语和施测程序。测试以班级为单位，由被试单独完成，施测时间为30分钟，测量结束后立即收回问卷。由于本研究中所有变量的测量均来自被试的自我报告，这可能导致共同方法偏差。为减少可能存在的共同方法偏差对研究结果的影响，本研究进行了程序控制和统计控制。在程序控制上，使用了匿名作答，安排被试在同一间教室完成测量。在统计控制上，采用了Harman单因素检验，进行因素分析后得到24个特征值大于1的因子，且第一个因子解释变异的13.2%，低于40%的临界值。因此，本研究所受到的共同方法偏差影响较小，可以进行数据的统计分析。采用SPSS 18.0软件进行项目分析、探索性因素分析，F检验等，采用Amos17.0结构方程分析软件进行验证性因素分析。

三、研究结果

（一）项目分析

按照量表总分将被试分为高分组和低分组，区分原则为统计学的最高上限27%和最低下限27%，并求出两组研究对象在每个项目上的得分差异，计算每个项目与总分之间的相关度，将项目鉴别指数较低（$D<0.30$）的题项剔除。结果表明，所编制的44个题项在高低分组之间存在显著差异（$F=5.24\sim22.36$，$p<0.01$），可以保留下来做进一步的探索性因素分析。

（二）探索性因素分析

对744份问卷数据进行初次探索性因子分析，KMO检验值为0.814，

Bartlett 球形检验值为 13454.695，$p<0.01$，Bartlett 球形检验值达到极其显著水平，说明进行因子分析是可行的。用主成分分析法和方差极大正交旋转求出最终的因子负荷矩阵，结合陡阶检验准则提取因子，抽取特征根大于 1 的因子 13 个，解释总变异的 64.831%。由于首次提取的因子数量过多，远远超过理论假设，研究对量表的题项进行了相似题项的合并，并结合因子负荷小于 0.3（$a<0.3$）、共同度小于 0.2（$h^2<0.2$）、题项在多个因子上有高负荷（$a>0.4$）等标准，经过筛选有 28 个题项不符合要求，删除后剩余 16 个题项。对这 16 个题项重新做探索性因素分析，KMO 检验值为 0.769，Bartlett 球形检验值为 2718.990，$p<0.01$，Bartlett 球形检验值达到极其显著水平，说明进行因子分析是可行的。分析发现，可提取出特征值大于 1 的因子 4 个，解释总变异的 56.598%，16 个题项较好地分布于各个因子。

根据理论构想为本研究中获得的因子命名，其中，因子 S_1 包括 4 个题项，主要涉及大学生中断或无法使用手机移动互联网时，在心理和生理上出现的消极反应，可对应理论构想中的“戒断症状”；因子 S_2 包括 4 个题项，主要涉及大学生在不断使用手机移动互联网时心理状态发生的改变，如紧张情绪的缓解、避免孤独感、转移注意力等，可对应理论构想中的“社交抚慰”；因子 S_3 包括 5 个题项，主要涉及大学生长时间使用手机移动互联网给生活和学习带来的负面影响，如学习效率下降，可对应理论构想中的“社会功能受损”；因子 S_4 包括 3 个题项，主要涉及大学生对手机移动互联网使用的耐受性不断增强，使用时间投入不断增加，可对应理论构想中的“耐受性提高”。相关因素分析见表 3-8。

表 3-8　移动网络过度使用行为量表探索性因素分析表

题项	因子载荷				共同度
	S_1	S_2	S_3	S_4	
V_{27}	0.740				0.648
V_{19}	0.719				0.552
V_{21}	0.661				0.626
V_{28}	0.557				0.556

续表

题项	因子载荷				共同度
	S_1	S_2	S_3	S_4	
V_{23}		0.803			0.671
V_{20}		0.699			0.585
V_{24}		0.677			0.601
V_{17}		0.669			0.606
V_7			0.687		0.576
V_6			0.645		0.515
V_2			0.597		0.487
V_5			0.498		0.488
V_{39}			0.487		0.669
V_{35}				0.682	0.553
V_{29}				0.667	0.505
V_{40}				0.551	0.496
α 系数	0.730	0.712	0.601	0.550	0.777
特征值	4.046	1.932	1.434	1.166	
贡献率/（%）	17.607	15.080	12.069	11.843	56.598

（三）验证性因素分析

使用 Amos17.0 对另外 744 份问卷进行验证性因素分析，确定模型的拟合度，检验理论模型的正确性，对构想的四维模型进行验证性因素分析。在四维模型中，戒断症状、社交抚慰、社会功能受损和耐受性提高所包含的 16 个题项拟合较好，基本达到统计学要求，$\chi^2/df=5.567$、GFI＝0.982、AGFI＝0.967、NFI＝0.893、CFI＝0.909、RMSEA＝0.078。

（四）量表的信效度分析

本研究采用克伦巴赫 α 信度系数和分半信度系数作为信度的考量指标。统计结果发现，总量表的克伦巴赫 α 信度系数为 0.777，各因子的克伦巴赫 α 信度系数在 0.550～0.730 之间。分半信度分析的结果显示，总量表的分半信度系数为0.750，各分量表的分半信度系数在0.532～0.745之间。各分量表之间以及分量表与总量表的相关度也可作为衡量结构效度的一个重要指标。分析发现，量表各因子之间相关显著（$p<0.01$），相关系数在0.147～0.467之间；量表各因子与总量表之间相关显著（$p<0.01$），相关系数在0.545～0.768之间。量表各因子之间呈中等程度相关，量表各因子与总量表之间呈高度相关，以上数据都说明量表具有良好的结构效度。

四、讨论与分析

以往研究主要关注大学生手机使用依赖程度对生理和心理的影响，而较少研究针对手机的移动网络特性对个体生理和心理的影响（贺金波，陈昌润，鲍远纯，雷玉菊，2012）。随着移动互联网技术的发展，手机依赖/成瘾的相关研究所涉及的问题，核心是手机便携终端上网功能对大学生身心发展的影响，若单对手机依赖或手机成瘾进行测量，并不能直接指向手机使用问题的核心。本研究使用"问题性移动网络使用"的界定，是在充分借鉴国外问题性网络使用行为和问题性移动社交网络使用研究基础上提出的，以往研究对移动网络过度使用的界定的主要有两种倾向：一是认为移动网络过度使用与网络成瘾行为类似行为，都会导致个体消极的心理与行为反应，应按照病理性或成瘾的标准来界定，可称为"移动网络成瘾"（Kuss & Griffiths，2011）；二是认为移动网络过度使用与界定网络成瘾的精神卫生标准相差甚远，尽管移动网络的过度使用会产生一定的消极后果，但它的症状还只是一般性的心理和生理症状（如焦虑、抑郁、孤独等），而不是认知、情感或人格障碍，没有相应的症候群与之相对应，所以应称之为"问题性移动网络使用"（Kim，Seo，& David，2015）。我们主张使用"移动网络过度使用"来界定这一概念。移动网络过度使用应基于正常移动网络使用，对个体带来的介于病理性与正常使用之间的一种状态可被看作由正常使用向"病理性使用"的一种过渡。那么，通过测量也可以进一步预测出类似于网络成瘾的移动网络成瘾行为（这里更多应指具有精神病学诊断标准的行为），这部分观点可以网络成瘾形成的相关理论以及网络成瘾的阶段性特点等研究作为依据。

在量表编制阶段，充分借鉴了以往的相关理论和量表结构，并结合开放式访谈结果，编制了初步量表的44个题项，量表整体结构基本延续了以往研究者对手机依赖、手机成瘾、网络成瘾和病理性互联网使用量表的理论结构，但在具体题目的设置上更突显了移动网络本身的影响。在问卷的具体施测及分析过程中，对初始量表的大量题目进行了修改和删减。项目分析中初始问卷的44个题项都达到了量表编制要求，但在探索性因素分析中有大量的题项不符合要求而被删除。探索性因素分析中也并没能按照理论构想拟合出4个因子，初次分析拟合出特征值大于1的因子13个，这13个因子的题项大多出现了重叠，在对各个因子具体题项进行比对的基础上，对部分重叠和1个在多个因子上存在较高负荷的题项进行合并和删除，合并和删除后剩余16个题项。进行第二次因素分析拟合出特征值大于1的因子4个，可解释总变异的56.598%，这一结构与理论构想基本吻合。验证性因素分析结果表明，四因子模型各项指标基本符合要求。量表的信度分析也呈现出了较好的信度，各项信度指标均达到了中等以上水平，高于徐华等人的研究，与熊婕等人、姜永志等人的研究基本一致。整体来看，量表的各项分析数据均表明其具有较适宜的测量学指标，可以作为测量工具进一步进行分析。

综上所述，移动网络使用给个体学习、生活带来积极影响的同时，其副作用也日益凸显，一种类似于网络成瘾的使用行为逐渐产生，它在诊断评估上还没有确切标准。相关研究大多借鉴网络成瘾的评估依据，但这种行为在概念的界定以及评估内容上都与以往相关研究有所不同，这就需要一种基于移动网络本身特性而开发的测评工具。从研究的结果来看，尽管这一工具在各项指标上基本达到了要求，但仍过多地借鉴了网络成瘾的相关结构和评估标准，这也使得对该问题性网络使用的评估存在一定局限。今后的研究应针对移动网络使用的具体内容，制定相应的评估标准，例如，对问题性移动社交网络使用、问题性移动网络游戏使用、问题性移动网络交易等问题的评估标准。

第三节 问题性移动社交网络使用的评估

基于智能手机的移动社交媒体使用在人们生活中发挥的积极作用越来越大，它在加强人们之间的沟通和联系、维持社会关系、缓解焦虑情绪等方面均发挥着重要作用（Gentile，Twenge，Freeman，& Campbell，2012；Haferkamp & Krämer，2011）。但随着青少年对移动社交媒体使用时间和强度的增加，某些消极问题也逐渐凸显。例如，研究发现过度的移动社交媒体使用不但会对个体的睡眠质量产生严重影响，而且可以引发个体的焦虑和抑郁情绪，甚至线上社会比较还会导致个体消极自我评价（Sampasa-Kanyinga & Hamilton，2015；Xanidis & Brignell，2016）。这种基于智能手机的社交媒体使用对个体带来的消极影响常被称为"问题性移动社交网络使用"，它是指个体长时间和高强度使用移动社交媒体，使个体在生理、心理和行为等方面受到消极影响，但其影响尚未达到《精神疾病诊断与统计手册》（DSM-5）所确定的精神疾病标准的移动社交网络使用行为（姜永志，白晓丽，刘勇，李敏，刘桂芹，2016）。青少年问题性移动社交网络使用，以及由此对个体生理和心理产生的消极影响，已经严重影响到了青少年的正常学习、生活，同时也在一定程度上给学校教育和家庭教育制造了阻碍，使传统教育在青少年人格塑造和积极行为养成等方面的影响力被削弱。

随着社交媒体的快速发展以及社交媒体使用带来的一系列消极影响，问题性移动社交网络使用研究逐渐成为热点问题（陈武，李董平，鲍振宙，闫昱文，周宗奎，2015；姜永志，白晓丽，刘勇，陈中永，2017；王东梅，张立新，张镇，2017；LEE，HO，& LWIN，2016；Walburg，Mialhes，& Moncla，2016），问题性移动社交网络使用及相关测量工具也得到发展。在 Web of Science、Science Direct、SpringerLINK、PubMed 等重要外文数据库和国内心理学专业期刊上，以 Social networking usage、Problematic mobile social network usage、Smartphone addiction、智能手机成瘾、问题性社交网络使用等为关键词进行检索，发现较早对这一问题开展测评研究的是 Turel 和 Serenko（2012），他们以大学生为研究对象编制了社交网站成瘾量表（SNWAS），量表主要基于传统互联网使用而编制，是一种包含 5 个题目的单维量表。随着社交媒体使用的普及，尤其是以 Facebook 为代表的社交媒体使用成为网络心理学中的主要研究内容，在随后研究中编制的测评工具多是针对 Facebook 使用，例如，Andreassen、Torsheim、Brunborg 和 Pallesen（2012）编制的“卑氏 Facebook 成瘾量表（BFAC）”，量表由 17 个题目构成，包括突显性、情绪改变、耐受性、戒断症状、冲突和反复等 6 个因子。

除此之外，国内外研究者还陆续编制了相关测评工具。例如，Vilca 和 Vallejos（2015）编制的“社交媒体成瘾风险建构量表（C^r. A. R. S）”，该量表包括缺乏控制、戒断症状、学业失败、情绪改变、依赖性、其他活动失去兴趣和社会冲突 7 个维度；Al-Menayes（2015）编制的“社交媒体使用成瘾量表（SMAS）”，该量表包括消极社会后果、时间延长和冲动性 3 个维度；Bodroža 和 Jovanović（2016）编制的“Facebook 使用的社会心理行为问题量表（PSAFU）”，该量表包括心理补偿、自我呈现、关系维持、成瘾行为和虚拟自我 5 个维度；Lin 等人（2014）编制的“智能手机成瘾倾向量表（SPAI）”，该量表包括强迫行为、功能障碍、戒断症状和耐受性 4 个维度；徐华等人（2008）编制的“大学生手机依赖量表（MPDQ）”，该量表包括耐受性、戒断性、社会功能和生理反应 4 个维度；熊婕等人（2014）编制的“大学生手机成瘾倾向量表（MPATS）”，该量表包括戒断症状、突显行为、社交抚慰和心境改变 4 个维度；陈欢等人（2017）编制的“成年人智能手机成瘾量表”，该量表包括 App 使用、App 更新、戒断反应、突显性、社会功能受损、生理不适 6 个因子。

从国内外现有研究来看，测量工具主要存在以下几个特点：一是大多数工具仍延续了网络成瘾的研究思路，采用了病理性赌博的症状标准作为评定依据，所以在工具的结构上有很多共性；二是相关测评工具编制主要以 Facebook 使用为主，根据 Facebook 的功能特点设置相应的题目；三是相关测评工具在编制过程中，较少对传统互联网与移动互联网进行区分，国内目前还没有移动社交媒体使用的相关工具。因而，本研究在充分借鉴以往相关测评工具及其理论的基础上，以社会现实为出发点构建理论结构，希望从移动社交网络使用消极影响的视角编制问题性移动社交媒体使用评估问卷。

一、问卷编制

（一）条目收集与整理

第一，通过专家访谈与咨询收集问卷题目，主要采用网络和现场咨询的方式进行，选取长期从事心理学教学科研工作的 12 名高校心理学专业教师作为访谈对象，访谈结束后给予一定报酬作为酬谢。访谈内容主要涉及如何认识学生过度使用移动社交网络问题，学生使用移动社交网络的动机问题，以及移动社交媒体使用对学生的影响等问题。将归类整理出的信息进行条目化，即抽取受访者回答的核心意义，把句子完整化、书面化、简洁化，并合并同类条目，归纳整理后获得有价值题目 25 个。

第二，通过开放式问卷收集题目。开放式问卷包括 3 个题目，为避免学术术语对研究对象在理解上的影响，将“问题性移动社交网络使用”改为“过度移动社交网络使用”。具体题目为：a. 您认为什么样的移动社交网络使用行为才算过度使用？请结合自身经验谈一谈。b. 请您列出您认为过度移动社交网络使用的具体表现，如生理、心理和行为症状。c. 您认为过度移动社交网络使用给您带来了哪些不便或消极影响？请举例说明。通过网络形式发放开放式问卷，收回问卷 109 份，删除无效问卷 7 份，剩余有效问卷 102 份。通过 ROST6.0 软件进行词频分析，获得反映问题性移动社交网络使用的高频词 145 个（含两字、三字和四字词汇）。根据高频词进行结构分类，可进一步将其归纳为身心反应和行为反应，其中，身心反应还可包括生理症状和心理症状，行为反应还可包括行为症状和使用强度。例如，生理症状包括睡眠障碍、视力损伤、局部肌肉损伤、生物系统紊乱；心理症状包括负性情绪、负罪感、戒断恐惧、情感寄托；行为症状包括活动抑制、沟通减少、思考减少、注意分散、无意识查看、生活无规律、过分修饰、行为拖延、效率下降、记忆减退、频繁使用、深度卷入等方面。根据各词条之间的关系进一步对高频词进行完善和补充，经整合后获得有效题目 24 个。

第三，问卷题目的收集还借鉴了国内外相关问卷和量表，以往相关测量工具主要依据《精神疾病诊断与统计手册》（DSM-4）标准进行结构化区分。本研究借鉴了近年国内外公开发表的使用率和再版率较高的工具（熊婕，周宗奎，陈武，游志麒，翟紫艳，2014；Al-Menayes，2015；Lin，Chang，Lee，Tseng，Kuo，& Chen，2014；Vilca & Vallejos，2015），并就上述相关测评工具对题目进行借鉴和改编，获得与本研究编制问卷关系密切的题目 30 个。

（二）条目归类

通过对上述问卷条目进行再次合并、归类和整理，删除表述上雷同和可能存在歧义的条目，最后获得有效题目 50 个。请两位心理学博士对上述题目进行归类，并结合《精神疾病诊断与统计手册》（DSM-5）中关于行为成瘾的诊断标准和上述借鉴测评工具的结构维度，将 50 个题目区分为生理损伤、黏性增加、认知失败、控制减弱、错失焦虑、情感寄托、负罪感和过分修饰 8 个类别。最后再由另外两位未参加过前面程序的心理学博士对上述题目做逆向归类，即在了解各类别及其操作性定义后，自行将 50 个题目放入 8 个类别中，看两者是否归类一致，删除掉两人归类完全不一致的 3 条陈述句，最终剩余 47 条典型题目。

二、对象与方法

（一）研究对象

1. 样本 1

采用整群抽样方法，在内蒙古通辽市 4 所中学和内蒙古民族大学发放初始问卷，共发放问卷 600 份，回收有效问卷 574 份，问卷有效率 95.67%。被试平均年龄为 16.55 ± 2.45 岁。其中，男生 254 人（占 44.25%）、女生 320 人（占 55.75%）；高中生 162 人（28.22%），初中生

208 人（36.24%），大学生 204 人（35.54%）。该样本用于问卷项目分析、探索性因素分析，以及 Cronbach’s α 信度系数和分半信度系数检验。

2. 样本 2

采用整群抽样方法，在内蒙古通辽市第五中学、通辽市实验中学和内蒙古民族大学发放问卷，共发放问卷 800 份，回收有效问卷 768 份，问卷有效率 96.00%。被试平均年龄为 17.49±3.18 岁。男生 368 人（占 47.92%），女生 400 人（占 52.08%）；高中生 208 人（27.08%），初中生 179 人（23.31%），大学生 381 人（49.61%）。该样本用于验证性因素分析、效标效度和重测信度分析。

（二）数据处理

采用 SPSS 18.0 对数据进行描述性分析、项目分析、探索性因素分析和信度检验，使用 Lisrel 8.7 对数据进行处理分析，检验问卷的结构效度。

三、研究结果

（一）项目分析

研究按照量表总分将被试分为高分组和低分组，区分原则为统计学的最高上限 27%和最低下限 27%，对这两组被试得分在高低分组上进行 t 检验。若 t 检验不显著将予以剔除，同时计算每个项目与总分之间的相关度，将项目鉴别指数较低（$D<0.30$）的题项剔除。结果表明，题目 14（$t=-1.234$，$p>0.05$）、题目 29（$t=1.509$，$p>0.05$）和题目 34（$t=1.049$，$p>0.05$）三个题目在高低分组的差异检验中没有达到显著，考虑予以删除。剩余的 44 个题目在高低分组之间存在显著差异（$t=2.958$～16.612，$p<0.05$），相关分析显示各题目与总分之间均显著相关（$r=0.359$～0.742，$p<0.01$）。

（二）探索性因素分析

为检验数据是否适合做因素分析，首先对样本所获得的数据取样适当性进行检验。KMO 值为 0.89，Bartlett 球形检验值为 $\chi^2=24138.70$（$p<0.001$），适合做因素分析。探索性因素分析中，按照以下原则提出因子：① 因子特征值大于 1；② 因子在旋转前至少要能解释总变异的 3%；③ 项目载荷不小于 0.40；④ 因子交叉载荷绝对值大于 0.40。根据上述原则进行问卷题目删减。探索性因素分析发现，可提取特征值大于 1 的因子7 个，且每个因子至少可以解释问卷总变异的 3%以上，7 个因子可以共同解释问卷总变异的 61.28%。但分析也发现，在初始问卷题目中 16 个题目存在共同因子载荷较高的现象，且因子载荷均大于 0.40，根据题目筛选原则对这些题目进行删除。删除题目后再进行探索性因素分析，按照上述因子提取原则，可提取特征值大于 1 的因子 5 个，各题目因子载荷均大于 0.40。分析又发现 8 个题目存在共同因子负荷大于 0.40，根据题目的删除原则，将上述在多个因子上存在高共同负荷的题目删除。再次进行探索性因素分析后，有效题目剩余 20 个，因素分析可以提取出特征值大于 1 的因子 5 个，可以共同解释问卷总变异的 63.32%。

根据分析结果和理论构想，对因子进行命名：因子 S_1 包括 5 个题目，主要涉及青少年使用移动社交网络的时间、频率和强度，以长时间、高频率和高强度使用为症状指标，因此命名为“黏性增加”；因子 S_2 包括 5 个题目，主要涉及青少年在过度使用移动社交网络后出现的消极生理反应，如视力下降、视觉疲劳、睡眠不足、躯体疼痛，因此命名为“生理损伤”；因子 S_3 包括 4 个题目，主要涉及青少年在使用移动社交网络过程中，遇到无法及时查看手机时产生的担心错过和遗漏的焦虑心理，因此命名为“错失焦虑”；因子 S_4 包括 4 个题目，主要涉及青少年在使用移动社交网络过程中认知上表现出的消极后果，如记忆减退、思维停滞等，因此命名为“认知失败”；因子 S_5 包括 2 个题目，主要涉及青少年在长时间使用移动社交网络，而没有完成预定学习任务时产生的内疚心理，因此命名为“负罪感”。进行探索性因素分析后，问卷包括 20 个题目及 5 个因子，因子分别为黏性增加、生理损伤、错失焦虑、认知失败和负罪感，见表 3-9。

表 3-9　问卷各因子载荷矩阵

S_1 黏性增加		S_2 生理损伤		S_3 错失焦虑		S_4 认知失败		S_5 负罪感	
项目	载荷	项目	载荷	项目	载荷	项目	载荷	项目	载荷
V_1	076	V_6	0.78	V_{11}	0.81	V_{15}	0.81	V_{19}	0.72
V_2	0.76	V_7	0.71	V_{12}	0.76	V_{16}	0.76	V_{20}	0.62
V_3	0.67	V_8	0.68	V_{13}	0.56	V_{17}	0.56		
V_4	0.64	V_9	0.67	V_{14}	0.43	V_{18}	0.43		
V_5	0.47	V_{10}	0.67						

（三）效度分析

1. 结构效度分析

在验证性因子分析中，以探索性因素分析获得的 5 个因子为潜变量，以每个一阶因子对应的题目为观察变量进行验证性因子分析。表 3-10 显示，包含 5 个因子的总问卷各项拟合指标达到了较高水平。

表 3-10　青少年问题性移动社交网络使用评估问卷模型拟合指数

模型	χ^2/df	RMSEA	CFI	GFI	NFI	IFI	AGFI
验证模型	3.16	0.07	0.97	0.88	0.96	0.97	0.84

除此之外，问卷结构效度还可以根据问卷总分与各因子间的关系强弱来说明。验证性因子分析已经表明，该问卷具有较好的结构效度。表 3-11 显示，问卷各因子之间呈中等强度相关，问卷总分与问卷各因子之间呈高强度相关。以上结果均显示问卷具有较好的结构效度。

表 3-11　青少年问题性移动社交网络使用评估问卷相关分析矩阵

变量	黏性增加	生理损伤	错失焦虑	认知失败	负罪感	问题性使用总分
黏性增加	1					
生理损伤	0.45**	1				
错失焦虑	0.65**	0.37**	1			
认知失败	0.56**	0.46**	0.49**	1		
负罪感	0.37**	0.34**	0.34**	0.32**	1	
问题性使用总分	0.84**	0.73**	0.77**	0.76**	0.58**	1

2. 效标关联效度

效标关联效度检验发现，青少年问题性移动社交网络使用评估问卷总分及各因子与大学生手机依赖量表总分及各因子间存在显著正相关（$p<0.05$）。结果表明，该问卷与以往其他相关测量工具有较高相关性，即具有较高的效标效度，结果详见表 3-12。

表 3-12 效标关联效度结果

变量	戒断症状	心境改变	耐受性提高	行为效率下降	手机依赖总分
生理损伤	0.27**	0.30**	0.28**	0.17**	0.48**
黏性增加	0.40**	0.43**	0.26**	0.22**	0.49**
错失焦虑	0.38**	0.33**	0.42**	0.35**	0.40**
认知失败	0.44**	0.46**	0.33**	0.25**	0.46**
负罪感	0.29**	0.31**	0.28**	0.32**	0.33**
问题性使用总分	0.48**	0.44**	0.49**	0.40**	0.49**

3. 信度分析

研究以 Cronbach’s α 信度、分半信度和重测信度作为问卷信度的考核指标。信度分析显示，总问卷的 Cronbach’s α 信度为 0.91，各因子间 Cronbach’s α 信度在 0.70～0.91 之间；总问卷分半信度为 0.82，各因子间分半信度在 0.72～0.91 之间；总问卷重测信度为 0.87，各因子间重测信度在 0.75～0.92 之间。结果详见表 3-13。

表 3-13 青少年问题性移动社交网络使用评估问卷信度分析

信度	总问卷	黏性增加	生理损伤	错失焦虑	认知失败	负罪感
Cronbach’s α	0.91	0.85	0.87	0.77	0.70	0.91
分半信度	0.82	0.79	0.87	0.78	0.72	0.91
重测信度	0.87	0.79	0.92	0.84	0.75	0.90

四、讨论与分析

移动社交网络随着智能手机的迅速普及而风靡全球，由移动社交网络使用而带来的问题也逐渐凸显。在行为成瘾研究领域，网络成瘾的研究从生理机制、心理机制和行为机制等方面开展了大量研究，网络成瘾的概念也基本达成一致，其按照美国《精神疾病诊断与统计手册》（DSM-4）建构的理论基础也得到广泛认同（Satici & Uysal，2015）。那么，问题性移动社交网络使用是否会成为第二种广泛传播的成瘾行为？从目前国内外研究来看，主要存在两种取向：一是认为问题性移动社交网络使用与网络成瘾并无本质区别，应被看作一种成瘾行为（Billieux，Maurage，Lopez-Fernandez，Kuss，& Griffiths，2015）；二是认为问题性移动社交网络使用仅产生了一般的生理-心理-行为问题，它所表现出的症状与网络成瘾不完全一致，也没有相应的症候群与之对应，因此它应被看作一般心理问题（Kuss & Griffiths，2011）。由此可见，由于二者对问题性质理解的差异，相应的测量工具也存在较大差异，现有测量工具并没有形成典型的结构特征。另外，现有测量工具仅能反映个体问题性移动社交网络使用的程度，而不能进行筛查评估。那么，结合问题性移动社交网络的现实表征，以及以往相关研究的理论来构建广泛适用的测量工具显得尤为重要。

笔者通过开放式调查问卷、专家访谈咨询和对国内外相关测量工具的借鉴，编制了青少年问题性移动社交网络使用评估问卷。在问卷的编制过程中，基于上述三种方式进行分类和整理获得 50 个初始问卷题目，通过项目分析和多次的探索性因素分析，最后保留有效题目 20 个。问卷各因子依次为黏性增加、生理损伤、错失焦虑、认知失败和负罪感，这 5 个因子能较全面反映问题性移动社交网络使用对青少年身心方面产生的消极影响。验证性因素分析表明，包含 5 个因子的问卷各项拟合指标较好，表明编制的问卷具有较好的结构效度。效标关联效度显示，本研究编制问卷各因子及总分与以往相关工具各因子及总分存在显著正相关，表明该问卷具有较好的效标关联效度。对于问卷信度指标的考核，本研究主要对 Cronbach’s α 信度系数、分半信度系数和重测信度系数进行了分析，分析发现三类信度系数均较为理想，其中重测信度间隔 3 个月，各系数均达到了 0.70 以上，表明该问卷具有较好的信度指标。

尽管问卷各项指标均较为理想，但按照问卷正式编制前的访谈结果及理论构想，问卷可包括生理损伤、错失焦虑、情感寄托、负罪感、黏性增加、认知失败、控制减弱和过分修饰 8 个因子，而问卷的统计分析仅拟合出黏性增加、生理损伤、错失焦虑、认知失败和负罪感5个有效因子，其中情感寄托、控制减弱和过分修饰3个因子没有被提取出来。对具体题目的考察发现，上述3个因子与其他因子有很高的共同载荷，这表明因子结构的区分间可能存在重叠，如控制减弱和黏性增加在题目上就存在多个题目重叠。因此，问卷最终获得了5个因子，并能对总变异做出较好的解释。

相较于其他相关工具，本研究编制的问卷在一些因子上也借鉴了传统成瘾量表，如黏性增加代表个体使用移动社交网络的时间延长和耐受性增加，生理损伤与以往问卷中的生理反应、生理不适功能障碍也具有相似性（Meryem & Buse，2015）。但研究提出的因子结构与以往相关研究也有不同，例如，以往研究中没有对错失焦虑的区分。错失焦虑也称错失恐惧，它是个体因担心错失与自我或他人相关的新奇经历或正性事件而产生的一种弥散性焦虑，个体持续查看社交媒体是错失焦虑的外在行为表现（柴唤友，牛更枫，褚晓伟，魏祺，宋玉红，孙晓军，2018）。在移动社交网络使用中，人们频繁查看社交媒体（如微信）已经成为普遍现象，究其原因之一就是错失焦虑使个体寻求特定的心理满足，而这种心理满足也会使个体陷入“越社交越焦虑”的恶性循环。认知失败也是以往研究中较少明确提出的因子，本研究中的认知失败主要表现为个体使用移动社交网络导致的记忆力减退、注意力涣散等，如利用碎片化时间阅读朋友圈信息等会导致肤浅性的阅读习惯和注意力难以集中的问题。可见，本研究中的因子区分是对以往研究的必要补充。

尽管数据分析表明该问卷是一个较好的测评工具，但该问卷编制过程中仍有一些局限性。一是问卷的理论基础。问卷的编制在结构构想上虽然通过对相关文献的梳理借鉴了国外相关研究，但更侧重源自现实生活的具体表现，也就是更侧重自下而上的建构而非自上而下的建构。这种建构方式的优点是更加贴近事实本身，但也更容易偏离理论指导。那么本问卷基于以往文献归纳总结提出的问卷理论结构是否具有稳定性，仍需今后研究的验证。二是问卷的题目选择。问卷的题目来源较为多元，既有国外相关问卷的题目借鉴，也有源自现实生活中青少年的具体描述，更有相关专家的意见。但问卷在因子分析中也发现多个题目在多个因子上存在高负荷，这说明问卷题目的区分度不够高。这种现象的出现主要原因在哪里？是因为某些心理、行为症状相似度较高？某些症状描述含糊？研究对象的理解偏差？这些问题的存在能够影响问卷今后其他样本中的外部效度，这也是一个值得注意的问题。总之，从现有的研究结果来看，问卷的各项指标都满足了教育心理统计的要求，问卷能够较好地揭示青少年问题性移动社交网络使用的主要症状表现，是青少年问题性移动社交网络使用评估的一种有效工具。

第四章　青少年移动社交网络使用的心理倾向

移动社交网络是基于移动终端建构的社交网络平台，通过移动社交网络，青少年可以进行上传照片、发表状态、分享经历、与人聊天、共享信息、自我展示等活动。移动社交网络已经嵌入到青少年学习生活的各个方面，对青少年的心理与行为发展产生越来越大的影响。本章通过调查分析，对青少年移动社交网络使用的心理倾向性开展深入的调查研究。首先，通过对文献的整理分析并结合研究目的，构建了包括移动社交网络愉悦度认知、移动社交网络信息可用度认知、移动社交网络互动程度认知、移动社交网络信任度认知以及移动社交网络接受和使用意向五个方面内容的研究框架。通过调查分析，揭示了青少年对移动社交网络使用所持有的基本态度，为从多学科交叉视角开展青少年移动社交网络使用行为研究提供前期基础，也为引导青少年合理使用移动社交网络提供实证支持。其次，揭示了青少年移动社交网络使用的基本动机，采用文献资料分析、专家访谈与咨询、开放式问卷和借鉴相关问卷的方式，提出青少年移动社交网络使用动机的理论构想，并对青少年移动社交网络使用的基本动机进行了分析。再次，揭示了青少年移动社交网络使用偏好的影响因素，采用文献资料分析和借鉴相关问卷的方式提出青少年移动社交网络使用偏好影响因素的理论构想，并对青少年移动社交网络使用偏好影响因素进行了初步分析。最后，揭示了青少年移动社交网络使用的行为特征，构建了包括移动社交网络使用基本特征、移动社交网络好友数量与熟悉度特征、移动社交网络择友特征、移动社交网络行为特征以及移动社交网络使用感受和态度特征五个方面内容的研究框架。本章对青少年移动社交网络使用心理与行为进行了较为系统的研究，揭示了青少年移动社交网络使用的心理倾向性，本章内容对人们加深对移动社交网络使用的理解具有重要启示。

第一节　青少年移动社交网络使用态度

新媒体时代社交网络对现实生活的渗透，已经改变了人与人之间交往的方式。研究者李翔昊（2010）认为："社交网络诞生的伟大意义在于，现实生活中的人们终于在互联网上找到了关系链条，彼此连接，相互交织，组成一圈又一圈、密密麻麻的社交脉络，这种以社会关系为纽带的网络，首先是自我存在，然后是自我表达、自我展示，再然后是与关系链条上的其他人互动分享，极大地提高了社会关系管理的效率，满足了人们精神层面的需求。"随着移动互联网的发展，以智能手机为代表的移动终端，开启了移动社交网络时代，移动社交网络依托移动智能终端，实现了网络社交的现实可移动性。个体通过移动社交网络可以进行即时上传照片视频、发表状态、分享经历、与人聊天互动、共享信息、自我展示等活动，这个平台极大地满足了青少年的各种心理需求（Grieve，Indian，Witteveen，Tolan，& Marrington，2013）。移动社交网络作为人与人之间社会关系的一种弱连接，有利于青少年社会关系的建立、维持和发展，有效缓解青少年社会交往中的社交焦虑、抑郁和孤独感，促进青少年自尊水平、幸福感和生活满意度的提升（Echeburua & de Corral，2010）。但现有研究表明，移动社交网络使用也存在着风险：一是线上社会比较有可能使青少年产生消极自我评价进而产生消极心理体验（Johnson & Knobloch-Westerwick，2014）；二是移动社交网络过度使用可能会对青少年的睡眠质量产生消极影响（Karaiskos，Tzavellas，Balta，& Paparrigopoulos，

2010)；三是移动社交网络过度使用可能会增加青少年受到网络欺负、在线骚扰等伤害的风险（Kwan & Skoric，2013）。移动社交网络的使用在给青少年带来积极影响的同时，其潜在的消极影响也不可忽视。

青少年移动社交网络使用研究作为多学科交叉的研究领域，各学科的侧重点也各不相同：心理学侧重从微观视角探讨移动社交网络的心理发生机制和成因，社会学侧重从宏观视角探讨移动社交网络的社会发生机制和成因，传播学侧重从移动社交网络使用行为的典型特征探讨信息的传播机制。但是，上述研究视角都应以了解青少年移动社交网络使用现状，以及青少年对移动社交网络使用持有的基本态度为基础。也就是说，应在了解青少年对移动社交网络使用认知、偏好、特征基础上，开展深入的心理、社会机制研究。而目前除了中国互联网络信息中心定期发布的报告中对青少年社交网络使用情况有所涉及外，还很少有专门针对青少年移动社交网络使用态度的研究。基于此，本研究以态度理论为基础，借鉴国内外相关研究成果（杨咏，冯锐，李亚娇，2014），构建了青少年移动社交网络使用态度研究的理论构架。本研究分别按照态度理论的认知、情绪情感、意志行为的结构并结合本研究的目的，构建了包括移动社交网络愉悦度认知、移动社交网络信息可用度认知、移动社交网络互动程度认知、移动社交网络信任度认知以及移动社交网络接受与使用意向五个方面的调查问卷（见图 4-1），希望以此来揭示并分析青少年对移动社交网络持有的基本态度。

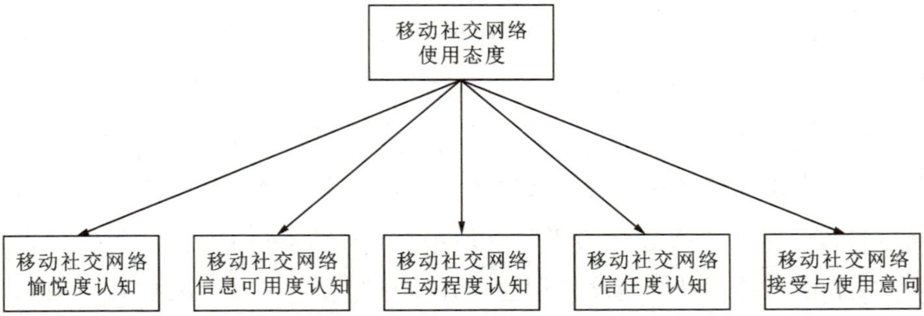

图 4-1　青少年移动社交网络使用态度研究理论构架

一、对象与方法

（一）研究对象

第二次数据采集：采用随机抽样的方法，从 5 个省区 11 所中学和高校选取 2300 名学生参与研究，样本涉及 23 个少数民族。研究共回收有效问卷 2056 份，问卷有效率 89.39%。其中，男生 688 人（33.46%），女生 1368 人（66.54%）；高中生 830 人（高一 322 人（15.66%）、高二 434 人（21.11%）、高三 74 人（3.60%）），初中生 594 人（初一 98 人（4.77%）、初二 164 人（7.98%）、初三 332 人（16.15%）），大学生 632 人（大一 254 人（12.35%）、大二 212（10.31%）、大三 166 人（8.07%））；城市生源地 1108 人（53.89%），农牧区生源地 948 人（46.11%）；汉族学生 1276 人（62.06%），蒙古族学生 592 人（28.79%），其他少数民族学生 188 人（9.14%）；大学生样本中，文科生 418 人（20.33%），理科生 214 人（10.41%）。

（二）研究工具

本研究采用自编问卷对青少年移动社交网络使用态度进行测量。问卷以态度理论为基础，借鉴了以往相关态度研究的测量工具，在充分比较之后，通过借鉴和自编项目，编制了青少年移动社交网络使用态度问卷（陆奇，2011）。问卷包括 20 个题目，主要包括青少年对移动社交网络愉悦度认知、对移动社交网络信息可用度认知、对移动社交网络互动程度认知、对移动社交网络信任度认知，以及对移动社交网络接受与使用意向认知 5 个方面内容，问卷采用李克特 5 点计分方式，1～5 分别代表完全不同意至完全同意。

（三）数据分析方法

问卷采用整群随机的抽样方式，在集中施测前对研究人员进行培训，以保证获得样本的真实有效性，问卷在课堂上发放并当场收回。对收回的问卷统一使用 SPSS18.0 进行数据处理和分析。

二、研究结果

（一）青少年对移动社交网络愉悦度认知

青少年对移动社交网络愉悦度认知包括4个题目，研究结果发现，青少年对移动社交网络使用带来的感受普遍持积极态度。有87.6%的青少年认为移动社交网络是好玩有趣的，有77.0%的青少年认为使用移动社交网络能带来积极愉快的体验，有86.6%的青少年认为移动社交网络使他们的生活变得更加丰富多彩，这一研究结果与以往研究一致（Taraszow，Aristodemou，Shitta，Laouris，& Arsoy，2010）。进一步的分析，没有发现青少年在移动社交网络愉悦度认知方面存在性别和年级的差异，青少年在对移动社交网络愉悦度认知各个题目上的得分均高于均值，表明青少年能从移动社交网络使用中获得积极情绪情感体验（见表4-1）。

表4-1　青少年对移动社交网络愉悦度认知各题目均值

问卷题目		人数（*N*）	均值（Mean）	标准差（SD）
移动社交网络态度调查问卷1题	男生	688	3.33	1.01
	女生	1368	3.28	0.93
移动社交网络态度调查问卷2题	男生	688	3.26	0.96
	女生	1368	3.15	0.94
移动社交网络态度调查问卷3题	男生	688	3.63	1.05
	女生	1368	3.49	0.93
移动社交网络态度调查问卷4题	男生	688	3.26	1.11
	女生	1368	3.25	1.00

总体来看，青少年大都认为移动互联网给他们带来了积极愉悦的体验。移动社交网络是对基于传统互联网的网络社交的延伸，它不仅继承了传统社交网络的优点，还以其便携性、无障碍联网等诸多特性，在一定程度上替代了传统基于计算机的社交网络。移动社交网络作为新媒体时代最受欢迎的媒介，不仅满足了青少年对其方便性的需要，更因其虚拟性、匿名性等特点，满足了青少年自我展现、提升自尊、寻求支持等心理需求。

移动社交网络作为网络时代的新生活方式，已经嵌入青少年现实生活的方方面面，它在满足青少年各种心理需求和加强青少年之间社会交往方面起到积极作用。

（二）青少年对移动社交网络信息可用度认知

青少年对移动社交网络信息可用度认知包括 4 个题目，研究结果发现，青少年普遍认为移动社交网络能满足他们对各种信息的需求（见表 4-2）。有 87.1%的青少年认为移动社交网络是很好的信息来源，有 83.6%的青少年认为移动社交网络提供了他们所需要的信息，有 84.8%的青少年认为使用移动社交网络可随时随地查看信息。但是研究也发现，对"移动社交网络提供的信息可以作为我日常生活的参考"这一问题持否定态度的青少年占了 30.1%，也就是说这部分青少年认为移动社交网络中的信息不能与现实生活很好地契合，也就可能意味着青少年对移动社交网络中某些信息的可信性持怀疑态度。进一步对性别在这个问题上是否存在差异进行分析，发现男生和女生对移动社交网络信息可用度认知不存在性别差异，描述分析均值 Mean 均大于 2.5，表明男生和女生均对移动社交网络信息可用度持积极态度。进一步的年级差异分析发现，在"移动社交网络提供了所需要的信息"这一题目上，高三年级青少年得分显著低于其他年级，也就是说有一些高三年级学生认为通过移动社交网络不能获得所需要的信息。高三年级是从中学向大学过渡的最后时期，他们常沉浸于学习而对移动社交网络关心较少，对与学习无关的信息需求相对也少。而到了大学阶段，随着他们对各种信息需求的增加，又会呈现出较高水平的信息渴求。因此，研究认为，不同学段和年级的学生的信息需求满足水平受到他们某一阶段的现实需求的影响。

表 4-2　青少年对移动社交网络信息可用度认知各题选项的描述分析

题目	完全不同意/（%）	比较不同意/（%）	有些同意/（%）	比较同意/（%）	完全同意/（%）
移动社交网络态度调查问卷 5 题	2.4	10.5	29.8	40.8	16.5

续表

题目	完全 不同意/（%）	比较 不同意/（%）	有些 同意/（%）	比较 同意/（%）	完全 同意/（%）
移动社交网络态度调查问卷6题	2.3	14.1	33.4	35.4	14.8
移动社交网络态度调查问卷7题	8.1	22.0	35.7	23.5	10.8
移动社交网络态度调查问卷8题	4.2	11.1	26.9	33.8	24.1

总体来看，青少年对移动社交网络提供的信息服务持积极态度，他们渴望从移动社交网络中获得各种信息，以满足自己的心理需求。移动社交网络是一个以即时信息传递为核心的媒介平台，青少年通过移动社交网络不仅可以时时上传自己的各种信息，同时也可共享他人上传至社交网络中的信息，实现信息的云共享，这是移动社交网络的重要功能之一。

（三）青少年对移动社交网络互动程度认知

青少年对移动社交网络互动程度认知包括4个题目，研究结果发现，青少年普遍认为移动社交网络加强了自己与朋友之间的沟通交流，增进了自己与朋友之间的了解。有86.3%的青少年认为通过移动社交网络可随时随地与好友互动交流，有80.2%的青少年认为移动社交网络加强了自己与朋友之间的联系，有89.8%的青少年认为通过移动社交网络可以即时看到好友的最新动态，有86.0%的青少年认为通过移动社交网络可以随时更新自己的状态并及时回复好友的留言，这一研究结果与以往研究一致(Gentile，Twenge，Freeman，& Campbell，2012)。研究也发现，青少年对移动社交网络互动程度认知存在性别差异。研究发现，女生在上述四个方面的得分均显著高于男生，这表明女生比男生更偏好移动社交网络的社交功能。对青少年移动社交网络互动程度的年级差异分析还发现，青少年在“通过移动社交网络可以即时看到好友的最新动态”“通过移动社交网络可以随时更新自己的状态并及时回复好友的留言”两个题目上存在显著的年级差异，初中生的得分逐渐下降，高中生逐渐上升，大学生又逐渐下降，其中高三是重要转折点（见图 4-2、图 4-3）。这说明不同学段青少年对能够在移动社交网络查看、发表、更新状态这类自我表现方式持不同态度，高中生更偏好关注自己与他人的动态。

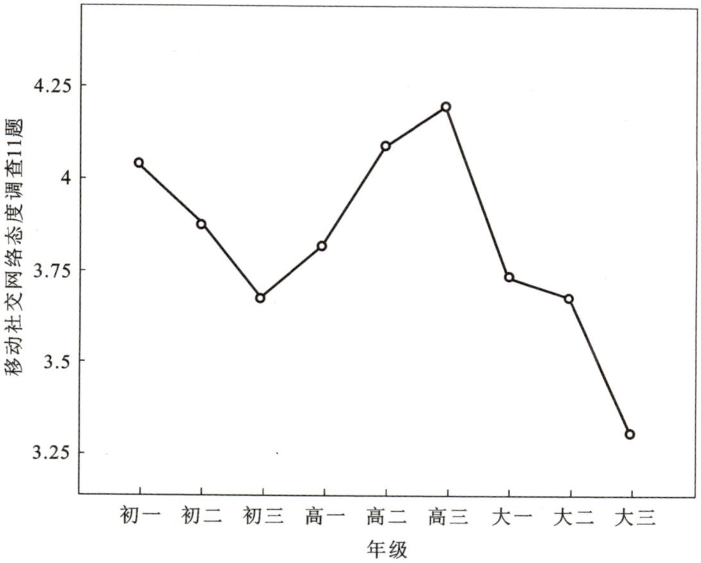

图 4-2　题目 11 在不同年级的得分分布

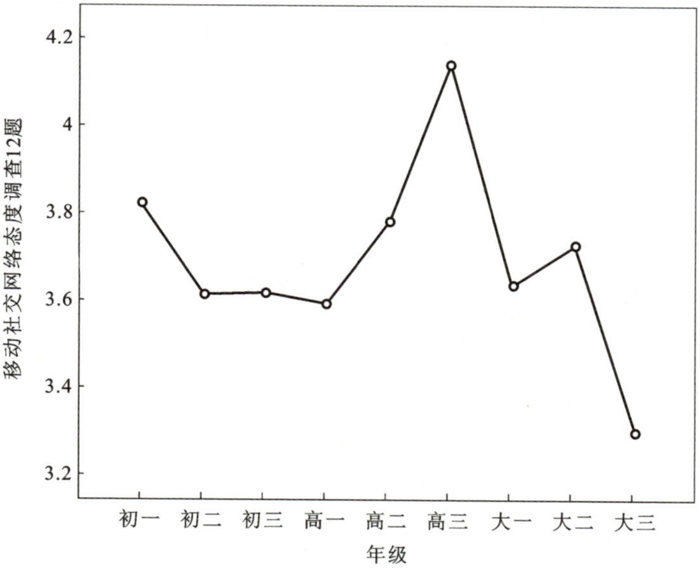

图 4-3　题目 12 在不同年级的得分分布

从总体来看，青少年对移动社交网络所提供的社会交往服务功能持有十分积极的态度，普遍认为移动社交网络不但加强了自己与朋友之间的联系，而且可以通过移动社交网络展现积极的自我，同时获得他人的关注。移动社交网络最核心的功能就是社交服务功能，它是以“朋友的朋友是朋友”的理念构建的社会交往平台（冯锐，李亚娇，2014）。在这个平台中，青少年通过移动社交网络可以上传自己和朋友的照片视频、发表状态和评论、与朋友积极互动，可以说移动社交网络实现了青少年与朋友之间全天候的时时互动。

（四）青少年对移动社交网络信任度认知

青少年对移动社交网络信任度认知包括 4 个题目，研究结果发现，青少年对移动社交网络中的信息普遍持有较低的信任度，这与上文中的相关结果相互呼应。有 57.0％的青少年对“移动社交网络所提供的信息是值得信任的”持否定态度，表现出对移动社交网络中信息较高的不信任水平；有 41.4％的青少年认为移动社交网络所发布的信息并没有完全反映社会现实；仅有 35.5％的青少年认为移动社交网络所提供的受众信息是准确的，而 65.5％的青少年普遍认为移动社交网络所提供的受众信息是不准确的；仅有 30.5％的青少年认为在移动社交网络上认识的好友是真实可信的，而 69.5％的青少年认为移动社交网络中认识的好友信息是虚假的，这一研究结果与谢英香（2013）的研究结果基本一致。但研究发现，青少年对移动社交网络信任度认知不存在性别差异，但五点量表的均值 Mean 均小于 2.5，也就是说无论男生还是女生，均对移动社交网络中的信息持有较低信任水平（见表 4-3）。对青少年移动社交网络互动程度的年级差异分析发现，不同学段和年级之间，在这个问题上存在显著的差异，整体上得分由高到低依次为大学生＞初中生＞高中生，其中初二和高三年级在 4 个题目上得分均最低，大三年级在 4 个题目上得分均最高，不同学段和年级的青少年对移动社交网络信任度认知呈现出了不同态度。大学生在个体社会化过程中已经逐渐内化了事物评判的价值标准，而高中生和初中生相对不稳定。发展心理学普遍认为初二是“暴风骤雨”时期，是青少年情绪最不稳定也最具叛逆性和批判性的时期。高三年级的青少年在社会化过程中虽然基本建立了事物评判的价值标准，但仍具有较强的主观性。由此可见，青少年不同阶段的心理发展水平可能会直接影响青少年对移动社交网络的信任度。

表 4-3 青少年对移动社交网络信任度各题目均值

问卷题目		人数（N）	均值（Mean）	标准差（SD）
移动社交网络态度调查问卷 13 题	男生	688	2.41	0.95
	女生	1368	2.41	0.91
移动社交网络态度调查问卷 14 题	男生	688	2.39	1.01
	女生	1368	2.45	0.88
移动社交网络态度调查问卷 15 题	男生	688	2.22	0.99
	女生	1368	2.23	0.96
移动社交网络态度调查问卷 16 题	男生	688	2.31	0.91
	女生	1368	2.32	0.94

总体来看，青少年对移动社交网络的信任水平仍然普遍偏低。移动社交网络信任危机所凸显出的问题，同样也折射出了青少年现实社会中存在的社会信任水平较低的现状。移动社交网络作为一个深受青少年喜爱的虚拟社会交往平台，它在青少年成长中扮演着重要角色，它在一定程度上是青少年现实社会交往的线上延伸（张然，2015）。青少年对移动社交网络过低的信任水平将不利于青少年积极社会交往的发展，也将阻碍青少年积极的社会化进程。

（五）青少年对移动社交网络接受与使用意向认知

青少年对移动社交网络接受与使用意向认知包括 4 个题目，研究结果发现，青少年对移动社交网络使用持积极开放和接纳的态度，并且相较于传统社交，他们更偏好移动网络社交（见表 4-4）。有 90.5%的青少年认为移动社交网络用起来十分方便，这表明对于青少年群体来说，移动社交网络使用的技术层面本身对他们并不困难。有 70.5%的青少年愿意随时与好友分享最新动态，有 61.4%的青少年经常登录移动社交网络更新个人动态，有 75.2%的青少年表示相较于传统的面对面社交他们更愿意使用移动社交网络，这表明青少年更偏好使用即时信息传递、信息分享的方式来自我展示和与朋友沟通，这与曹欢欢等（2015）的研究结果基本一致。进一步的分析发现，各个题目在年级上并无显著差异，但在“愿意随时与好友分享最新动态”和“经常登录移动社交网络更新个人动态”两个题目上存在性别差异，女生比男生更偏好随时与好友分享最新动态，并经常登录移动社交网络更新个人动态，这与王伟和雷雳（2015）的研究结果一致。青少年正处在青春期和自我同一化时期，展示自我、获得关注是这一时期青少年的典型心理和行为，而女生的认知风格主要以场依存性为主，这种认知风格的个体更愿意依赖他人，更愿意通过他人来展示自我，她们也更注重对关系的维持，这就使女生对这两个方面表现得更加积极。

表 4-4　青少年对移动社交网络接受与使用意向各题目均值

问卷题目		人数（*N*）	均值（Mean）	标准差（SD）
移动社交网络态度调查问卷 17 题	男生	688	3.77	1.06
	女生	1368	3.70	0.98
移动社交网络态度调查问卷 18 题	男生	688	2.98	1.10
	女生	1368	3.15	1.07
移动社交网络态度调查问卷 19 题	男生	688	2.85	1.13
	女生	1368	2.85	1.09
移动社交网络态度调查问卷 20 题	男生	688	3.23	1.12
	女生	1368	3.23	1.05

总体来看，青少年对移动社交网络使用持积极开放和接纳的态度，并且更倾向于使用移动社交网络的方式来维系和发展自己的社交关系。移动社交网络与传统面对面社交相比，可以忽略很多敏感社会线索，降低了社交焦虑水平和紧张心理，使青少年在社会交往过程中更开放和自信；通过语言、文字的印象整饰，可以显著提升自我形象，获得社交满足感和提升自尊。这些都使青少年更愿意通过这样的媒介与他人交往（姜永志，白晓丽，2015）。但是，这种虚拟的移动社交网络并不能完全替代现实社交，过度依赖于社交网络很可能会使青少年将虚拟与现实混淆，甚至形成问题

性移动社交网络使用行为。因此，应积极引导青少年合理和适度使用移动社交网络，以弥补现实社交的不足，避免青少年形成问题性移动社交网络使用行为。

三、研究结论

本研究通过文献梳理和分析构建了青少年移动社交网络使用态度研究构架，从青少年对移动社交网络愉悦度认知、对移动社交网络信息可用度认知、对移动社交网络互动程度认知、对移动社交网络信任度认知，以及对移动社交网络接受与使用意向认知 5 个方面内容，对青少年移动社交网络使用态度进行了分析。研究结果发现：① 在青少年对移动社交网络愉悦度认知分析上，青少年对移动社交网络使用带来的感受普遍持积极态度，能从移动社交网络的使用中获得积极的情绪情感体验；② 在青少年对移动社交网络信息可用度认知分析上，青少年对移动社交网络提供的信息服务持积极态度，他们渴望从移动社交网络中获得信息以满足自己的心理需求，但高三年级青少年对移动社交网络信息可用度的认知低于其他年级；③ 在青少年对移动社交网络互动程度认知分析上，青少年普遍认为移动社交网络加强了自己与朋友之间的沟通交流，增进了自己与朋友之间的了解，但男生和女生存在差异，女生比男生更偏好移动社交网络的社交功能，高三年级是一个重要转折点；④ 在青少年对移动社交网络信任度认知分析上，青少年对移动社交网络中的信息和朋友普遍持有较低的信任度，青少年对移动社交网络信任度存在学段和年级差异，大学生对移动社交网络信任度高于中学生；⑤ 在青少年对移动社交网络接受和使用意向认知分析上，青少年对移动社交网络使用持积极开放和接纳的态度，他们更偏好移动网络社交，而且女生比男生更偏好随时与好友分享最新动态，并经常登录移动社交网络更新个人动态。

随着移动互联网的快速发展，基于智能手机移动终端的移动社交网络作为一种新的社交方式，已经深刻嵌入到青少年的日常生活中。从研究结果来看，青少年对移动社交网络持积极开放和接受的态度，他们通过移动社交网络的使用展示了积极自我、提升了自尊水平、获得了社会交往技能、增进了与朋友之间的交流、即时获取了各种信息资源，这对青少年来说是积极的。但研究结果也发现，青少年对移动社交网络信任度偏低，这体现了青少年对移动社交网络中信息的不信任，这种基于移动社交网络的信任危机将对青少年建立健康的社会交往产生消极影响，甚至误导青少年而形成歪曲的价值观，进一步降低人们之间的信任水平。本研究基于描述水平对青少年对移动社交网络使用的态度进行揭示，研究本身也存在一些不足：一是研究并没有深入对青少年移动社交网络使用态度形成的深层次心理与社会原因进行分析；二是研究使用的调查工具是基于态度研究理论和研究目的编制的松散问卷，问卷本身并没有严谨的结构；三是对数据的挖掘仅限于描述性分析而差异分析较少，人口学变量的比较分析不是十分全面。青少年移动社交网络使用研究是一个极具现实意义的研究选题，在今后的研究中，除了在上述不足基础之上加以完善外，还应在研究领域上有所扩展，如青少年移动社交网络使用行为特征研究、青少年移动社交网络交往模式研究、青少年移动社交网络使用动机和影响因素研究、青少年移动社交网络使用的社会心理机制研究等。除此之外，多学科交叉也应是研究的发展方向，目前已有多学科关注这一问题，从多学科视角揭示青少年移动社交网络使用行为，对揭示青少年移动社交网络使用过程中产生的诸多问题将具有积极的建设性意义。

第二节　青少年移动社交网络使用动机

移动社交网络使用已经成为一种新的社会交往方式，青少年对移动社交网络使用普遍持积极开放的态度。那么，青少年青睐于移动社交网络使用的深层次动机是什么？它与传统的网络成瘾行为的心理动机是否具有相似之处？本节将从社会心理学的视角进一步揭示青少年移动社交网络使用的深层次心理动机。

社交网络的发展正在改变着人们之间的交往方式，这种新的交往方式已经嵌入青少年学习和生活的方方面面。青少年通过线上的社会交往，一方面可以通过进行自我展示来获得某些心理满足，另一方面可以通过社交网络维持现有的人际关系和拓展新的人际关系。随着社交网络及其服务的快速发展，移动社交网络用户在人们生活中所占比例将越来越大，越来越多的青少年花费更多的时间来经营社交网络。这主要是由于社交网络的服务终端从电脑向智能手机转移，基于智能手机的移动社交网络使用已经成为新的主流。移动社交网络使用在加强青少年之间的联系、维持社会关系、提升自尊水平和幸福感、降低抑郁和焦虑情绪等方面起着重要作用（Gentile，Twenge，Freeman，& Campbell，2012）。研究也发现，随着青少年对移动社交网络的过度使用，某些消极问题也逐渐凸显出来，如线上社会比较导致青少年产生消极自我评价（Haferkamp & Krämer，2013）、移动社交网络过度使用引起青少年的高焦虑和抑郁等消极心理、移动社交网络过度使用对青少年的睡眠质量产生消极影响（Deters & Mehl，2011）、过多的自我表露增加青少年受到在线伤害和网络欺负的概率（Sampasa-Kanyinga & Hamilton，2015）。那么，是什么因素影响了青少年对移动社交网络使用的偏好，甚至导致问题性移动社交网络行为的出现，这是目前现有研究主要关注的内容。

具体来看，可归纳为以下几个方面。一是自我认同和归属需要影响青少年移动社交网络使用。有研究发现，社交网络使用受到自我认同的调节，其中归属感是社交网络使用意向的主要影响因素，而且社交网络使用的愉快感、社交网络使用意向、社交网络系统质量和社交网络连通性，也会通过归属感间接影响青少年的社交网络使用意向（Pelling，Sc，& White，2009）。二是消极情绪影响青少年移动社交网络使用。有研究指出，焦虑、抑郁、孤独感、无聊等消极情绪是青少年产生问题性社交网络使用的重要影响因素（Meena，Mittal，& Solanki，2012）。三是对生活满意度和幸福感的追求影响青少年移动社交网络使用。Satici 和 Uysal（2015）的研究发现，低生活满意度和低幸福感能对 Facebook 成瘾行为具有显著的预测作用，青少年体验到较低生活满意度和较低幸福感时，会通过移动社交网络的使用来提高生活满意度和幸福感。四是人际关系维持的需要影响青少年移动社交网络的使用。Ellison、Steinfield 和 Lampe

(2007) 的研究指出，青少年通过移动社交网络建立线上与线下朋友之间的联系来巩固已有的社会关系，社会关系维持的需要常被看作移动社交网络使用的最主要动机。五是获取情感支持的动机影响青少年移动社交网络的使用。林永峰等（2014）的研究发现，通过社交网络来与他人交流沟通并获得他人的理解、关心等情感支持，是青少年使用移动社交网络的主要心理动机。六是信息获取需要影响青少年移动社交网络的使用，通过移动社交网络可以即时获取各类所需信息。夏芝宁（2010）、郝若琦（2010）分别对中国和美国大学生社交网络使用动机进行分析，发现信息获取的目的均是影响社交网络使用的重要因素。七是自我表露与自我提升需要影响青少年移动社交网络的使用。移动社交网络提供的上传照片视频、发表状态、分享经历等个性化服务，使青少年更愿意通过使用移动社交网络来进行自我表露和自我展示，以提升自尊水平、自我在他人中的形象和构建理想的网络人格（Seidman，2014）。八是休闲娱乐的需要影响青少年移动社交网络的使用。青少年除了利用移动社交网络来维系人际关系、进行自我展示等，多项研究均表明娱乐需要是青少年社交网络使用的主要目的（姜永志，白晓丽，2015）。从上述分析来看，影响青少年移动社交网络使用行为的因素很多，但现有研究多从传播学、教育学和社会学视角对移动社交网络的影响因素进行研究，这些研究主要基于松散结构的调查问卷作为研究工具，在分析上缺乏系统性和深入性。

本研究梳理了现有相关研究对网络/社交网络/移动社交网络使用动机的结构。从国外研究来看，Won-jun（2013）通过智能手机成瘾使用量表，从忽视工作、忽视生活、逃避现实、缺乏控制、凸显行为和过度使用 6 个方面对智能手机成瘾行为进行研究；Jung 等（2007）从娱乐、信息、社会交互、自我表现、打发时间、职业提升和从众等 7 个方面对青少年社交网络使用动机进行研究；Brandtzeg 和 Heim（2009）从信息、娱乐、社会交互和个人空间冲浪 4 个方面对青少年社交网络使用行为进行研究；Kim 等（2011）从寻找朋友、社会支持、信息、娱乐和便利 5 个方面探讨了青少年社交网络的使用动机。从国内研究来看，巢乃鹏（2012）认为青少年社交网络使用的社会动机主要包括归属需要和担心拒绝两个方面；常亚平和朱东红（2011）对社交网络用户参与动机进行测量，认为社交网络使用动机主要包括信息性动机、娱乐性动机、维旧动机、扩新动机和从众动机 5 个方面；姜永志和白晓丽（2013）在大学生手机移动网络过度使用研究中，认为手机移动网络过度使用可包括戒断症状、情绪改变、社会功能受损和耐受性 4 个方面；熊婕等（2012）还从戒断症状、突显行为、社交抚慰和心境改变 4 个方面对大学生手机成瘾倾向进行了研究。

从上述相关研究来看，相关研究主要侧重于两个方面：一是侧重于问题性、成瘾性行为的影响研究；二是侧重于正常的社会和心理动机分析研究。本研究在分析、归纳和总结上述研究，以及充分考虑国内外两种研究倾向的基础上，拟构建青少年移动社交网络使用动机的结构构想。通过分析，本研究认为，青少年移动社交网络使用动机可包括情感支持、避免焦虑、关系维持、自我展示、娱乐消遣、便捷高效、信息需要（见图 4-4）。依据构建理论，编制青少年移动社交网络使用动机问卷，希望能够对青少年移动社交网络的使用动机进行较为深入的分析，也为相关研究提供工具性支持。

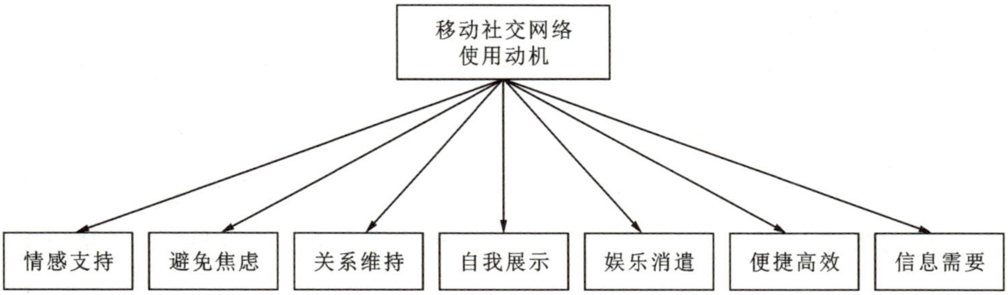

图 4-4　移动社交网络使用动机结构构想

一、对象与方法

（一）研究对象

第二次数据采集样本：采用随机抽样的方法，从全国 5 个省区 11 所中学和高校选取 2300 名学生参与研究，样本包含了全国 23 个少数民族。研究共回收有效问卷 2056 份，问卷有效率 89.39%。具体来看，男生 688 人（占 33.46%），女生 1368 人（占 66.54%）；高中生 830 人（高一

322 人（15.66%）、高二 434 人（21.11%）、高三 74 人（3.60%）），初中生 594 人（初一 98 人（4.77%）、初二 164 人（7.98%）、初三 332 人（16.15%）），大学生 632 人（大一 254 人（12.35%）、大二 212（10.31%）、大三 166 人（8.07%））；城市生源地 1108 人（53.89%），农牧区生源地 948 人（46.11%）；汉族学生 1276 人（62.06%），蒙古族学生 592 人（28.79%），其他少数民族学生 188 人（9.14%）；大学生样本中，文科生 418 人（20.33%），理科生 214 人（10.41%）。

（二）研究工具

问卷的编制工作主要包括四个方面：一是文献资料的分析；二是专家访谈与咨询；三是开放式问卷收集；四是相关问卷的修改和借鉴。第一，通过对国内外现有文献的收集和整理，分析对移动社交网络使用动机的描述。分析中发现，现有国内外研究主要集中在传统基于计算机社交网络的动机、成因、影响因素、发生机制等方面，同时也发现国内外研究对社交网络使用的心理学研究多偏向于病理性使用、成瘾行为等方面，本研究的题目编制也借鉴了这些研究中的观点。第二，通过对 10 名心理学专业教师和心理学博士生的访谈和咨询，获取了大量关于移动社交网络使用动机的描述，通过整理分析和合并，归纳出 50 条描述性语句。第三，通过开放式问卷的方式，在初中和高中心理健康教育和大学生心理健康教育课堂上集中收集关于学生对移动社交网络使用动机的理解，共收集 72 条描述性语句。第四，通过对国内外相关问卷的修改和借鉴收集题目。本研究主要参考了 Lin 等（2014）编制的智能手机成瘾量表（SAI）、Merlo 等（2013）编制的问题性手机使用量表（PUMP）、Guzeller 和 Cosguner（2012）编制的青少年问题性手机使用问卷（PMPUS）、Al-Menayes（2015）编制的社交媒体使用成瘾量表（SMAS）的相关题项，还参考了苏双等人（2014）编制的大学生智能手机成瘾量表。通过上述四个方面工作，共收集到 150 条相关描述性语句，通过整理分析，删除语句不通、描述模糊、主题不明确和相关性弱等语句后剩余 48 条。结合本研究的理论构想，本着语言精练简化原则，最后保留

30个条目进行施测。问卷采用李克特五点计分方式，1～5分别代表完全不符合至完全符合。

使用编制的30个项目的初始问卷对青少年进行施测。采用团体测试的方式进行测量，正式测量均由心理学专业教师来完成，在施测之前主试进行了集中培训，统一了指导语和施测程序。测试以班级为单位，由被试单独完成，施测没有时间限制，测量结束后立即收回问卷。由于本研究中所有变量的测量均来自被试的自我报告，这可能导致共同方法偏差。为减少可能存在的共同方法偏差对研究结果的影响，本研究进行了程序控制以减少可能存在的共同方法偏差，问卷填答过程统一指导语，使用了匿名作答，安排被试在同一间教室完成测量。

二、研究结果

（一）项目分析

研究按照量表总分将被试分为高分组和低分组，区分原则为统计学的最高上限27%和最低下限27%。对这两组被试得分在高低分组上进行 t 检验，若 t 检验不显著，则予以剔除。同时计算每个项目与总分之间的相关，将项目鉴别指数较低（$D<0.3$）的题项剔除。结果表明，题目VR29和题目VR30在高低分组的差异检验中没有达到显著，考虑予以删除。剩余的28个题目在高低分组之间存在显著差异（$t=16.531\sim30.678$，$p<0.001$），相关分析显示28个题目与总分之间均显著相关（$r=0.475\sim0.630$，$p<0.01$），这28个题目可以保留下来进行进一步的因素分析。

（二）探索性因素分析

对1028份数据进行初次探索性因子分析，并结合以下标准对项目进行筛选：① 因子负荷小于0.40（$a<0.40$）；② 共同度小于0.3（$h^2<0.3$）；③ 题项在多个因子上存在交叉负荷（$a>0.4$）；④ 题项归属明显不恰当。分析结果显示，KMO检验值为0.898，Bartlett球形检验值为23490.677，$p<0.01$，Bartlett球形检验值达到显著水平，可进一步进行因素分析。用主成分分析法和方差极大正交旋转求出最终的因子负荷矩

阵，结合陡阶检验准则提取因子，抽取特征根大于 1 的因子 6 个，解释总变异的 58.933%，解释因子从原构想的 7 个变成 6 个。按照上述原则逐步删除题项，结果发现，原构想中因子 S_6 中的题项 VR4 在因子 S_1 和因子 S_6 上存在交叉载荷且均高于 0.40。题项 VR16 归为因子 S_2，但因子负荷为 0.368，低于 0.40 的筛选标准。对这两个题项考虑删除。删除后的问卷剩余 26 个题项，再次进行探索性因素分析，结果显示，抽取特征根大于 1 的因子 6 个，可解释总变异的 59.779%。

根据分析结果和原理论构想，最后得到包括 6 个维度 26 个题项的青少年移动社交网络使用动机问卷。根据理论构想分别命名：因子 S_1 合并了原理论构想中的 S_6 和 S_7，包括 8 个题目，主要涉及通过移动社交网络便捷高效地获取各种所需信息，命名为“信息获取”；因子 S_2 包括 4 个题目，主要涉及通过移动社交网络与朋友建立联系和维持关系，命名为“关系维持”；因子 S_3 包括 4 个题目，主要包括通过移动社交网络的使用来避免焦虑、孤独、抑郁等消极情绪体验，命名为“避免焦虑”；因子 S_4 包括 4 个题目，主要涉及通过移动社交网络进行娱乐活动，命名为“娱乐消遣”；因子 S_5 包括 3 个题目，主要涉及通过移动社交网络获得他人认同、理解，获得归属感等，命名为“情感支持”；因子 S_6 包括 3 个题目，主要涉及通过移动社交网络上传自己的照片、视频以及分享经历和表达观点等，命名为“自我展示”。问卷由 6 个因子组成（见表 4-5），基本符合理论构想，原理论构想中的因子 S_6“便捷高效”和因子 S_7“信息需要”题项合并，最终组成了分析后的因子 S_1“信息获取”。

表 4-5　移动社交网络使用动机结构探索性因素分析表

题项	因子负荷						共同度
	S_1	S_2	S_3	S_4	S_5	S_6	
V_{27}	0.807						0.689
V_{26}	0.748						0.606
V_{28}	0.731						0.623
V_{25}	0.651						0.492

续表

题项	因子负荷						共同度
	S_1	S_2	S_3	S_4	S_5	S_6	
V_{22}	0.523						0.515
V_{24}	0.501						0.461
V_{23}	0.478						0.487
V_{21}	0.433						0.544
V_{10}		0.765					0.625
V_{12}		0.730					0.624
V_{11}		0.674					0.575
V_9		0.472					0.466
V_5			0.735				0.600
V_7			0.710				0.552
V_6			0.654				0.580
V_8			0.649				0.524
V_{19}				0.810			0.719
V_{18}				0.758			0.636
V_{17}				0.726			0.574
V_{20}				0.524			0.525
V_2					0.846		0.805
V_1					0.839		0.781
V_3					0.633		0.638
V_{14}						0.809	0.749
V_{15}						0.733	0.646
V_{13}						0.733	0.606
特征值	7.715	2.396	1.641	1.421	1.207	1.163	
贡献率/(%)	13.155	10.464	9.817	9.765	8.547	8.032	59.779

（三）验证性因素分析

以探索性因素分析所得26个有效题项与6个因子之间的归属关系建构理论模型，进行一阶验证性因素分析和二阶验证性因素分析。

1. 一阶验证性因素分析

本研究在理论构想中的结构模型包括7个一阶因子，而探索性因素分析却只建构出6个一阶因子。为进一步比较七维度模型和六维度模型的优劣，分别以6个一阶因子和7个一阶因子为潜变量，以每个一阶因子对应的题项为观察变量作一阶验证性因子分析，结果发现七维度模型有3个题项的因子载荷小于0.40，而六维度模型所有题项的因子载荷都超过0.40，同时也发现六维度模型的各项拟合指标都优于七维度模型。验证性因素分析结果表明，通过探索性因素分析所构建的六维度模型具有较好的结构效度（见表4-6）。

表4-6 移动社交网络使用动机结构验证性因素分析拟合指数

模型		χ^2/df	RMI	AGFI	NFI	RFI	CFI	RMSEA
一阶模型	M_{61}	4.082	0.044	0.940	0.905	0.925	0.923	0.056
	M_7	11.697	0.066	0.861	0.842	0.819	0.853	0.072
二阶模型	M_{62}	4.163	0.036	0.948	0.953	0.936	0.964	0.039

2. 二阶验证性因素分析

二阶因子是对一阶因子的进一步抽象，一阶因子和二阶因子之间具有相对较强的稳定性，反映问卷各维度与所要测量问题间的密切关系。在探索性因素分析和一阶验证性因素分析中，已经验证了各观测指标与所属各因子之间的归属关系。为进一步检验各观测指标、一阶因子、二阶因子关系的稳定性，本研究构建包含二阶因子的六维度模型。分析结果显示，二阶因素分析构建的模型M_{62}的各项拟合指标均达到了较为理想的水平，进一步验证了问卷观测值、一阶因子与二阶因子之间的稳定关系（见图4-5）。

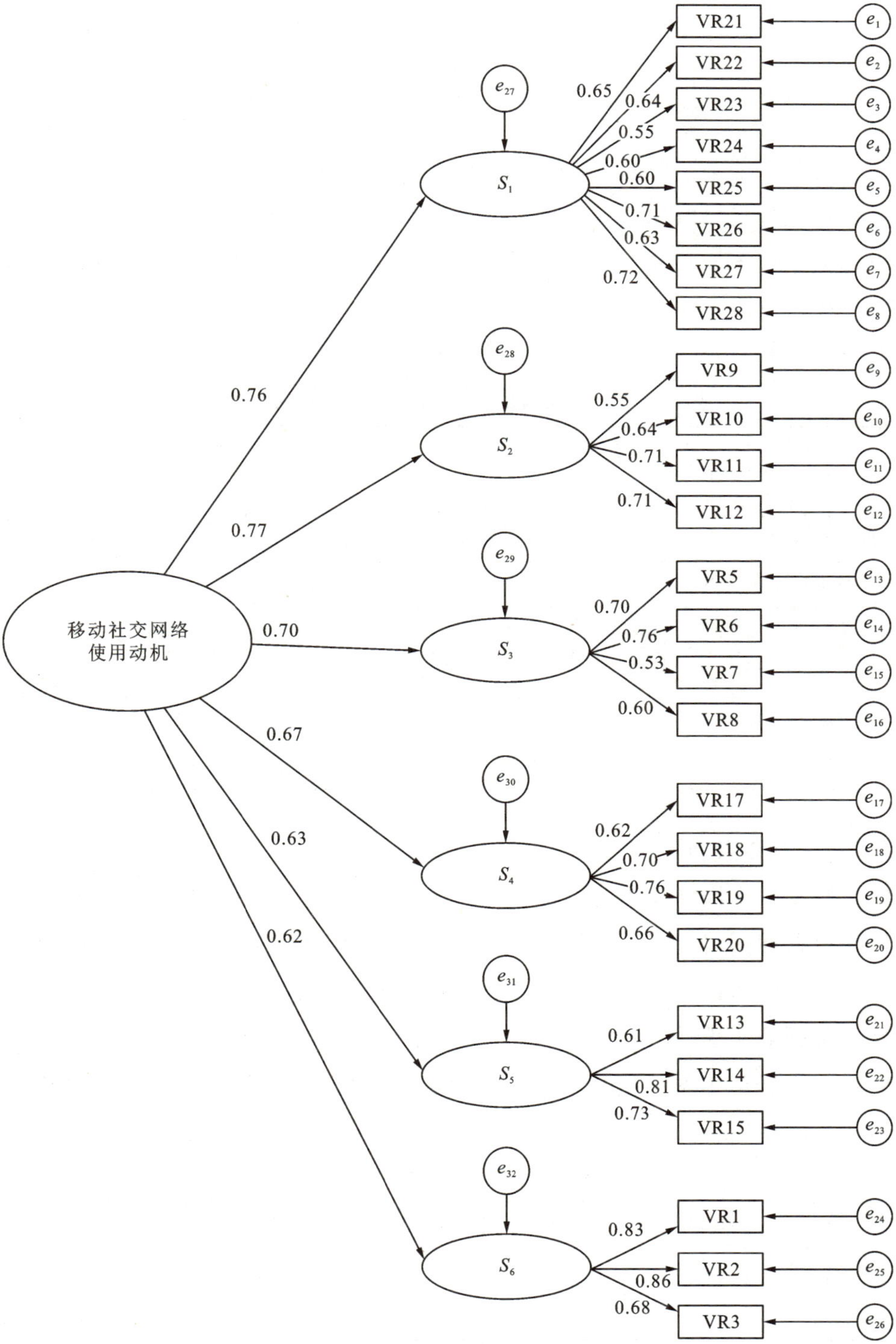

图 4-5　移动社交网络使用动机二阶结构模型

（四）效度分析

1. 结构效度

通过一阶和二阶验证性因素分析，验证了青少年移动社交网络使用动机问卷包括信息获取、关系维持、避免焦虑、娱乐消遣、情感支持和自我展示 6 个因子，且模型的各项拟合指标均达到要求。相关分析也显示，问卷各因子之间呈中等强度相关，总问卷与各因子之间呈高强度相关。以上研究结果均显示问卷具有较好的结构效度（见表 4-7）。

表 4-7　移动社交网络使用动机及各因子相关分析矩阵

变量	使用动机	信息获取	关系维持	避免焦虑	娱乐消遣	情感支持	自我展示
使用动机	1						
信息获取	0.816**	1					
关系维持	0.720**	0.526**	1				
避免焦虑	0.676**	0.335**	0.421**	1			
娱乐消遣	0.695**	0.519**	0.368**	0.367**	1		
情感支持	0.645**	0.320**	0.387**	0.495**	0.321**	1	
自我展示	0.626**	0.398**	0.354**	0.372**	0.266**	0.436**	1

2. 效标效度

移动社交网络使用动机与移动互联网过度使用存在密切关系，本研究以手机移动网络过度使用作为效标，考察青少年移动社交网络使用动机与手机移动网络过度使用之间的关系。相关分析显示（见表 4-8），青少年移动社交网络使用动机问卷及各因子与手机移动网络过度使用问卷及各因子间存在显著正相关，青少年对移动社交网络使用的动机越强烈，手机移动网络过度使用行为的倾向性越大，表明该问卷具有较好的效标效度。

表 4-8　移动社交网络使用动机与手机移动网络过度使用相关分析

因子	戒断症状	心境改变	耐受性提高	行为效率下降	过度使用
信息获取	0.230**	0.319**	0.260**	0.126**	0.289**
关系维持	0.203**	0.341**	0.242**	0.135**	0.284**

因子	戒断症状	心境改变	耐受性提高	行为效率下降	过度使用
避免焦虑	0.437**	0.441**	0.319**	0.275**	0.465**
娱乐消遣	0.395**	0.413**	0.408**	0.269**	0.461**
情感支持	0.343**	0.373**	0.313**	0.237**	0.395**
自我展示	0.343*	0.255**	0.292**	0.231**	0.352**
使用动机	0.441**	0.499**	0.424**	0.283**	0.513**

（五）信度分析

本研究以内部一致性信度系数和分半信度作为问卷信度的考核指标。分析结果显示，总问卷的信度系数分别为0.903和0.743，各因子间的内部一致性信度系数在0.742～0.846之间，分半信度系数在0.650～0.781之间。总体来看，问卷的信度指标达到了基本要求（见表4-9）。

表4-9　移动社交网络使用动机问卷信度分析

信度	总问卷	信息获取	关系维持	避免焦虑	娱乐消遣	情感支持	自我展示
Cronbach's α	0.903	0.846	0.742	0.742	0.778	0.825	0.752
分半信度	0.743	0.759	0.744	0.674	0.781	0.664	0.650

（六）描述性分析

1. 青少年移动社交网络使用动机的描述性分析

描述性分析显示，青少年移动社交网络使用动机问卷的得分为2.939，高于2.5的均值，表明青少年使用移动社交网络的动机较强。进一步分析显示，青少年移动社交网络使用的目的依次为：信息获取＞关系维持＞娱乐消遣＞情感支持＞自我展示＞避免焦虑，表明青少年使用移动社交网络较主要的动机是信息获取和关系维持（见表4-10）。

表4-10　青少年移动社交网络使用动机均值分析

因子	*N*	Mean	SD
信息获取	2056	3.207	0.739
关系维持	2056	3.113	0.795

续表

因子	N	Mean	SD
避免焦虑	2056	2.781	0.847
娱乐消遣	2056	3.075	0.900
情感支持	2056	2.917	0.928
自我展示	2056	2.843	0.908
使用动机	2056	2.939	0.592

2. 青少年移动社交网络使用动机的性别差异分析

性别差异分析显示，在移动社交网络使用动机的娱乐消遣和自我展示2个因子上存在显著差异，男生比女生更偏好使用移动社交网络来进行娱乐消遣，女生比男生更偏好使用移动社交网络进行自我展示（见表4-11）。

表4-11　青少年移动社交网络使用动机性别差异分析

变量		信息获取	关系维持	避免焦虑	娱乐消遣	情感支持	自我展示	总问卷
性别	男	3.216±0.769	3.131±0.787	2.791±0.861	3.209±0.921	2.943±0.932	2.777±0.941	2.962±0.621
	女	3.203±0.724	3.103±0.800	2.775±0.823	3.008±0.881	2.905±0.926	2.876±0.890	2.927±0.577
t		0.373	0.742	0.937	4.804	0.888	−2.377	1.246
p		0.709	0.458	0.389	0.000	0.374	0.020	0.213

三、讨论与分析

青少年移动社交网络使用成为青少年社会交往的重要组成部分。本研究通过文献资料分析、专家访谈与咨询、开放式问卷和借鉴相关问卷的方式，构建了包括便捷高效、信息获取、关系维持、避免焦虑、娱乐消遣、情感支持和自我展示7个因子的问卷理论构想。但结果分析只构建出6个因子，其中便捷高效和信息需要可能由于题目辨识度不高，8个题目共同归属于1个因子，因而重新命名为“信息获取”。在项目分析中，有2个题目因没有达到指标而被删除。在探索性因素分析中，按照筛选原则，仍有2个题目没有达到要求，对剩余26个题目再次进行探索性因素分析，共拟合出6个因子，可解释问卷总变异的59.779%，各个题目的因子负荷、共同度等指标也较为理想。为检验探索性因素分析拟合的结构是否稳定，以探索性因素分析所得题项与各因子之间的归属关系建构理论模型。在一阶验证性因素分析中，构建了原理论构想的七维度模型和经探索性因素分析得到的六维度模型，一阶验证性因素分析表明六维度模型的拟合指标优于七维度模型。在二阶验证性因素分析中，构建各题目、6个一阶因子和1个二阶因子之间的关系，结果分析表明各项拟合指标均较好，这说明问卷的整体结构较为稳定。通过内部一致性信度系数和分半信度的检验，信度系数也均达到统计要求。效度检验主要包括两个方面：一是结构效度检验，二是效标效度检验。在结构效度检验中，结构效度有两个考量指标：因素分析结果和各因子之间的相关以及各因子与总问卷之间的相关。通过因素分析构建了包含6个因子的问卷结构，相关分析显示各因子之间呈中等强度显著相关，各因子与总问卷间呈高强度显著相关，这些都表明问卷具有较好的、稳定的结构效度。在效标效度检验中，以手机移动网络过度使用为效标，结果显示问卷的6个因子和总问卷与移动网络过度使用之间存在显著的正相关。青少年手机移动社交网络使用动机越强，手机移动网络过度使用的倾向就越大，这表明问卷具有较好的效标效度。

通过对正式问卷的初步分析，青少年移动社交网络使用的目的依次为信息获取、关系维持、娱乐消遣、情感支持、自我展示、避免焦虑，其中居于前两位的动机是信息获取和关系维持，这与以往研究结果是一致的（黄浩铭，2012）。以往研究也发现，青少年使用社交网络的主要目的就是通过这个虚拟平台巩固和加强现有的人际关系，这既包括线上人际关系也包括线下人际关系（刘勤学，陈武，周宗奎，2015）。而青少年在社交网络中对信息的需要可包括两个方面：一是主动获取，如有目的地检索自己所需信息；二是被动获取，如不得不被动浏览朋友圈中发布的与自己关联性很小的大量信息，这就使得青少年每天都接受大量的网络信息。那么，研究结果显示，其他因子的均值也都较高，这说明娱乐消遣、情感支持、自我展示和避免焦虑都是青少年使用移动社交网络的主要动机。研究也揭示了娱乐消遣和自我展示这2个因子上的性别差异。在移动社交网络使用中，男生比女生更偏好娱乐消遣方面的服务，如听音乐、看视频、玩游戏，而女生更偏好自我展示方面的服务，如上传与自己有关的照片视频、分享自己的经历、发表自己的观点等。这表明尽管青少年对移动社交网络使用普遍有较强动机，但仍存在性别差异。

本研究编制的问卷与以往相关工具相比，较为明显的特征是在涵盖的范围方面更加全面，将能够对青少年移动社交网络使用产生影响的大部分因素都考虑在内。本研究主要考虑了内源性因素和外源性因素，如避免焦虑、情感支持和自我展示属于内源性因素，信息获取、关系维持和娱乐消遣属于外源性因素。这样的考虑既包含了受个体自身因素驱使产生的行为，也包含了受外部因素驱使产生的行为，保证了问卷的结构效度。不过，研究存在的问题是在被试的选取上容易出现偏差。本研究在被试的选取上并没有多次选取被试，仅将一次测量的大样本分为两部分进行问卷分析，这样做难免会出现样本偏差。总体来看，问卷的各项指标达到了相应要求，对青少年移动社交网络的使用动机能够进行较好的测量，能够对今后的相关研究提供一个信效度较高的研究工具。

第三节　青少年移动社交网络使用偏好

青少年普遍存在对移动社交网络使用的偏好，他们使用移动社交网络有着深层次的社会心理动机。那么，青少年移动社交网络使用偏好包括哪些方面，受到什么因素的影响？为揭示青少年移动社交网络使用偏好的影响因素，编制了青少年移动社交网络使用偏好影响因素问卷，并对青少年移动社交网络使用偏好影响因素进行了初步分析，结果能为促进社会对青少年移动社交网络使用偏好的理解以及改善移动社交网络社交平台提供参考。

从新技术发展的角度来看，移动社交网络给社会发展和个体的心理行为发展都带来诸多益处。例如，通过移动社交网络，青少年可以维系和发展现实社会中的社会关系，也可以拓展线上社会关系，从而获得更多的社会资本（McCord，Rodebaugh，& Levinson，2014）。除此之外，合理的移动社交网络使用还有利于提高个体的自尊水平、提升幸福感、减少焦虑和抑郁心理（Meena，Mittal，& Solanki，2012），对青少年社会交往技能的发展和满足高层次社会交往需要也有益处。然而，现有研究也发现不恰当的移动社交网络使用会给青少年的身心发展带来严重的消极后果。例如，有研究发现，长期、过度使用移动社交网络不但不会提升自尊水平和幸福感、降低焦虑等，相反会降低个体的自尊水平和幸福感，提高社交焦虑、孤独和抑郁水平（Bonetti，Campbell，& Gilmore，2010）。也有研究认为，线上社会比较会使青少年产生消极的自我评价。Chou 和 Edge（2012）经研究发现，很多经常使用社交网络进行自我展示和社交维持的青少年，会认为社交网络中的朋友比自己幸福。也有研究发现，频繁和长时间使用移动社交网络，还会使青少年对社交网络产生严重依赖，甚至产生手机移动社交网络成瘾。Müller 等人（2016）的研究显示，社交网络使用的时间、频率和强度均与网络成瘾呈显著正相关，长期、过度使用移动社交网络存在潜在的移动社交网络成瘾风险。除此之外，过度的社交网络使用不但延长了青少年暴露在社交网络下的时间，增加了社交网络使用的耐受性，影响睡眠质量，还会严重影响青少年自身的免疫系统，使“熄灯社交”或“睡眠社交”成为青少年的“睡眠杀手”（Xanidis & Brignell，2016）。由此可见，移动社交网络使用对个体身心发展既有积极作用也有消极影响。那么，对青少年移动社交网络使用偏好的影响因素进行探讨，揭示青少年移动社交网络使用偏好的影响因素，对有效引导青少年合理使用移动社交网络、平衡虚拟社交与现实社交的关系等都有积极作用。

通过查阅文献，发现相关研究主要从心理学视角、社会学视角、传播学视角等对该问题进行探讨。其中，心理学侧重从微观视角探讨移动社交网络使用的机制和成因，社会学侧重从宏观视角探讨移动社交网络使用的社会发生机制和成因，传播学侧重从移动社交网络使用行为的典型特征探讨信息的传播机制。我们认为，从心理学微观视角对该问题进行严谨的实证研究，将为后续研究提供可靠、有效的实证支持。本研究通过对相关文献的分析建构青少年移动社交网络使用偏好影响因素的理论构想。从国外相关研究来看，Jung 等（2007）认为青少年使用社交网络的主要目的是娱乐、信息获取、社会交互、自我表现、打发时间、职业提升和从众等；Brandtzeg 和 Heim（2009）认为青少年使用社交网络的主要目的是信息获取、娱乐休闲、社交互动和个人空间冲浪；Kim 等从寻找朋友、社会支持、信息获取、娱乐和便利性五个方面探讨了青少年社交网络的使用动机。从国内研究来看，巢乃鹏（2012）认为青少年社交网络使用的社会动机主要包括归属需要和担心拒绝两方面；林永峰等人（2014）认为青少年社交网络使用动机主要包括情感获取和信息获取两方面；宋姜等（2014）认为，青少年社交网络使用偏好受到对面交流的擅长程度、网络社交的普及程度、网络社交涉入深度和线下社交的满意程度四个方面的影响。

通过分析，本研究参考了上述理论结构，并对宋姜等人的理论结构进行修改，认为青少年移动社交网络使用偏好的影响因素既有来自青少年内部和外部的因素，也有来自现实和网络的因素。具体来说，青少年移动社交网络使用偏好主要受个体内部与外部、现实与网络因素的影响，按照这两个属性可归纳出四个因子——现实社交效能感、现实社交满意度、移动社交网络卷入度和移动社交网络普及度，可将这四个因子分布到四个象限中。现实社交效能感主要指青少年相信自己与他人能否有效沟通能力的信心，受到自我心理与现实社交能力的影响；现实社交满意度主要指个体在现实中与他人面对面交流的后果对自己来说是否感到满意，受到外部社交环境与现实社交能力的影响；移动社交网络卷入度主要指青少年使用移动社交网络的程度，这既受到个体自我控制等心理条件的影响，也受到外部移动社交网络本身对个体的吸引力的影响；移动社交网络普及度主要指青少年周围朋友和亲戚使用移动社交网络进行交流的数量、范围等，青少年对移动社交网络普及度的感知受到周围网络环境的影响，也受到周围朋友使用压力的影响。本研究希望通过对问卷的修订和分析来证实这四个因子，并对青少年移动社交网络使用偏好的影响因素进行初步分析，揭示青少年移动社交网络使用偏好影响因素的基本特征（见图 4-6）。

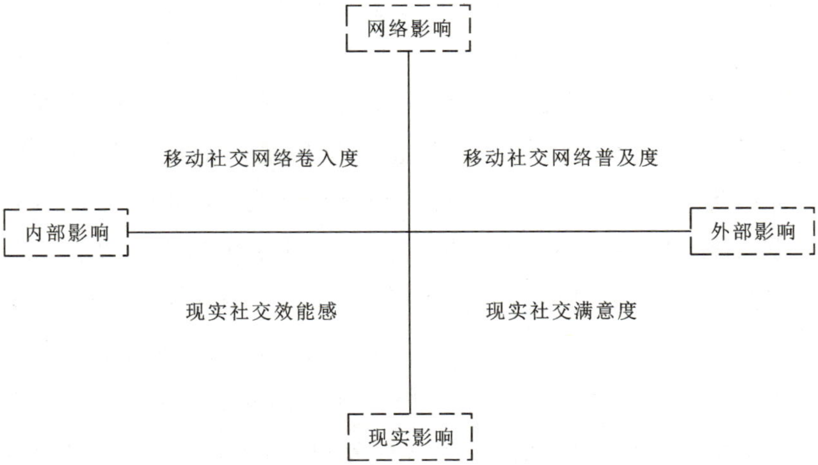

图 4-6　青少年移动社交网络使用偏好影响因素理论构想

一、对象与方法

（一）研究对象

第二次数据采集样本：采用随机抽样的方法，从 5 个省区 11 所中学和高校选取 2300 名学生参与研究，样本包含了 23 个少数民族。研究共回收有效问卷 2056 份，问卷有效率 89.39%。具体来看，男生 688 人（占 33.46%），女生 1368 人（占 66.54%）；高中生 830 人（高一 322 人（15.66%）、高二 434 人（21.11%）、高三 74 人（3.60%）），初中生 594 人（初一 98 人（4.77%）、初二 164 人（7.98%）、初三 332 人（16.15%）），大学生 632 人（大一 254 人（12.35%）、大二 212 人（10.31%）、大三 166 人（8.07%））；城市生源地 1108 人（53.89%），农牧区生源地 948 人（46.11%）；汉族学生 1276 人（62.06%），蒙古族学生 592 人（28.79%）、其他少数民族学生 188 人（9.14%）；大学生样本中，文科生 418 人（20.33%），理科生 214 人（10.41%）。

（二）研究工具

研究使用修订的青少年移动社交网络使用偏好影响因素问卷。问卷的原始题目一部分来自宋姜等人通过在线调查方式编制的网络社交偏好问卷，该问卷包括面对面交流的擅长程度、网络社交的普及程度、网络社交涉入深度和线下社交的满意程度四个因子和17个题目。该问卷所涉及的题目主要是传统基于电脑的社交网络，题目的内容与本研究的内容也不完全符合，本研究在借鉴该问卷的框架基础上，对题目进行了修订，对某些表述不一致的题目进行了删除与修改。除此之外，本研究还借鉴了巢乃鹏（2012）编制的青年人社交网站使用动机问卷、姜永志等（2013）编制的手机移动网络过度使用问卷、Al-Menayes（2015）编制的社交媒体使用成瘾量表（SMAS）和Merlo等（2013）编制的问题性手机使用量表（PUMP）的相关题目。修订后的初始问卷包括4个因子和17个题目，经统计分析处理之后，正式问卷包括移动社交网络普及度、现实社交满意度、移动社交卷入度、现实社交效能感4个因子和16个题目，问卷采用李克特五点计分方式，1～5分别代表完全不符合至完全符合。

二、研究结果

（一）项目分析

按照统计学的最高上限27%和最低下限27%原则，将被试按照总分高低分为高分组和低分组，对这两组被试得分在高低分组上进行t检验，若t检验不显著则予以剔除，同时计算每个项目与总分之间的相关，将项目鉴别指数较低（$r<0.3$）的题项剔除。结果表明，17个题目在高低分组之间存在显著差异（$t=14.257\sim26.642$，$p<0.001$），相关分析显示17个题目与总分之间均显著相关（$r=0.203\sim0.605$，$p<0.01$），这17个题目可以保留并做进一步的因素分析检验。

（二）探索性因素分析

对17个题目进行探索性因子分析，并结合以下标准对项目进行筛选：① 因子负荷小于0.40（$a<0.40$）；② 共同度小于0.30（$h^2<0.30$）；③ 题项在多个因子上存在交叉负荷（$a>0.40$）；④ 题项归属明显不恰当。分析结果显示，KMO检验值为0.793，Bartlett球形检验值为 11190.972，$p<0.01$，Bartlett 球形检验值达到显著水平，可进一步进行因素分析。用主成分分析法和方差极大正交旋转求出最终的因子负荷矩阵，结合陡阶检验准则提取因子，抽取特征根大于 1 的因子 4 个，解释总变异的 58.298%。按照上述原则进行逐步删题，结果发现：17 个题目的因子负荷均大于 0.40，共同度均大于 0.30，没有题目在多个因子上存在交叉负荷。但原题目 17 在理论构想中应归为因子 3，探索性因素分析转轴后的因子载荷矩阵却被归到因子 1 中，与理论假设不符，考虑将题目 17 删除。

根据分析结果和原理论构想，问卷剩余 16 个有效题目，分别归属到 4 个因子中。根据理论构想分别命名：因子 S_1 包括 6 个题目，主要涉及青少年手机移动社交网络使用的卷入度，命名为“移动社交网络卷入度”；因子 S_2 包括 4 个题目，主要涉及青少年在现实面对面社交中能否与有能力他人顺利沟通交流的信念，命名为“现实社交效能感”；因子 S_3 包括 3 个题目，主要涉及在现实面对面社交中青少年能否感知到积极情绪体验，命名为“现实社交满意度”；因子 S_4 包括 3 个题目，主要涉及青少年周围朋友和亲人使用手机移动社交网络的人数、范围和广度，命名为“移动社交网络普及度”。初步分析后的量表包括 4 个因子，分别是移动社交网络卷入度、现实社交效能感、现实社交满意度、移动社交网络普及度，这与理论构想完全符合（见表 4-12）。

表 4-12 移动社交网络使用偏好影响因素问卷探索性因素分析表

题项	因子负荷				共同度
	S_1	S_2	S_3	S_4	
V_9	0.728				0.537
V_{10}	0.727				0.530
V_{11}	0.718				0.535
V_8	0.648				0.456
V_{13}	0.594				0.412
V_{12}	0.585				0.461
V_1		0.823			0.696

续表

题项	因子负荷				共同度
	S_1	S_2	S_3	S_4	
V_3		0.813			0.691
V_2		0.811			0.701
V_4		0.681			0.541
V_{15}			0.856		0.744
V_{16}			0.821		0.706
V_{14}			0.724		0.555
V_6				0.813	0.675
V_5				0.797	0.652
V_7				0.776	0.619
特征值	4.174	2.740	1.664	1.333	
贡献率/（%）	24.550	16.118	9.786	7.843	58.298

（三）验证性因素分析

在理论构想中，问卷构建了 4 个因子的模型，在探索性因素分析中也拟合出 4 个因子，那么验证性分析也将建立四维度模型进行分析。验证性因素分析发现假设模型的各项拟合指标均较好：$\chi^2/df=3.641$，RMI＝0.069，AGFI＝0.996，NFI＝0.972，CFI＝0.980，RMSEA＝0.078。这表明该问卷的结构相对比较稳定（见图 4-7）。

（四）信效度分析

以内部一致性信度系数和分半信度作为信度的考核指标，分析结果显示，总问卷的内部一致性信度系数为 0.737，分半信度系数为 0.516，各因子间的内部一致性信度系数在 0.735～0.828 之间，分半信度系数在0.593～0.758 之间（见表 4-13）。总体来看，问卷的信度指标达到了基本要求。

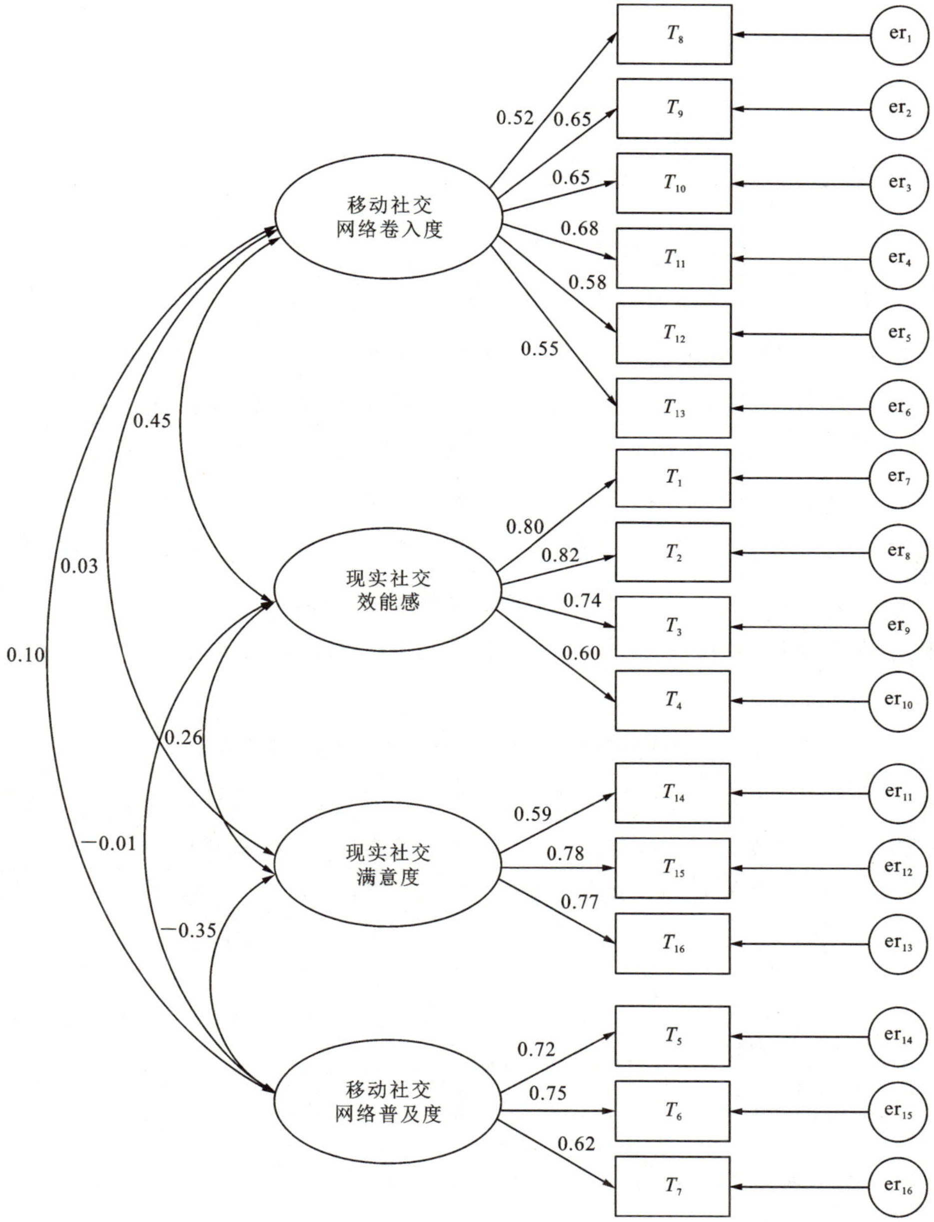

图 4-7 移动社交网络使用偏好影响因素问卷结构拟合模型

表 4-13 移动社交网络使用偏好影响因素问卷信度分析

信度	总问卷	移动社交网络卷入度	现实社交效能感	现实社交满意度	移动社交网络普及度
Cronbach's α	0.737	0.775	0.828	0.750	0.735
分半信度	0.516	0.709	0.758	0.694	0.593

研究的效度主要考量两个指标：一是结构效度，二是效标效度。探索性因素分析和验证性因素分析结果显示，问卷包括移动社交网络卷入度、现实社交效能感、现实社交满意度和移动社交网络普及度四个因子，这表明问卷具有较好的结构效度。问卷以手机移动互联网过度使用为效标，相关分析结果显示，青少年移动社交网络使用偏好影响因素问卷及各因子与手机移动网络过度使用问卷及各因子间存在显著相关，移动社交网络卷入度越深、移动社交网络普及度越大，青少年更易产生手机移动互联网过度使用行为，现实社交效能感和现实社交满意度越低，青少年也更易产生手机移动互联网过度使用行为，这表明该问卷具有较好的效标效度（见表 4-14）。

表 4-14 移动社交网络使用偏好影响因素与手机移动网络过度使用相关分析

因子	戒断症状	心境改变	耐受性提高	行为效率下降	过度使用
移动社交网络卷入度	0.568**	0.429**	0.549**	0.480**	0.632**
现实社交效能感	−0.348**	−0.279**	−0.288**	−0.357**	−0.400**
现实社交满意度	−0.142**	−0.166**	−0.138**	−0.147**	−0.201**
移动社交网络普及度	0.162**	0.162**	0.177**	0.104*	0.122**
移动社交网络使用偏好影响	0.527**	0.530**	0.609**	0.457**	0.591**

（五）移动社交网络使用偏好影响因素的特点分析

1. 青少年移动社交网络使用偏好影响因素的描述性分析

描述性分析显示，青少年在移动社交网络使用影响因素问卷的得分为 2.794，高于 2.5 的均值，表明青少年移动社交网络使用行为受到各因子影响较大。进一步的分析显示，青少年移动社交网络使用偏好影响因素从大到小依次为：移动社交网络普及度＞现实社交满意度＞移动社交网络卷入度＞现实社交效能感，表明青少年移动社交网络使用均受到这四个方面的影响，其中移动社交网络普及度和现实社交满意度影响最大（见表 4-15）。

表 4-15　青少年移动社交网络使用偏好影响因素各因子均值分析

因子	*N*	Mean	SD
移动社交网络卷入度	2056	2.635	0.781
现实社交效能感	2056	2.622	0.914
现实社交满意度	2056	2.779	0.876
移动社交网络普及度	2056	3.689	0.904
移动社交网络使用偏好影响	2056	2.794	0.503

2. 青少年移动社交网络使用影响因素的性别差异分析

差异分析显示，在移动社交网络使用偏好影响因素的 4 个因子中，只有现实社交效能感存在性别差异。在移动社交网络使用上，男生比女生受到现实社交效能感影响更大，表明在现实社交中如果男生没有信心和能力与他人建立良好的社交关系，他们就更偏好使用移动社交网络这种交往方式与人沟通交流（见表 4-16）。

表 4-16　青少年移动社交网络使用偏好影响因素性别差异分析

变量		移动社交网络卷入度	现实社交效能感	现实社交满意度	移动社交网络普及度
性别	男	2.602±0.801	2.785±0.942	2.741±0.907	3.662±0.909
	女	2.651±0.771	2.590±0.899	2.798±0.860	3.701±0.901
t		−1.330	−2.211	−1.401	0.953
p		0.184	0.027	0.161	0.341

3. 青少年移动社交网络使用偏好影响因素的学段差异分析

差异分析显示，在移动社交网络使用偏好影响因素的 4 个因子中，移动社交网络卷入度、现实社交效能感、现实社交满意度和移动社交网络普及度在学段上存在显著的差异。从整体来看，均是大学生得分显著高于中学生，这表明不同学段学生受到不同因素的影响，高年级学生受到各因子的影响更大一些（见表4-17）。

表4-17 青少年移动社交网络使用偏好影响因素的学段差异分析

变量		移动社交网络卷入度	现实社交效能感	现实社交满意度	移动社交网络普及度	总问卷
学段	初中	2.542±0.772	2.562±0.989	2.597±0.920	3.611±0.928	2.688±0.496
	高中	2.543±0.795	2.577±0.939	2.755±0.883	3.730±0.887	3.748±0.512
	大学	2.772±0.717	2.737±0.791	2.983±0.777	3.748±0.898	2.953±0.459
F		43.957	7.386	31.102	3.220	50.553
p		0.000	0.001	0.000	0.040	0.000

三、讨论与分析

（一）青少年移动社交网络使用偏好影响因素问卷的修订

青少年移动社交网络使用偏好影响因素既有来自青少年自身的因素，也有来自外界环境的因素。本研究通过对以往研究的分析和借鉴，对影响青少年移动社交网络使用偏好的影响因素进行分析。通过对宋姜等人理论建构和问卷结构的分析，借鉴相关问卷的结构和题目，针对移动社交网络使用偏好的实际情况，本研究修订了青少年移动社交网络使用偏好影响因素问卷，共获得17个有效题目。按照问卷编制的程序对问卷进行了检验，项目分析中各题目与总问卷的差异均显著、项目鉴别指数均大于0.30，保留17个题目进行探索性因素分析。经探索性因素分析，共拟合出4个因子，分别命名为移动社交网络卷入度、现实社交效能感、现实社交满意度和移动社交网络普及度，这与原理论构想一致。根据探索性因素分析题目筛选原则进行题目删减，发现所有题目都达到了统计学要求。仅有题目17存在与理论构想中的因子归属不一致现象，将该题目删除，保留16个题目进行验证性因素分析。验证性因素分析对青少年移动社交网络使用偏好影响因素的4个因子进行了理论构建和模型检验，结果表明四因子模型的拟合指数较好，问卷的结构相对稳定。进一步的信效度检验表明，问卷的内部一致性信度系数和分半信度也均达到了统计学要求。问卷的效度考量了结构效度和效标效度，结构效度由验证性因素分析所证明，效标效度检验了问卷与手机移动互联网过度使用行为之间的关系，结果也表明二者之间存在显著相关。按照较为严谨的程序对问卷进行了修编和统计分析，结果表明青少年移动社交网络使用偏好主要受到移动社交网络卷入度、现实社交效能感、现实社交满意度和移动社交网络普及度的影响。因此，本研究修订的问卷，是测量青少年移动社交网络使用偏好影响因素的一个有效工具。

（二）青少年移动社交网络使用偏好影响因素的基本现状及特点

通过对青少年移动社交网络使用偏好影响因素的特点的初步分析，4个因子的平均得分都超过均值 2.50 分，表明构建的四因子模型很好地解释了青少年移动社交网络使用偏好。进一步分析也发现，影响青少年移动社交网络使用偏好的影响因素依次为移动社交网络普及度、现实社交满意度、移动社交网络卷入度、现实社交效能感。

移动社交网络普及度成为影响青少年移动社交网络使用偏好的最重要因素。移动社交网络普及度主要是指青少年周围亲戚朋友等使用移动社交网络的数量、范围、广度等。在新媒体时代，移动互联网服务的快速发展，移动社交网络用户数量的急剧上升，人们之间沟通方式的网络化等，使越来越多的人愿意通过这种更加便捷高效的方式与他人交流沟通，每天早晚刷朋友圈、发状态、发评论已经成为年轻人每天必做的事情。周围人使用移动社交网络的数量、范围和广度使得人们不得不使用移动社交网络与人正常交流和沟通，这也使很多青少年在移动网络时代被动接受了这种社交方式。移动社交网络普及度直接对青少年移动社交网络使用偏好产生影响，这是由青少年自身很难抗拒的外部环境决定的。

现实社会交往满意度也是对青少年移动社交网络使用偏好产生影响的重要因素。现实社会交往满意度主要是指青少年是否在现实的社会交往中获得愉快的心理体验和期望的社会心理需要。社会交往需要作为马斯洛需要层次理论中的高级需要，是每个人社会生活中都不可缺少的。以往研究也表明，如果个体在现实社会交往中缺乏有效的沟通交流能力，或者现实社会交往不能满足个体的某些社会心理需要，如获得归属感、获得情感支持、提高自尊水平、避免抑郁和焦虑等，那么他们更倾向于通过社交网络建立虚拟的社会关系，以弥补现实社会交往中的缺失（Bright，Kleiser，Grau，2015）。本研究所得到的结果也验证了以往研究的结论。青少年在现实社会交往中低水平的社交满意度进一步促进了青少年对移动社交网络使用的偏好。

移动社交网络卷入度虽然并没有前两个影响因素那么重要，但它也对青少年移动社交网络产生重要影响。移动社交网络卷入度主要是指青少年自己在使用移动社交网络过程中产生的对移动社交网络的依赖程度、使用时间长短和使用频率等。有研究表明，移动社交网络使用偏好受到使用时间和频率的影响。Lipsman（2011）在一项研究中指出，社交网络使用的时间和频率增加是引发问题性社交网络使用行为的诱因。也有研究表明，移动社交网络使用偏好与手机移动网络过度使用行为间存在密切关系（姜永志，白晓丽，2015），本研究的效标效度结果也证实了这一结论。我们认为，青少年对移动社交网络使用的高水平卷入程度，以及感知到的使用愉快体验，会使青少年更偏好通过这种社交方式与人交流沟通。

现实社交效能感尽管在这四个因素中排在最后一位，但仍不能忽视它对青少年移动社交网络使用偏好的影响。现实社交效能感主要是指青少年在现实社会交往中，对自己能否与他人建立良好社会关系的能力和信心的主观态度。现实社交效能感主要受到个体对自己的能力的主观估计，如果认为自己有能力与他人建立良好的现实社会关系，青少年就更倾向于现实社会交往方式；如果认为自己没有能力与他人建立良好的现实社会关系，青少年就更倾向于寻求移动社交网络的帮助，才能获得社会交往的需要。我们认为，现实社交效能感作为个体的一种主观态度，其水平高低将进一步影响青少年对移动社交网络的使用偏好。

（三）青少年移动社交网络使用偏好影响因素的性别和年龄特点

研究结果也揭示了现实社交效能存在性别差异，男生比女生更易受到现实社交效能感的影响。这表明当男生和女生同样对自己的社交能力没有信心时，男生更偏好使用移动社交网络。使用移动社交网络除了最基本的关系维持目的外，信息获取、避免焦虑、娱乐消遣、情感支持和自我展示等也是青少年使用移动社交网络的主要动机。那么，在本课题的另一项关于青少年移动社交网络使用动机的研究中，我们发现男生更偏好通过移动社交网络来进行娱乐消遣，如听音乐、看视频、玩游戏等，而女生更偏好自我展示方面的服务，如上传与自己有关的照片视频、分享自己的经历、发表自己的观点等。上述研究结果尽管表明低现实社交效能感对男生产生重要影响，但现实社交效能感对女生产生的影响也不能忽视，移动社交网络通过提供的多种服务，满足着青少年多方面的心理需求，他们仅是对移动社交网络提供的服务存在选择性偏好。

由于研究对象涉及初中三个年级、高中三个年级和大学三个年级，我们将各个年级归为三个学段来比较三者的差异，而学段的区分事实上也是对年龄的区分，那么学段的差异分析也就可以看作是不同年龄之间的差异比较。研究结果显示，移动社交网络卷入度、现实社交效能感、现实社交满意度和移动社交网络普及度在学段上均存在显著差异，大学生受到问卷4个因子的影响更大。这表明，随着年龄的增长，移动社交网络使用偏好受到移动社交网络卷入度、现实社交效能感、现实社交满意度和移动社交网络普及度的影响越大。对于移动社交卷入度来说，大学生由于较少受到移动社交网络使用限制，他们的卷入度相对也更深。对于现实社交效能感来说，大学生的社会交往关系更为复杂，他们面临的社交问题也越多，对大学生社交能力提出了更高要求。对于现实社交满意度来说，能否从现实社交获得社会心理需要，满足自己对高层次心理的需求，这对即将步入社会的大学生来说更重要；对于高中生来说，他们正处于自我同一性发展时期，他们也渴望通过积极人际关系的建立，发展和完善自我同一性。因此，对于高年级学生来说，能否获得现实社交满意度将影响他们选择现实或移动网络社交的方式。对于移动社交网络普及度来说，大学生使用移动社交网络很少受到限制，他们所接触到这个年龄阶段的朋友、同学和老师几乎都在使用，而中学生尽管也在使用移动社交网络，但他们在学校使用智能手机是受到严格限制的，这也就使移动社交网络成为大学生的主要社交方式之一。

移动社交网络使用已经成为对青少年影响最大的新兴媒体，青少年通过移动社交网络不但可以维持和发展社会关系，而且具有即时信息获取、娱乐消遣、情感支持和自我展示等功能，这使移动社交网络逐渐成为最受欢迎的网络系媒体。同时移动社交网络对现实社会生活的渗透也逐渐扩大，已经嵌入到青少年生活和学习的方方面面。为了更好地揭示为什么青少年偏好移动社交网络使用，本研究通过修订，编制了青少年移动社交网络使用偏好影响因素问卷，问卷共包括移动社交网络普及度、现实社交满意度、移动社交卷入度、现实社交效能感 4 个因子。从问卷的结构、信度、效度等指标来看，青少年移动社交网络使用偏好影响因素问卷是一个有效的测量工具，通过对青少年移动社交网络使用特点的初步分析来看，问卷能够在上述四个主要方面揭示青少年移动社交网络使用偏好的影响因素。本研究修编的问卷虽然各项指标均较为理想，也能对问题开展有效研究，不过研究存在的问题是在被试的选取方面容易出现偏差。本研究在被试选取上并没有多次选取被试，仅将一次测量的大样本进行问卷分析之用，这样做难免会出现样本偏差。总体来看，问卷的各项指标达到了相应要求，对青少年移动社交网络使用偏好的影响因素能够进行较好的测量，能够为今后的相关研究提供一个信效度较高的研究工具。

第四节　青少年移动社交网络使用行为特征

移动社交网络是基于移动终端建构的社交网络平台。通过移动社交网络，青少年可以进行上传照片、发表状态、分享经历、与人聊天、共享信息、自我展示等活动。移动社交网络已经嵌入到青少年学习、生活的各个方面，对青少年的心理与行为发展产生越来越大的影响。研究通过对文献的整理分析并结合本研究的目的，构建了包括青少年移动社交网络使用基本特征、移动社交网络好友数量与熟悉度特征、移动社交网络择友特征、移动社交网络行为特征，以及移动社交网络使用感受与态度特征五个方面内容的研究框架。通过调查研究和分析，对青少年移动社交网络使用行为特征进行了较为系统的研究，为引导青少年合理使用移动社交网络提供实证支持。

社交网络是一个基于 Web2.0，由个体或组织以及他们之间的关系所组成的社会网络结构。社交网络通过邮件、即时通信、视频音频等方式与他人建立联系、分享经验，已经成为互联网时代连接人与人之间关系的新桥梁（Boyd & Ellison）。有研究者（冯锐，李亚娇，2014）指出，社交网络是依据“六度分割理论”构建的以个人为中心，通过“朋友的朋友是朋友”的关系建立的一种在线社交网络。这种社交网络具有“圈子”的特点，这种“圈子”类似于费孝通（2012）所说的“差序格局”。社交网络允许圈子里的人参与到网络社交互动中。随着社交网络技术的快速发展，人们的交往方式逐渐从现实向网络转移，越来越多的人希望通过社交网络与他人建立联系。社交网络越来越成为青年人交流的新平台，通过社交网络，个体可以进行上传照片、发表状态、分享经历、与人聊天、共享信息、自我展示等活动，此平台极大地满足了青年人的心理需求。西方研究者（Kim，Seo，& David，2015）对社交网络风靡的程度进行研究，认为社交网络的使用强度和频率已经超出了满足正常心理需求的水平。有研究者（Koc & Gulyagci，2013）考察了青少年社交网络使用与网络成瘾的关系，发现社交网络使用频率和强度与网络成瘾行为显著相关，推测社交网络使用的频率和强度过大，可能导致一种类似于网络成瘾的新行为成瘾，或者称“问题性社交网络使用”。随着智能手机的普及和互联网技术的发展，移动社交网络在整个社交中所占的比例越来越大。尤其对于青少年而言，他们更偏好使用手机端移动社交网络进行交流，这使青少年群体更易形成问题性社交网络使用行为。

从现有研究来看，移动社交网络使用对青少年的心理与行为发展存在积极和消极影响。从积极影响来看，移动社交网络使用有利于青少年社会关系建立、维持和心理健康发展。移动社交网络作为一种开放的自我展示和交流平台，它的广泛使用改变了传统面对面交流的社交模式，使青少年高层次的社交需要得到满足。移动社交网络作为一种连接人与人之间社会关系的弱连接，能起到弥补现实社交关系维持的作用。有研究者指出，移动社交网络的使用可以促进群体认同，以及群体成员关系的维持，尤其是对那些较为特殊的群体，移动社交网络的联结作用将更为明显（Zhao，Grasmuck，& Martin，2008）。也有研究发现，在移动社交网络中，青少年不但可以建立新的线上社交关系，维护和巩固已有的线上社交关系，还可以加深线下社会交往（Ellison，Steinfield，& Lampe，2007）。除此之外，青少年使用移动社交网络的益处，还不仅仅是建立和发展线上线下社交关系，更为重要的是移动社交网络满足了青少年个性化的心理需求，对青少年的心理健康发展和社会化进程同样具有积极意义。可见，移动社交网络已经根植到青少年生活的社会结构中，对青少年的自我建构、心理健康和社会化都具有积极影响。

从消极方面来看，移动社交网络的过度使用会对青少年的心理与行为产生三个方面的影响。一是社会比较导致移动社交网络使用者产生消极自我评价。在社交网络中，青少年的个人信息、资料和行为活动等都是可见的，这使同一个圈子中的朋友可以相互看到对方的即时行为活动和行为表现，使在线的社会比较成为社交网络中的一种普遍现象。有研究显示，移动社交网络中的社会比较与现实中的社会比较相似，对于青少年来说可能是有害的，尤其是当青少年出现问题性移动社交网络使用时，这种社会比较导致的消极影响会更明显（Lee，2014）。在移动社交网络中，青少年倾向于展示自我好的一面，甚至使用虚假自我呈现来得到他人的关注，以获得积极的心理体验。事实上，青少年在社交网络中看到的都是他人好的一面，这与自己在社交网络中只呈现有利于自己的信息一样，这种与他人最好一面的社会比较常会给青少年带来“我不如他”的自卑心理。二是移动社交网络的过度使用成为潜在行为成瘾的预测指标。由于移动社交网络过度使用导致的消极心理与网络成瘾行为很相似，有人对移动社交网络的过度使用与网络成瘾的关系进行研究，发现移动社交网络的过度使用可能是进一步导致网络成瘾行为的风险性因素，青少年移动社交网络的过度使用可能会演化成具有临床意义的成瘾行为。这一结论得到了德国研究者的支持，研究以 9173 名青少年为研究对象，结果发现移动社交网络的过度使用，以及移动社交网络使用的时间、频率和强度均与网络成瘾呈显著正相关，支持了移动社交网络的过度使用可能会发展成为一种新型网络成瘾的结论（Müller，Dreier，Beutel，Duven，Giralt，& Wölfling，2016）。三是移动社交网络的过度使用导致睡眠质量下降。有研究发现，那些报告有社交网络过度使用倾向的青少年，其睡眠质量要比那些未报告有移动社交网络过度使用倾向的大学生差，而且移动社交网络过度使用使大学生形成了晚睡晚起的不规律生活习惯，对青少年正常的身体发育产生消极影响。这一结论也得到了一项跨文化研究的支持，该研究以不同国家的 324 名大学生为研究对象，对移动社交网络使用与睡眠质量的关系进行研究，结果发现不同国家的大学生在持续使用移动社交网络之后，均出现了睡眠质量明显下降。被试同时也报告了白天会出现更多的疲乏和困倦，以及由睡眠质量下降导致更多的认知失败（Xanidis & Brignell，2016）。可见，移动社交网络的过度使用延长了使用时间，增加了社交网络使用的耐受性，使得这种“熄灯社交”或“睡眠社交”成为青少年的“睡眠杀手”。

移动社交网络已经嵌入青少年现实生活的方方面面，对青少年的心理与行为发展具有深远影响，但是对青少年移动社交网络使用行为的特征研究仍较少。本研究通过对大量文献的整理和分析并结合研究目的，构建青少年移动社交网络使用行为特征分析研究构架。研究构架包括青少年移动社交网络使用基本特征、移动社交网络好友数量与熟悉度特征、移动社交网络择友特征、移动社交网络行为特征，以及移动社交网络使用感受与态度特征五个方面的内容（见图 4-8）。

一是移动社交网络使用基本特征，包括常用媒体和功能、使用时间和强度两个方面，共设置 6 个问题。移动社交网络常用媒体和功能反映了青少年移动社交网络媒体使用偏好的特点，移动社交网使用时间和强度反映了青少年对手机移动社交网络使用的依赖程度，是问题性移动社交网络使用行为的重要衡量指标。二是移动社交网络好友数量与熟悉度特征，包括好友数量和好友熟悉度两个方面，共设置 4 个问题。青少年移动社交好友的数量反映了青少年移动社交的规模和范围，青少年移动社交好友的熟悉

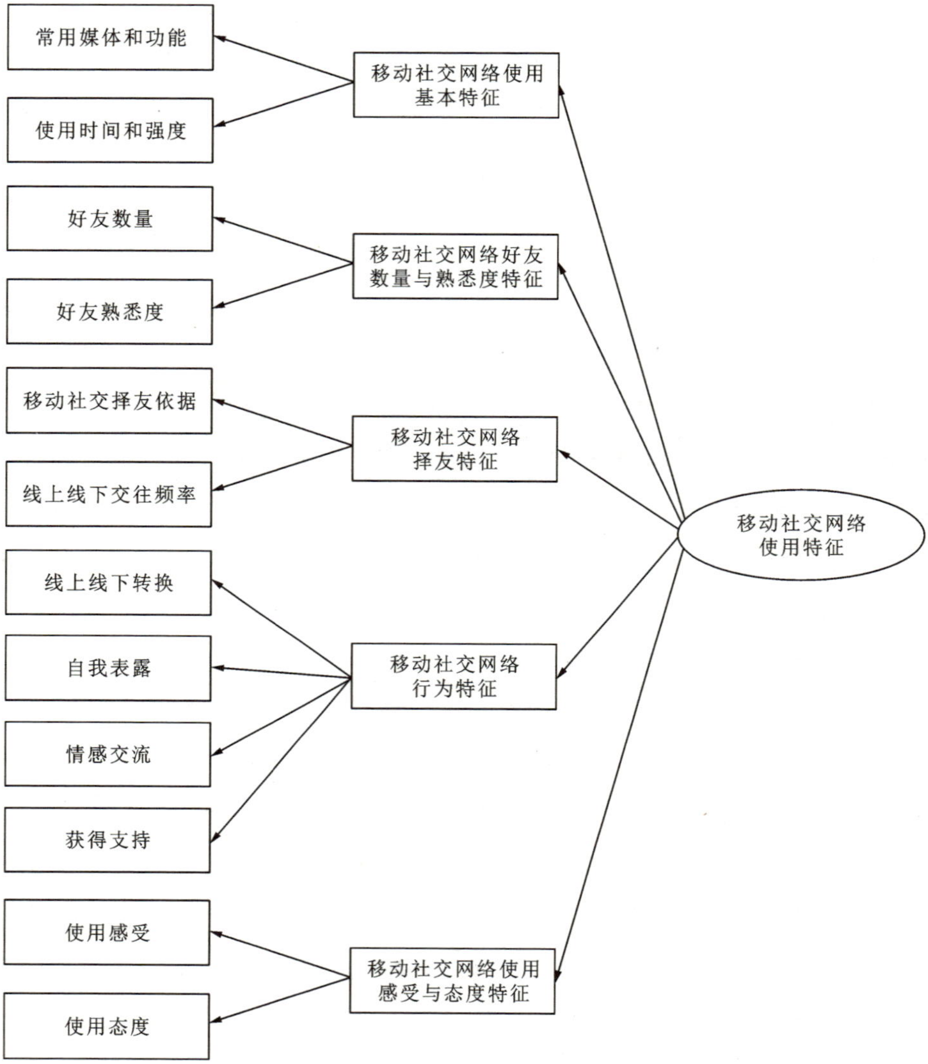

图 4-8　青少年移动社交网络使用行为特征研究理论建构

度反映了青少年移动社交好友之间联结的强度。三是移动社交网络择友特征，包括移动社交择友依据和线上线下交往频率两个方面，共设置 5 个问题。青少年移动社交网络择友依据反映了青少年在虚拟移动社交网络中结识朋友所看重的属性，线上线下交往频率则反映了青少年在使用移动社交网络前后与老朋友之间联系的密切程度和变化。四是移动社交网络行为特征，包括线上线下转换、自我表露、情感交流、获得支持四个方面，共设置10个问题。青少年移动社交的线上线下转换反映了移动社交与现实社交的相互转化问题，自我表露反映了青少年在移动社交网络中对真实自我的表达，情感交流反映了青少年使用移动社交网络与网友进行情感沟通的水平，获得支持反映了青少年使用移动社交网络的求助行为。五是移动社交网络使用感受与态度特征，包括使用感受与使用态度两个方面，共设置9个问题。青少年对移动社交网络的使用感受，反映了青少年移动社交网络使用过程中带来的主观体验，青少年对移动社交网络的使用态度，反映了青少年对移动社交网络使用所带来影响的主观判断，以及青少年对移动社交网络使用持有的基本看法。

一、对象与方法

（一）研究对象

第二次数据采集样本：采用随机抽样的方法，从5个省区11所中学和高校选取2300名学生参与研究，样本包含了23个少数民族。研究共回收有效问卷2056份，问卷有效率89.39%。具体来看，男生688人（占33.46%）、女生1368人（占66.54%）；高中生830人（高一322人（15.66%）、高二434人（21.11%）、高三74人（3.60%）），初中生594人（初一98人（4.77%）、初二164人（7.98%）、初三332人（16.15%）），大学生632人（大一254人（12.35%）、大二212人（10.31%）、大三166人（8.07%））；城市生源地1108人（53.89%），农牧区生源地948人（46.11%）；汉族学生1276人（62.06%），蒙古族学生592人（28.79%），其他少数民族学生188人（9.14%）；大学生样本中，文科生418人（20.33%），理科生214人（10.41%）。

（二）研究工具

在问卷编制过程中借鉴了杨咏等的相关研究成果，同时借鉴了Lin等（2014）编制的智能手机成瘾量表（Smartphone Addiction Inventory）、Merlo等（2014）编制的问题性手机使用量表（Problematic Use of Mobile Phones）、Guzeller和Cosguner（2012）编制的青少年问题性手机使用问卷（Problematic Mobile Phone Use Scale for Adolescents）、Al-Menayes（2015）编制的社交媒体使用成瘾量表（Social Media Addiction Scale）的相关题项。在充分比较和筛查之后，根据以往研究的问卷结构和本研究的目的，编制了包含 34 个题项的青少年手机移动社交网络使用特征调查问卷。问卷包括移动社交网络使用基本特征、移动社交网络好友数量与熟悉度特征、移动社交网络择友特征、移动社交网络行为特征和移动社交网络使用感受与态度特征 5 个结构维度和 12 个子维度（见表 4-18）。

表 4-18　移动社交网络使用特征调查问卷结构维度题项细目

问卷结构维度	问卷子维度	问 卷 题 项
一、移动社交网络使用基本特征	常用媒体和功能	1. 您目前主要使用哪些手机移动社交媒体 2. 您经常使用手机移动社交媒体的哪些功能
	使用时间和强度	3. 您使用手机移动社交网络有几年时间 4. 您每天有多长时间用于手机移动社交网络（如 QQ/微信） 5. 您认为使用手机移动社交网络的时间每天控制至多久较合理 6. 您是否认为您对手机移动社交网络已经产生了一定的依赖
二、移动社交网络好友数量与熟悉度特征	好友数量	7. 您的手机社交网络中，最常与您保持联系的好友人数是
	好友熟悉度	8. 在手机社交网络中，与您交往的人你都熟悉吗 9. 您目前的手机社交网友中，原本在现实生活中已经认识的朋友约占总数的 10. 您在手机社交中有几个值得信任的朋友
三、移动社交网络择友特征	移动社交择友依据	11. 您在手机移动社交网络中，选择新朋友最重要的依据是 12. 在手机移动社交网络中，您是否信任熟人推荐的网友

续表

问卷结构维度	问卷子维度	问 卷 题 项
三、移动社交网络择友特征	线上线下交往频率	13. 您在手机移动社交网络中与朋友保持联系的频率是 14. 使用手机移动社交网络后，与从前朋友联系次数有无变化 15. 使用手机移动社交网络后，与从前朋友联系时间有无变化
四、移动社交网络行为特征	线上线下转换	16. 您是否向陌生手机社交网友发出过见面的邀请（如微信邀请） 17. 您是否收到过与手机移动社交网友见面的邀请
	自我表露	18. 您经常借助手机移动社交网络表达自己的真实想法或观点吗 19. 人们在使用手机移动社交网络时，会进行自我暴露，您是否认同此观点 20. 您通过手机微信、QQ 等上传自己或朋友照片/视频的频率 21. 您在手机移动社交网络发表内容常涉及真实地点、人或事
	情感交流	22. 当您遇到悲伤或快乐的事情时，会通过社交网络与好友分享 23. 通过与手机移动社交网络好友交流，您希望能得到关心和安慰
	获得支持	24. 通过与手机移动社交网友交流，能得到不少切实有效的帮助 25. 遇到困难时您会向手机移动社交网友求助（微信/QQ）

续表

问卷结构维度	问卷子维度	问 卷 题 项
五、移动社交网络使用感受与态度特征	使用感受	26. 手机移动社交网络能使我更好地表达自己的观点 27. 通过手机移动网络进行的社交比面对面交流令我更放松 28. 通过手机移动社交网络可以较好地维系人际关系
	使用态度	29. 您认为手机移动社交网络使用给您带来的最大积极影响是 30. 您认为手机移动社交网络使用给您带来的最大负面影响是 31. 您认为使用手机移动社交网络是利大于弊还是弊大于利 32. 您使用手机移动社交网络最主要的目的是 33. 面对手机移动社交网络中热议的话题，您的态度是 34. 手机移动社交网络中的言论会影响到您对问题的看法吗

二、研究结果

（一）移动社交网络使用基本特征分析

在青少年常用媒体和功能的分析上，研究结果发现，青少年最常使用的移动社交网络分别是手机 QQ、手机 QQ 空间、微信、微博，其中最受青少年欢迎的仍旧是手机 QQ 和手机 QQ 空间。在调查总人数中，有 93.1%的青少年使用手机 QQ、有 69.2%的青少年使用手机 QQ 空间、有 60.2%的青少年使用微信、有 38.3%的青少年使用微博。从结果来看，手机 QQ 仍是青少年移动社交使用最多的媒体，但是研究发现微信用户也占据相当大的比例。微信从 2008 年推出以来，曾一度成为青少年常用的移动社交媒体之一，那么随着微信用户的增多，很有可能替代手机 QQ 成为最受欢迎的移动社交媒体。从青少年对移动社交媒体使用功能来看，青少年常用的移动社交网络功能分别是聊天功能、浏览好友的新鲜事或动态功能、发布个人状态功能、手机网络游戏功能和手机拍照并上传功能。在调查总人数中，有85.2%的青少年使用聊天功能、83.3%的青少年使用浏览好友的新鲜事或动态功能、55.1%的青少年使用发布个人状态功能、有39.1%的青少年使用手机网络游戏功能、有35.8%的青少年使用手机拍照并上传功能。这一研究结果与2012年《中国网民社交网站使用报告》的结果基本一致，报告中显示排在前列的依次是浏览好友的新鲜事或动态、使用聊天功能和好友聊天、发布个人状态、发布日志或者日记、玩游戏和手机拍照并上传。从研究结果来看，即时信息仍然是青少年使用移动社交网络的主要功能，这与传统手机的功能是一样的。但研究结果中也发现关注他人状态和发布个人状态也是青少年常用的功能，这说明青少年渴望获得别人的信息，也希望让别人知道自己的信息，这符合青少年喜欢自我展示的心理特点。移动社交网络的娱乐功能则是与传统手机使用功能的最大区别之一，而移动社交网络的娱乐功能已经逐渐成为青少年喜爱的移动功能。

在青少年移动社交网络使用时间和强度分析上，研究结果发现，青少年移动社交网络使用的年限从高到低依次为大学生、高中生和初中生，这显然与他们的生理年龄有关，但初中生虽然年龄小，使用移动社交网络的平均时间也大于2.5年。在每天使用手机移动社交网络的时间上，研究结果发现，每天使用1小时以内的占39.7%，每天使用1～2小时的占23.4%，每天使用2～3小时的占18.3%，每天使用3～4小时的占7.7%，每天使用4小时以上的占10.9%。这说明大多数青少年使用移动社交网络的时间相对较短，仅有小部分青少年产生了过度使用行为。研究也发现，随着年级的增加，青少年对移动社交网络的使用时间越长，尤其是高三之后有一个迅猛增长的趋势（见图4-9）。大学阶段与中学阶段相比，学习相对轻松、课余时间相对宽裕，这使心理压抑了多年的青少年得以释放，有了充分的时间进行手机移动社交。

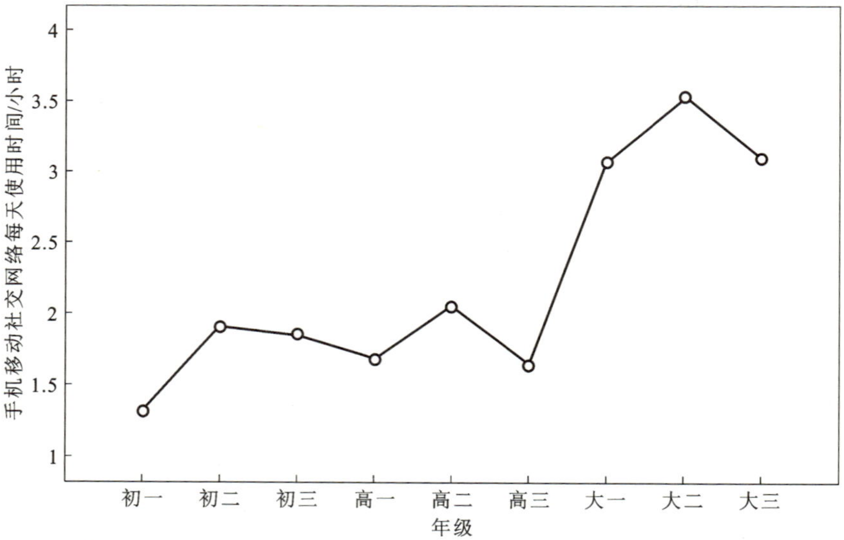

图 4-9　青少年移动社交网络使用时间的年级差异

在青少年认为每天使用移动社交网络多久更合理的数据分析中，青少年认为应控制在1小时以内的占27.4%，应控制在1～2小时的占39.6%，应控制在2～3小时的占25.2%，应控制在3～4小时的占6.1%，允许使用4小时以上的占1.7%。可见，大多数青少年认为每天使用移动社交网络超过3小时是不合适的，这与青少年每天使用移动社交网络的时间基本吻合。但是，研究中也发现仍有一小部分青少年每天使用移动社交网络的时间过长。在青少年移动社交网络使用时间和强度的最后一个问题上，有40.5%的青少年报告现在已经对手机移动社交网络产生依赖。有59.5%的青少年报告没有对手机移动社交网络产生依赖。从这组数据来看，已经有很大数量的青少年对手机移动社交网络产生了依赖，这应引起相应的重视。沉溺于手机移动社交网络极易引起青少年的问题性社交网络使用，可能会对青少年的生理和心理产生较大消极影响。

（二）移动社交网络好友数量与熟悉度特征分析

在青少年移动社交好友数量分析上，研究结果发现，青少年在移动社交网络中，最常保持联系的好友人数在10人以内的占63.0%，在11～20人的占22.3%，在21～50人的占9.4%，在51～100人的占2.7%，在

100 人以上的占 2.5%。进一步分析也发现，初中生和大学生的好友数量较多，高中生的好友数量较少。从研究结果来看，大多数青少年经常保持联系的好友数量一般在 10 人以内，也就是说大多数青少年使用移动社交网络的目的是保持与熟人的联系，而不是拓展社交圈子。那么，初中生和大学生好友数量多于高中生的解释，可能是初中生正处于社会化早期，他们有着强烈的归属需要和社会交往需要；而大学生正处于社会化中期，他们已经有了稳定的社会交往圈子，他们社会参与的水平却显著高于中学生，这需要他们接触除同学以外社会中的其他人；相对于初中和大学阶段，高中无疑是较为关键的时期，也是学习较紧张的时期，高中生没有多余的时间开展移动网络社交，他们的朋友圈主要集中于班级内部同学和少数亲戚朋友。

在青少年手机移动社交好友熟悉度的分析上，研究结果发现，有 57.0%的青少年对移动社交网络中的朋友比较熟悉，有 34.1%的青少年对移动社交网络中的朋友完全熟悉，仅有 2.2%和 6.6%的青少年对移动社交网络中的朋友完全不熟悉或不太熟悉。这一结果表明，青少年移动社交网络交往对象主要以熟人为主，很少会主动添加或被动接受陌生人的社交邀请。同时研究也发现，有 92.3%的青少年认为自己移动社交网络中 50%以上的朋友是现实生活中认识的朋友，仅有 7.7%的青少年认为自己移动社交网络中的朋友大多不是现实生活中的朋友。尽管大多数青少年在手机移动社交网络中的朋友是熟人或现实生活中的朋友，但他们认为在虚拟的移动社交网络中值得信任的朋友并不多。有 42.9%的青少年认为在手机移动社交网络中没有值得信任的朋友，有 20.6%的青少年认为在手机移动社交网络中有 1～2 个值得信任的朋友，有 22.0%的青少年认为在手机移动社交网络中有 3～5 个值得信任的朋友，有 8.5%的青少年认为在手机移动社交网络中有 6～10 个值得信任的朋友，有 6.0%的青少年认为在手机移动社交网络中有 10 个以上值得信任的朋友。这说明虚拟的移动社交网络在维系人们之间关系的同时，并没有进一步增进朋友间的相互信任，这也表明网络虚拟社会与现实社会一样存在“差序格局”，在以个人为中心的社交关系网中先是“闺蜜”级别的朋友，再往外是较好的朋友和一般朋友，青少年对移动社交网络中朋友的信任度也遵循这样的规律。

（三）移动社交网络择友特征分析

在青少年移动社交网络择友依据的分析上，研究结果发现，在青少年移动社交网络中选择新朋友的重要依据，按重要性排序依次为兴趣爱好、学校、年龄、家乡或城市和性别。其中，有45.0%的青少年认为最重要的是兴趣爱好，有21.9%的青少年认为最重要的是相同学校，有16.1%的青少年认为最重要的是年龄相似、有11.0%的青少年认为最重要的是家乡或城市相近或相同，有6.0%的青少年认为最重要的是性别相同。从数据分析来看，青少年移动社交网络择友主要以兴趣爱好为条件，同时，学校、家乡或城市的相同或相似带来的归属感和认同感，也是青少年移动社交网络择友的重要依据。值得注意的是，青少年大多不将性别看作移动社交网络中朋友选择的重要依据，这与现实社会交往中不完全一样。在现实生活中，尤其是在青少年自我同一性发展阶段，大多数青少年还是倾向于选择相同性别的人作为朋友。那么，移动社交网络的虚拟性是否弥补了青少年现实社会中异性交往的缺失呢？我们对男生和女生分别对性别这一条件的关注度进行分析，结果发现有9.0%的男生将性别看作移动社交网络择友最重要的条件，而仅有4.5%的女生将性别看作移动社交网络择友的重要条件。

在青少年线上线下交往频率的分析上，研究结果发现，青少年在移动社交网络中与朋友联系的频率并没有想象中那样高，有3.8%的青少年非常频繁地与朋友联系，有29.7%的青少年比较频繁地与朋友联系，有50.7%的青少年偶尔与朋友联系，有9.6%和6.2%的青少年不频繁和很少与朋友联系。这一结果表明，虽然青少年频繁地使用移动社交网络，但是他们与朋友联系的频率并不高。由于青少年移动社交网络好友中绝大多数是现实中的朋友，进一步对青少年使用移动社交网络后与老朋友之间联系的频率和时间变化进行分析，结果发现，有23.6%的青少年认为使用移动社交网络后增加了与老朋友之间联系的频率，有25.1%的青少年认为使用移动社交网络后增加了与老朋友之间联系的时间，有59.8%的青少年认为使用移动社交网络后与老朋友之间联系的频率没有变化，有56.1%的青少年认为使用移动社交网络后与老朋友之间联系的时间没有变化，有16.5%的青少年认为使用移动社交网络后与老朋友之间联系的频率减少了，有18.8%的青少年认为使用移动社交网络后与老朋友之间联系的时间减少了。从数据分析来看，移动社交网络的使用仅增加了一小部分青少年与老朋友之间的联系，仍有大部分青少年并没有因移动社交网络的使用而增加与老朋友之间的联系。我们认为，与传统的手机不同，手机移动社交网络虽然以即时通信功能为核心，但它的扩展功能，如查看他人状态、发表个人状态、网络游戏、照片视频分享等，也在很大程度上挤压了即时通信功能的空间，使手机移动社交网络的使用增加了自我展示和娱乐属性，弱化了即时通信的联系属性，在满足青少年不同个性化需求的同时，并没有因为其丰富的功能而加强青少年与老朋友之间的联系。

（四）移动社交网络行为特征分析

在青少年移动社交网络线上线下转换的分析上，研究结果发现，青少年移动社交与现实生活中的社交是基本隔离开的，有85.4%的青少年没有通过移动社交网络（微信、QQ等）向未见过面的网友发出过见面邀请，仅有7.3%的青少年曾经向未见过面的网友发出过邀请并成功见面；在接受邀请方面，仅有6.1%的青少年通过微信或QQ接受过网友发来的见面邀请并成功见面，绝大多数青少年没有在移动社交网络中接受过好友的见面邀请。青少年通过移动社交网络发送和接受见面邀请的结果基本一致，这表明大多数青少年并没有将虚拟的社交网络与现实社交同等对待，而是将这两种社交方式看作两种平行的社会交往方式，很少出现线上线下社会交往的直接转换现象，这也间接说明青少年对移动社交网络的信任水平仍然较低，这与上文的分析结果相呼应。

在青少年移动社交网络自我表露的分析上，研究结果发现，大多数青少年在移动社交网络中自我表露水平并不高，这与国外的相关研究结果不完全一致（Kuss & Griffiths，2011）。本研究调查发现，经常使用移动社交网络表达自己真实想法或观点的青少年只占到调查总体的13.7%，有70.2%的青少年只是偶尔会在手机移动社交网络中表达自己的真实想法，也有16.1%的青少年从不在手机移动社交网络中发表自己真实想法。即使对于涉及自身的问题，他们也很少在社交网络中表达真实想法，但也有70.9%的青少年对他人在移动社交网络中的自我表露行为表示认同。这一结果说明，涉及青少年自身的问题，青少年对自我表露一般会持谨慎态度，而涉及他人的问题，青少年则希望他人在移动社交网络中进行更多的自我表露，这与相关研究结果一致（Walsh et al.，2011）。研究发现，青少年在移动社交网络中的自我表露也受到性别的影响，有85.8%的女生偶尔或从不在手机移动社交网络中表达真实想法，而男生的比例则为71.2%。在卡方分析中，结果也显示，在这一问题上男生和女生存在显著差异，女生持更加谨慎的态度。

研究结果也发现，青少年移动社交网络中在上传自己或朋友的真实照片和视频，以及发表内容涉及真实地点、人物和事件方面持谨慎态度。调查结果显示，仅有5.8%的青少年经常通过手机微信或QQ等上传自己或朋友的照片和视频等，有7.8%的青少年发表的内容经常涉及真实地点、人物和事件，也有62.9%和55.6%的青少年偶尔会上传自己或朋友的真实信息，来满足被关注的心理。由此可见，青少年对涉及自身的内容大多持谨慎的态度。移动社交网络媒体作为一个开放的公共社交平台，其信息流动性和传播性十分迅速，移动社交网络以“朋友的朋友是朋友”来建立，这就使关涉自己的某些信息不止好友可以查看，原因在于朋友圈中其他朋友的朋友并不一定是自己朋友圈的朋友，这也意味着上传的信息在整个移动互联网平台中都可以被他人看到，只是时间上会存在间隔。青少年在虚拟社交网络中，面对看不到的交往对象，他们一方面谨慎地保护着自身的安全，很少过度表露个人真实信息，却又特别希望能够对对方有更多了解和受到对方关注，所以青少年在进行自我信息保护的同时又希望获得关注，也存在着一种趋避矛盾心理。

在青少年移动社交网络情感交流和获得支持的分析上，研究结果发现，青少年在遇到情感困扰时既希望能够从好友那里获得关心和安慰，又不能主动通过移动社交网络与朋友分享。调查结果显示，有67.0%的青少年希望当遇到困扰时能在移动社交网络中获得朋友的关心和安慰；当青少年真正出现困扰时，仅有18.0%的人会通过移动社交网络与网友分享并获得情感支持；在通过移动社交网络寻求社会支持方面，仅有19.9%的青少年表示在遇到困难时会向微信好友或QQ好友求助。这一结果表明，青少年在移动社交网络中存在既希望获得社会支持又不敢轻易介入的矛盾心理。移动社交网络作为新媒体时代的新鲜事物，它与传统的面对面社交仍有很大区别，其中最大的区别就是它的不可预测性。在实体世界中，我们可以通过各种线索识别或推测对方的心理与行为；在虚拟社交网络中，我们获得的仅有文字或语音信息，大量外部线索的缺失会给人带来很大的不安全感。因此，调查研究揭示了这样的现象：青少年既想通过移动社交网络获得更多的社会支持，又不敢轻易过多自我表露和向网友寻求帮助。

（五）移动社交网络使用感受与态度特征分析

在青少年移动社交网络使用感受特征的分析上，研究结果发现，青少年普遍对移动社交网络使用有积极的主观感受，有79.1%的青少年认为使用移动社交网络能更好地表达自己的观点，有77.2%的青少年认为移动社交比现实面对面社交更加放松，有75.6%的青少年认为移动社交网络更好地维系了他们的人际关系。由此看来，移动社交网络能给青少年的社会交往带来更多的益处，成为现实面对面社会交往的有效补充。有研究已经表明，移动社交网络已经根植到青少年的现实生活中，它与青少年的现实生活紧密结合，在各个方面对青少年的社会化进程都会产生影响，尤其是对青少年社会交往的影响尤为显著（姜永志，王晓超，白晓丽，2015）。不过，虽然青少年得益于移动社交网络的便捷性，但在享受移动社交网络便捷服务的同时，也应警惕问题性移动社交网络使用的发生，目前问题性移动社交网络使用已经成为潜在影响青少年心理与行为积极发展的重要因素。

在青少年移动社交网络使用态度特征的分析上，研究结果发现，大多数青少年认为移动社交网络给人们带来便捷的同时也存在一些弊端，有66.3%的青少年认为移动社交网络使用的利弊相当。在谈及移动社交网络给自己带来的最大积极影响时，青少年认为按照重要性排序依次为：与朋友更好交流，增长知识、开阔视野，即时获得所要的信息，带来更多交往体验，认识更多朋友，获得更多情感支持。从这一结果来看，移动社交网络使用给青少年带来的最大积极影响是能与朋友更好地交流，维系朋友之间的联系。由此可见，移动社交网络对青少年的最大积极作用是朋友交流和维系关系。在谈及移动社交网络给自己带来的最大消极影响时，青少年认为按照重要性排序依次为：浪费时间和影响学习，信息真实度低和常受垃圾信息影响，占用过多现实社交的时间，现实社会中沟通能力下降。从这一结果来看，青少年普遍认为移动社交网络使用带来的最大消极影响是浪费时间和影响学习。学习是青少年较重要的任务，而移动社交网络大量占用了碎片化时间，对青少年的时间合理安排与利用确实产生了消极影响。调查也发现，信息真实度低和受垃圾信息影响也被看作手机移动社交网络使用的重要消极影响，这说明青少年对移动社交网络中的信息真实度仍持怀疑态度，这与青少年乃至国民整体媒介素养关系密切，媒介信息之所以真实度常被怀疑，就在于社会整体尚缺乏积极的媒介素养。

在谈及青少年对移动社交网络中热议话题的态度时，大多数青少年表现出对热议话题的消极关注，有63.2%的青少年表示不会在移动社交网络中发表意见但会看看，有20.6%的青少年表示只是想知道事情的真相，有5.4%的青少年表示因为不关自己的事所以不会看，仅有10.8%的青少年表示会主动参与并发表评论。从调查结果来看，青少年普遍对热议问题表现出消极态度，对社会热议问题不够关心。从移动社交网络中言论对青少年的影响来看，大多数青少年表示很少或不会受到移动社交网络中某些言论的影响。有10.3%的青少年表示他们会受到移动社交网络中某些言论的较大影响，其中有13.6%的女生表示会受到较大影响，而仅有6.8%的男生表示会受到较大影响，显现出明显的性别差异，女生比男生更易受到移动社交网络中言论的影响。女生在认知风格上偏向于场依存型，这种类型认知风格的人比场独立型的人容易受到外部环境的影响，女生天然的认知风格决定了女生更易受到移动社交网络中言论的影响。对这一问题进行年级差异分析还发现，随着年级的增加，青少年受到移动社交网络中言论的影响越来越小，大学生受到的影响显著低于高中生和初中生，低年级青少年比高年级青少年更易受到移动社交网络中言论的影响。青少年处在社会化关键时期，他们相对容易受外界环境的影响，尤其是青少年的价值观和社会化水平随着年龄的增长和生活经验的丰富才能逐渐趋于稳定，并对事物持有自己的立场。可见，一方面，青少年对移动社交网络中与自己无关的热议问题持消极关注态度；另一方面，青少年普遍受到移动社交网络言论的影响较小，但女生比男生更易受到影响，高年级学生比低年级学生更易受到影响。

三、讨论与分析

本节通过文献的梳理和分析，构建了青少年移动社交网络使用行为特征研究框架，从移动社交网络使用基本特征、移动社交网络好友数量与熟悉度特征、移动社交网络择友特征、移动社交网络行为特征和移动社交网络使用感受与态度特征 5 个方面，对青少年移动社交网络使用的典型行为特征进行了分析。研究结果表明以下几点。

（1）在移动社交网络使用基本特征分析上，手机 QQ、QQ 空间和微信成为最受青少年喜爱的移动社交媒体，青少年对移动社交网络的使用时间和频率随着年级增加而延长，对移动社交网络使用普遍表现出心理依赖，高三是重要转折点。

（2）在移动社交网络好友数量与熟悉度特征分析上，青少年在移动社交网络中最常保持联系的好友人数普遍在 10 人以内，初中生和大学生好友数量较多，高中生好友数量较少，移动社交网络交往对象主要以熟人或现实生活中的朋友为主，很少会主动添加或被动接受陌生人的邀请，而且青少年对移动社交网络中朋友的信任度普遍较低。

（3）在移动社交网络择友特征分析上，青少年在移动社交网络中择友偏好依次为兴趣爱好、学校、年龄、家乡或城市和性别，其中男生比女生更看重性别因素，移动社交网络的使用仅增加了小部分青少年与老朋友之间联系的时间和频率，大部分青少年并没有因移动社交网络的使用而增加与老朋友之间联系的时间和频率。

（4）在移动社交网络行为特征分析上，青少年能够将移动社交与现实社交基本隔离开，没有将虚拟移动社交与现实社交混淆。青少年在移动社交网络中自我表露水平普遍不高，在涉及自身问题时对自我表露持谨慎态度，在涉及他人问题时则希望他人有更多的自我表露，青少年不愿意表露过多个人真实信息的同时又希望了解对方和受到对方关注，存在着趋避矛盾心理。

（5）在移动社交网络使用感受与态度特征分析上，青少年普遍对移动社交网络使用有积极的主观感受，他们认为移动社交网络带来的最大积极影响是能与朋友更好地交流和维系朋友之间的联系，最大消极影响是浪费时间和影响学习。青少年普遍对移动社交网络中的热议问题普遍表现出消极态度，对社会热议问题不关心，他们也较少受到移动社交网络中某些消极言论的影响，但女生比男生更易受影响，中学生比大学生更易受影响。

青少年问题性移动社交网络使用已经成为日益凸显的社会性焦点问题，“触屏控”、“低头族”等在校园的蔓延，对青少年的心理与行为的发展产生了消极影响。本研究通过对青少年移动社交网络使用行为特征的研究，来揭示基于手机移动终端的移动社交网络使用行为具有的典型特征，但研究中也存在一些不足：一是本研究仅通过调查分析揭示了比较表浅的行为特征，对青少年移动社交网络使用的深层次心理揭示较少；二是本研究仅揭示了青少年移动社交网络使用行为特征的基本情况，对相关人口学变量的分析不够全面，对影响特征形成的影响因素分析也较少；三是本研究所使用的问卷为自编问卷，虽然借鉴了国内外相关研究的研究思路和问卷的题项形成了包含 5 个维度的问卷，但问卷的结构仍比较松散，结构的严谨性不足；四是青少年对移动社交网络的使用存在普遍的依赖心理，容易发展成问题性移动社交网络使用行为，但现有研究对该问题的干预和防治研究较少。移动社交网络使用研究作为社会学、心理学、传播学等学科交叉研究的内容，仍面临很多尚待解决的问题。今后的研究中，一是要注重对深层次心理原因的探讨和分析；二是要对影响和成因问题开展相关研究；三是要编制结构更加严谨的工具对问题进行针对性研究；四是加强问题性移动社交网络使用行为的干预和防治研究。除此之外，对青少年移动社交网络使用行为也要在多学科视域下开展交叉研究，心理学侧重从微观视角探讨移动社交网络的机制和成因，社会学侧重从宏观视角探讨移动社交网络的社会发生机制和成因，传播学侧重从移动社交网络使用行为的典型特征探讨信息的传播机制。多学科交叉研究应该成为该研究领域今后的发展方向。

第五章　青少年人格特质与移动社交网络使用

人格作为一种较为稳定的个人特质，常被看作是影响成瘾行为的重要因素。网络成瘾相关研究中就发现某些人格特质在成瘾行为的形成中起着关键作用，如神经质人格和外向性人格。人格倾向与网络成瘾行为关系的具体研究中，众多研究也发现不同的人格倾向还与不同的网络使用偏好存在密切关系，如不同人格倾向的个体倾向于使用不同的网络服务，神经质人格往往与网络游戏成瘾（网络娱乐服务使用偏好）存在密切关系。那么，人格特质与基于智能手机的移动社交网络过度使用行为、移动社交网络服务使用偏好以及移动网络过度使用间是否也存在密切关系？个体是否会因为对不同移动网络服务使用的偏好而形成移动网络过度使用行为？这些问题的揭示，有助于进一步理解人格倾向与移动网络使用间的关系。鉴于本章是在不同时期开展的相关研究，在变量选取及概念的界说上采用了手机依赖、移动社交网络过度使用、问题性移动社交网络使用等不同概念，但所针对的具体内容均为基于智能手机的移动社交网络使用问题。为此，本章着重考察人格特质与基于智能手机的移动社交网络使用间的关系。

第一节　青少年人格特质对移动社交网络使用的影响

基于智能手机的移动社交网络引领了新媒体时代社交新方式，这种基于移动终端的社交方式已经成为与现实社会交往同等重要的交往方式。世界卫生组织2014年8月在日本东京举行专题会议，讨论全球范围内与使用信息和通信技术有关的公共健康和技术性使用行为问题，包括移动电话和智能手机（Billieux，Maurage，Lopez-Fernandez，Kuss，& Griffiths，2015）。从现有研究来看，研究者主要关注移动社交网络过度使用带来的积极和消极影响，例如，移动网络优化了个体之间的通信质量，促进了健康和行为干预方式的改变，尤其是在欧美，正将移动社交网络应用于个体的饮食管理、疾病干预、体育活动推广等方面（Fjeldsoe，Marshall，& Miller，2009）。通过移动社交网络提供的各种服务平台，个体还能够更加便利地与他人进行沟通交流，不但可以维护社会关系，而且可以给个体带来各种心理满足。但与移动社交网络过度使用相关的消极影响也受到广泛关注，例如睡眠障碍、经济问题、安全问题（如开车使用手机）、消极情绪、不良行为等。Bevan等（2014）的研究表明，个体使用移动社交网络的时间越长、强度越大，个体感知到的生活质量越低；Chen和Lee（2013）的研究表明，过度的移动社交网络使用可能会降低自尊水平、带来认知超载和压力感；Kross等（2013）认为，过度的移动社交网络使用不但不能提高健康水平，反而会降低生活幸福感。社交网络的通达性也使得网络欺负、网络攻击、网络骚扰日益增多。人们普遍关注移动社交网络的不良使用带来的消极后果，人们也同样关注这种问题性移动社交网络使用行为是如何产生的，它的影响因素与发生机制是什么，以及如何通过对上述问题的揭示来进行有效的干预和治疗。现有研究普遍认为，人格特质是一种较为稳定的、对成瘾行为具有重要影响的心理变量。

以往研究表明，大五人格中的外向性人格和神经质人格与物质成瘾行为及手机过度使用行为间存在密切关系（王欢，黄海，吴和鸣，2013）。有研究者综合研究了青少年网络成瘾、网络游戏成瘾、问题性移动社交网络使用等技术性使用与人格特质的关系，发现高神经质和高外向性人格能够显著预测移动社交网络使用行为，而且发现高神经质人格能显著预测网络成瘾（Wang，Ho，Chan，& Tse，2015）。此外，大五人格中的宜人性、责任心和开放性常被认为与手机及移动社交网络使用不存在密切的关系（Ross，

Orr，Sisic，2009）。但也有研究发现，这些被边缘化的人格可能与社交网络的使用存在密切关系。例如，Ryan 和 Xenos（2011）的研究指出，责任心人格与社交网络朋友数量之间存在显著的积极关系，并且高责任心人格的个体在社交网络上花费较少的时间；Amichai-Hamburger 和 Vinitzky（2010）的研究也发现，高责任心人格的个体具有更多的社交网络朋友，并且他们比低责任心人格的个体上传更多的照片、更频繁地更新状态。

除了大五人格与问题性移动社交网络使用存在密切关系外，自恋性和冲动性等人格对移动社交网络使用的形成同样起着重要作用（Lee，Tam，& Chie，2013）。例如，有研究认为自恋性人格与问题性移动社交网络使用存在较高相关度（杨秀娟，周宗奎，刘庆奇，牛更枫，2017），虽然适当的自恋对提高心理健康水平有帮助，但过度的自恋会表现为傲慢、自大、漠视和缺乏同情心等行为，并且很容易导致问题性移动社交网络使用。Kaya 和 Bicen（2016）的研究得到同样的结论，他们发现中学生将移动社交网络用于交流沟通、休闲娱乐、分享新闻、听音乐、上传和下载照片，具有自恋倾向的中学生更频繁地更新自己的状态和上传照片，并且花费在社交网络中的时间远远超过没有自恋倾向的学生。现有研究还发现，冲动性与一些成瘾行为也存在密切关系，冲动性表现为个体的自我控制能力缺乏，而自我控制是一种个体管理和调节自我情绪和行为的能力。社会认知学习理论和自我控制理论认为，个体的自我管理机制影响着自我控制，缺乏自我控制的个体会产生各种各样的行为问题和社会适用不良，包括冲动行为和冒险行为（汤雅婷，邹锦慧，李敏，梁洁，刘文沃，2015）。Billieux 等（2007）的研究认为，问题性手机使用的症状表现与其他行为成瘾类似，问题性手机使用的产生受到冲动性人格影响。该研究使用问卷法考察了冲动性人格与问题性手机使用的关系，结果验证了冲动性人格可以直接正向预测问题性手机使用行为的假设。一项以中国青少年为研究对象的研究也发现自我控制缺乏与网络成瘾行为存在密切关系，低自我控制更容易产生网络成瘾行为（Li，Dang，Zhang，Zhang，& Guo，2014）。为进一步探究人格特质对青少年移动社交网络使用的影响，本研究考察了典型人格特质与青少年移动社交网络使用间的关系。

一、对象与方法

（一）研究对象

第三次数据采集样本：选取内蒙古自治区、广西壮族自治区、甘肃省、湖北省、辽宁省、吉林省、河北省和海南省等8个省区的16所中学和大学作为调查样本，调查方式为现场发放问卷，纸笔作答，共发放问卷3000份，最后共回收有效问卷2872份，问卷有效率为95.73%。被试的年龄区间为12岁～25岁，其中，男生1012人（35.24%），女生1860人（64.76%）；初中生772人（初一180人（6.27%）、初二380人（13.23%）、初三212人（7.38%）），高中生1032人（高一524人（18.25%）、高二144人（5.01%）、高三364人（12.67%）），大学生1068人（大一368人（12.81%）、大二280人（9.75%）、大三192人（6.69%）、大四228人（7.94%））；城市生源地1276人（44.43%），农区生源地1596人（55.57%）。

（二）研究工具

1. 青少年人格五因素问卷

采用邹泓修订的青少年人格五因素问卷，问卷共50个题目，包括外向性、宜人性、情绪性、谨慎性和开放性5个维度。其中，邹泓认为“情绪性”可被看作是“大五”人格中的“神经质”人格，因此本研究亦将“情绪性”等同于“神经质”。问卷采用李克特五级计分，1～5分代表从完全不符合至完全符合，因子得分越高，表明某种人格倾向越明显。在本研究中，问卷中各因子内部一致性系数Cronbach’ α 在0.76～0.89之间。

2. Barrat冲动性量表

采用Barrat编制的Barrat冲动性量表（BIS-11），该量表是应用最为广泛的测量个体冲动性的工具。李献云等（2011）对该量表进行了修订，修订后的中文版量表包括30个题目，包括运动冲动性、认知冲动性和无计划冲动性3个维度。问卷采用李克特五级计分，1～5分代表完全不符合至完全符合，得分越高代表多动、行为缺乏控制、注意力不集中、冲动型认知方式等。在本研究中，该量表的内部一致性信度为0.87。

3. 自恋性人格问卷

采用周晖等人编制的自恋性人格问卷，该问卷共34个题目，包括权欲、优越感和自我欣赏3个维度。问卷采用李克特五级计分，1～5分代表完全不符合至完全符合，得分越高表明自恋倾向越严重。本研究仅使用该问卷中的自我欣赏因子作为自恋性人格的衡量指标。该问卷的内部一致性信度为0.85。

4. 青少年问题性移动社交网络使用行为评估问卷

采用姜永志编制的青少年问题性移动社交网络使用行为评估问卷，问卷共20个题目，包括黏性增加、生理损伤、错失焦虑、认知失败和负罪感5个因子。问卷使用李克特五级计分，1～5分代表完全不符合至完全符合，总分越高表明青少年问题性移动社交网络使用倾向越严重，因子得分越高表明青少年在问题性移动社交网络使用的某个方面倾向较为严重。总问卷的内部一致性信度为0.91，各因子间的内部一致性信度在0.66～0.91之间。

（三）统计分析

本研究采用SPSS18.0软件进行Pearson相关分析和多元回归分析。由于本研究采用问卷法对同一批研究对象进行测量，有可能存在共同方法偏差，因此需要首先进行共同方法偏差的检验。研究主要采用统计方法进行共同方法偏差检验，根据前人研究采用了Harman单因素检验法，使用所有原始题目进行因素分析。经探索性因素分析后提取的第一个因子解释变异的16.55%，低于40%的临界值，这表明本研究使用问卷法获得的数据受共同方法偏差影响较小，数据可以进行进一步统计分析。

二、研究结果

（一）人格特质与问题性移动社交网络使用行为的关系

表5-1呈现了大五人格、冲动性人格和自恋性人格等因素与问题性使

用行为及各因子的均值、标准差及相关关系。由结果可知，在大五人格上，外向性人格与问题性使用行为各因子（除负罪感因子外）存在显著负相关（$r=-0.280\sim-0.167$，$p<0.01$），宜人性人格与问题性使用各因子（除负罪感因子外）存在显著负相关（$r=-0.240\sim-0.095$，$p<0.05$），谨慎性人格与问题性使用行为各因子（除负罪感因子外）存在显著负相关（$r=-0.286\sim-0.113$，$p<0.05$），开放性人格与问题性使用行为各因子存在显著负相关（$r=-0.372\sim-0.119$，$p<0.05$），神经质人格与问题性使用行为各因子存在显著正相关（$r=0.164\sim0.362$，$p<0.01$）；在冲动性人格上，运动性冲动人格与问题性使用行为各因子（除生理损伤和负罪感外）存在显著正相关（$r=0.131\sim0.322$，$p<0.01$），认知性冲动人格与问题性使用行为各因子（除负罪感外）存在显著正相关（$r=0.116\sim0.309$，$p<0.01$），无计划性冲动人格与问题性使用行为各因子（除负罪感外）存在显著正相关（$r=0.101\sim0.327$，$p<0.05$），冲动性人格总问卷与问题性使用行为各因子（除负罪感外）存在显著正相关（$r=0.103\sim0.389$，$p<0.05$）；自恋性人格与问题性使用行为各因子（除负罪感外）存在显著正相关（$r=0.164\sim0.362$，$p<0.01$）；人格特质与问题性使用行为总分存在显著相关，其中与外向性人格、宜人性人格、谨慎性人格和开放性人格存在显著负相关（$r=-0.277\sim-0.201$，$p<0.01$），与其他人格存在显著正相关（$r=0.175\sim0.369$，$p<0.01$），表明人格因素与青少年问题性使用行为存在密切关系。

表 5-1 人格变量与问题性移动社交网络使用的关系分析

变量	1	2	3	4	5	6	7	8	9	10
生理损伤	−0.187**	−0.095*	−0.192**	−0.203**	0.252**	−0.033	0.127**	0.133**	0.103*	0.138**
黏性增加	−0.280**	−0.240**	−0.226**	−0.215**	0.366**	0.131**	0.140**	0.176**	0.192**	0.205**
认知失败	−0.189**	−0.182**	−0.152**	−0.257**	0.255**	0.230**	0.211**	0.247**	0.295**	0.064
错失焦虑	−0.167**	−0.165**	−0.129**	−0.244**	0.164**	0.322**	0.116**	0.101*	0.225**	0.217**

续表

变量	1	2	3	4	5	6	7	8	9	10
负罪感	−0.045	−0.048	0.006	−0.165**	0.289**	0.081	0.009	−0.002	0.035	−0.001
问卷总分	−0.257**	−0.201**	−0.214**	−0.277**	0.369**	0.193**	0.175**	0.204**	0.245**	0.165**
M	3.311	3.683	3.301	3.474	3.046	2.709	2.460	2.714	2.628	2.761
SD	0.772	0.724	0.645	0.750	0.723	0.534	0.629	0.543	0.449	0.725

注：1——外向性人格；2——宜人性人格；3——谨慎性人格；4——开放性人格；5——神经质人格；6——运动性冲动人格；7——认知性冲动人格；8——无计划性冲动人格；9——冲动性人格；10——自恋性人格

（二）人格因素对问题性移动社交网络使用的回归

以五因素人格、冲动性人格和自恋性人格为预测变量，以问题性使用为因变量，控制性别和年级的影响进行回归分析。由表 5-2 可知，在五因素人格中，开放性人格对问题性使用行为具有显著负向预测作用（$\beta=-0.200$，$t=-3.776$，$p<0.01$），神经质人格对问题性使用行为具有正向预测作用（$\beta=0.288$，$t=7.191$，$p<0.01$），外向性人格、宜人性人格和谨慎性人格对问题性使用行为的预测作用不显著（$p>0.05$）；在冲动性人格中，无计划性冲动人格对问题性使用行为具有显著正向预测作用（$\beta=0.109$，$t=2.814$，$p<0.01$），运动性冲动人格和认知性冲动人格对问题性使用行为预测作用不显著（$p>0.05$）；自恋性人格对问题性使用行为具有显著正向预测作用（$\beta=0.202$，$t=4.772$，$p<0.01$）。由结果可知，人格对青少年问题性使用行为具有预测作用，对问题性使用行为的产生具有重要影响。

表 5-2　人格变量对问题性移动社交网络使用的回归分析

分层	因变量	预测变量	B	$S_{\overline{X}}$	β	t	R^2	F
第一层	问题性使用	性别	0.184	0.031	0.111	5.957**	0.045	68.187**
		年级	0.048	0.006	0.163	8.757**		

续表

分层	因变量	预测变量	B	$S_{\overline{X}}$	β	t	R^2	F
第二层	问题性使用	外向性人格	−0.056	0.054	−0.052	−1.033	0.501	37.662**
		宜人性人格	0.053	0.063	0.046	0.847		
		谨慎性人格	−0.024	0.073	−0.019	−0.332		
		开放性人格	−0.221	0.058	−0.200	−3.776**		
		神经质人格	0.331	0.046	0.288	7.191**		
		运动性冲动人格	−0.036	0.062	−0.023	−0.588		
		认知性冲动人格	0.088	0.075	0.066	1.169		
		无计划性冲动人格	0.158	0.087	0.109	2.814**		
		自恋性人格	0.232	0.049	0.202	4.772**		

三、讨论与分析

本研究发现，大五人格的外向性人格、宜人性人格、谨慎性人格、开放性人格和神经质人格特质与问题性使用行为存在显著相关，其中，外向性人格、宜人性人格、谨慎性人格和开放性人格均与问题性使用行为存在显著负相关，神经质人格则与问题性使用行为存在显著正相关，这与以往的研究结果基本一致（Ruiz，Pincus，& Dickinson，2003）。进一步分析发现，尽管大五人格的所有人格特质均与问题性使用行为存在密切关系，但回归分析发现，开放性人格和神经质人格特质对问题性使用行为具有直接预测作用，且开放性有负向预测作用，神经质有正向预测作用。在以往研究中，普遍认为人格特质与智能手机成瘾具有密切关系，但外向性人格和神经质人格才是对智能手机成瘾行为具有直接预测作用的重要指标，宜人性人格、谨慎性人格和开放性人格常被认为与问题性移动社交网络使用行为不存在密切的关系。例如，Błachnio 和 Przepiorka（2016）在问题性移动社交网络使用行为的研究中发现，问题性移动社交网络使用行为仅与高外向性人格、高神经质人格存在密切关系；还有研究者综合研究了青少年网络成瘾、网络游戏成瘾、问题性移动社交网络使用等技术性使用与人格特质的关系，同样发现神经质人格和外向性人格能够显著预测问题性移动社交网络使用行为（Wang，Gaskin，Wang，& Liu，2016）。由此可见，神经质人格对问题性使用行为具有正向预测的结果与以往研究一致（雷雳，杨洋，柳铭心，2006），但并未得到外向性人格对问题性使用行为具有正向预测的结论，却得到了开放性人格能够直接负向预测问题性使用行为的结论。不过，也有研究间接支持了该结果，有研究认为，开放性人格也被认为与社交网络使用存在一定关系，具有高开放性人格的个体更愿意通过社交网络浏览信息和进行社交网络自我呈现（Błachnio，Przepiorka，Boruch，& Bałakier，2016）。

神经质人格是一种消极人格，具有这类人格特质的个体具有自卑倾向、完美主义倾向和精神焦虑倾向三种特征，在现实生活中常表现为易情绪化、易冲动、敌对、压抑、易焦虑、依赖性强、逃避现实等特点（Walsh，White，Cox，& Young，2011）。移动社交网络作为一个即时在线开放的社交平台，能够满足不同人群的心理需求，尤其是对于神经质人格的个体来说，情绪化和易焦虑是其主要情绪特征，当遇到问题时这类人格的个体更愿意寻求帮助或者发泄渠道，而虚拟社交网络则既能满足他们这种心理，又不会带来任何风险和损失。当神经质个体感知到消极情感和苦难情境时，更愿意选择在即时的网络上逃避现实中的不愉快情感体验。移动社交网络与个体逃避现实心理以及虚幻的在线环境联系起来，一起成为问题性使用行为的主要强化力量，而当个体体验到这种益处之后，就会不断寻求移动社交网络的帮助，这也印证了使用与满足理论。可见，神经质人格作为一种消极人格特质，是青少年问题性移动社交网络使用行为的风险性预测因素。

开放性人格作为一种积极的人格，主要表现为喜欢想象、情感丰富、求异求新、乐于创造等特质。基于智能手机的移动社交网络 App 具有功能强大、更新快的特点，这种特性不断满足着开放性个体的心理需求。例如，传统的社交网络主要包括 QQ 空间、人人网、校内网等，但随着智能手机的普及，这些社交网络逐渐手机化，从传统 PC 快速向手机转移，而且 App 更新速度特别快，微博用户数量稳步提升，微信异军突起，陌陌成为后起之秀。作为乐于接受新鲜事物、尝试挑战的一类人群，开放性人格的个体更能理性地看待移动社交网络的这种变化，他们不会像神经质人格的个体那样冲动和感情用事，而只是将移动社交网络作为一个满足日常生活之需的工具。这表明开放性水平较低的青少年比开放性水平较高的个体更易产生问题性移动社交网络使用行为，这也使得开放性人格对问题性移动社交网络使用行为具有直接的负向预测作用。

外向性作为一种积极的人格特质，普遍被认为是影响成瘾行为的重要变量。高外向性的青少年更加活跃、合群、热情、富有表现力，具有更多的积极情绪且乐于交往。大量研究均表明，外向性人格与神经质一样，均会对移动社交网络使用具有直接的正向预测作用，即外向性特质的青少年比内向性特质的青少年花费更多时间上网和使用智能手机，他们更愿意通过移动社交网络平台来构建、维持和发展线上线下的社会交往圈（Lopez-Fernandez，Honrubia-Serrano，Freixa-Blanxart，& Gibson，2014）。从研究结果来看，尽管外向性与问题性移动社交网络使用存在关系，却并不能直接预测问题性移动社交网络使用行为，这与以往的研究结果不一致（Bareket-Bojmel，Moran，& Shahar，2016）。外向性人格作为一种积极人格，外向性人格的个体虽然倾向于花费大量时间来经营移动社交网络，但是外向性人格的个体与神经质人格的个体不同，他们很少出现焦虑、抑郁、孤独等负性情绪，他们使用移动社交网络的主要目的是维持线上线下的社会资源。依据“使用与满足理论”，外向性青少年具有丰富的社会资源，他们使用移动社交网络的主要目的并不是来调节情绪，而更多的是与他人进行沟通对话。那么，外向性人格与问题性移动社交网络的生理损伤、使用黏性增加、知行能力下降、遗漏焦虑、抑制控制减弱、情感寄托、负罪感和过分修饰 8 个因子间的负向关系则恰好支持了这样一种观点，即外向性青少年很少会出现问题性移动社交网络使用行为所表现出的症状。

除了神经质人格和开放性人格对问题性移动社交网络使用行为具有预测作用外，还有一些其他人格对问题性移动社交网络使用行为起着重要作用，例如，冲动性人格和自恋性人格（Ong，Ang，Ho，Lim，Goh，Le，et al，2011）。本研究发现，冲动性人格与问题性移动社交网络使用存在密切关系，而且无计划性冲动人格能够直接正向预测问题性移动社交网络使用行为，这与以往研究结果一致。现有研究已经表明，冲动性人格与一些成瘾行为存在密切关系。例如，梅松丽和柴晶鑫以中学生为研究对象，发现具有过度的手机使用倾向的中学生自我控制力往往也比较差（梅松丽，柴晶鑫，2013）。在本研究中，运动性冲动和认知性冲动并不能直接预测问题性移动社交网络使用行为，而只有无计划性冲动对问题性移动社交网络具有直接预测作用。这也表明，青少年使用移动社交网络具有随时性、随意性和无规律性特点，无计划性使用则反映了具有问题性移动社交网络使用行为的青少年，常常缺乏有效的自我控制而无计划性地使用移动社交网络。青少年问题性移动社交网络使用的控制抑制减弱因子与冲动性控制存在最密切的相关，直接证实了这是由于自我控制减弱造成的非计划性冲动行为。可见，冲动性人格作为一种消极人格是青少年问题性移动社交网络使用行为的风险性预测因素。

自恋性人格常常表现为自我欣赏和自我陶醉，过度的自恋还会表现为傲慢、自大、漠视和缺乏同情心等特征，它常被认为是问题性移动社交网络使用行为的重要影响因素。本研究发现，自恋性人格与问题性使用行为存在密切关系，且可以直接正向预测问题性使用行为，这与以往研究一致。已有研究还发现，有自恋性人格倾向的青少年希望在移动社交网络中展示自己最好的一面，期望通过社交网络构建理想自我，他们也在社交网络中表现得更加活跃（Mehdizadeh，2010）。Kaya 和 Bicen（2016）研究发现，中学生使用社交网络的主要目的是交流沟通、休闲娱乐、上传和下载照片，而且具有高自恋倾向的中学生会更频繁地更新自己的状态和上传照片，并且比其他同学花费更多时间在社交网络中。本研究认为，自恋性人格的青少年之所以沉溺于移动社交网络，并发展成为问题性移动社交网络使用行为，主要是移动社交网络丰富的自我展示功能强化了他们进行积极自我展现的心理需求。自恋性人格的青少年对自己的形象过于关注，他们常使用美图自拍展示自己的高颜值，通过晒美食、晒旅游、晒家庭来凸显自己的优越感，进而获得自我心理满足。可见，自恋性人格作为一种消极人格是青少年问题性移动社交网络使用行为的风险性预测因素。

第二节　青少年人格特质对移动社交网络使用偏好的影响

手机移动互联网服务被一些研究者（姜永志，白晓丽，2014）分为手机社交网络、娱乐服务、信息服务和交易服务四类。社交网络是指基于手机终端的网络聊天、论坛、BBS等社交活动；娱乐服务是指基于手机终端的网络游戏、网络视频、网络音乐等休闲娱乐活动；信息服务是指基于手机终端，通过网络新闻、搜索引擎等查阅相关信息来满足对相关信息的需求；交易服务是指基于手机终端通过移动互联网进行的互联网交易活动。这些移动互联网服务无论在广度还是深度上，对人们的现实生活都产生了重大影响（柳铭心，雷雳，2006）。

网络社交在20世纪末对广大青年学生产生了重大影响，尤其是较早开发的聊天软件（ICQ、QQ）曾风靡全国，它们替代了电话和信件的交流，给人们的生活带来了极大便利，但也有很多青年学生深陷其中难以自拔，最终导致网络成瘾，对身心发展造成了严重损害（吴文丽，刘伟志，郑希付，殷华西，2009；张锦涛，陈超，刘凤娥，邓林园，方晓义，2012）。而在移动互联网快速发展的今天，手机社交网络在很大程度上替代了传统互联网，个体可以通过QQ空间、Facebook、开心网、人人网等，充分展现并建构自己的社交网络，从中获得现实生活中难以获得的自尊、自信、归属、荣誉、认可、称赞等，这在很大程度上满足了部分青年学生对现实人际交往欠缺的补偿性需要（雷雳，2010）。不过，手机社交网络的使用也可能导致个体对手机社交网络的沉溺（杨洋，雷雳，2007）。揭示移动社交网络使用偏好的形成原因及其心理机制便成为十分有意义的问题。

从已有的研究来看，人格特质是预测移动社交网络使用的重要因素（Dominic & Muncer，2007；Wang，Jackson，Zhang，& Su，2012），其中，神经质人格和外向性人格常被认为对移动社交网络使用具有显著预测作用（Correa，Hinsley，& de Zuniga，2010；Amichai-Hamburger & Vinitzky，2010）。Amiel 和 Sargent（2004）在对个体人格差异与互联网使用的研究中发现，不同的人格特质会影响互联网的使用偏好，其中高神经质人格的个体更偏好那些能够给他们带来社会支持的社交网络。还有研究者（Michikyan，Subrahmanyam，& Dennis，2014）以 Facebook 为例，考察了人格特质与大学生移动社交网络自我呈现水平的关系，结果发现神经质人格可以正向预测大学生移动社交网络使用时间，即高神经质人格的大学生更易于长时间使用互联网，表现出对移动社交网络的偏好。还有研究者（Wilson，Fornasier，& White，2010）也考察了人格与 Facebook 使用的关系，发现外向性人格和开放性人格的个体更频繁地使用 Facebook，高责任心的个体使用社交网络的频率要低于低责任心的个体，如通过社交网络进行评论、上传照片等的频率较低，但同时该研究也发现具有社交焦虑的个体拥有更多的 Facebook 好友。也有研究者（Wang，Jackson，Zhang，& Su，2012）对中国大学生移动社交网络使用行为进行研究，发现大五人格对移动社交网络的使用具有直接预测作用，具有外向性人格特质的大学生更乐于对他人发表在移动社交网站上的状态进行评论，而具有神经质人格特质的大学生则频繁更新移动社交网站与自己有关的内容，以此来表达自我的状态变化。James、Chris 和 Chris（2015）还试图建立人格与手机网络使用的层次模型，他们的模型发现，外向性人格可以显著负向预测移动社交网络的使用，神经质人格可以显著正向预测移动社交网络的使用，而开放性人格、宜人性人格和谨慎性人格对移动社交网络的使用没有显著预测作用。Correa、Hinsley 和 Zúñiga（2010）所进行的类似研究也发现，人格因素对个体移动社交网络的使用具有显著预测作用。甚至有研究者（Takao，2009）认为，可能存在特定的成瘾人格，具有这种人格特质的大学生更容易形成对互联网的过度使用，而对这些人格的揭示将有助于对潜在的互联网过度使用者开展筛查。因而，人格与基于传统互联网的网络服务使用间存在密切的关系，我们有理由认为人格与移动互联网使用间也存在着密切的关系。

有研究者指出，大学生对移动社交网络的使用偏好可能受到现实交往焦虑和孤独感等消极情绪的影响，大学生可能更希望通过移动社交网络的使用来获得更多的社会支持，从而缓解现实的交往焦虑和孤独感。Reid（2007）研究发现，交往焦虑与孤独感对大学生移动社交网络使用偏好具有显著预测作用，具有交往焦虑的大学生更倾向于使用文本形式的互联网社交工具进行交流。Lee 等（2014）的研究也发现，大学生移动社交网络过度使用的主要原因是为了避免现实社交中的交往焦虑，使他们更愿意使用手机社交网络。也有研究者（Rauch，Strobel，Bella，Odachowski，& Bloom，2014）发现，具有交往焦虑的个体可以通过基于手机终端的网络社交来提升面对面交流中的自我暴露程度，进而有可能改善个体的现实社交能力。相关研究（Leung，2007；Bardi & Brady，2010）均表明大学生使用移动社交网络的主要动机是希望提高与他人的社会互动，获得社会支持和减少孤独感，所以个体更倾向于通过互联网提供的社交网络、娱乐服务和信息服务等来实现在现实中与他人的社会互动，或者实现对自身社交不足的补偿（如线上关系的维护），进而获得社会支持和缓解交往焦虑。Madell 和 Muncer（2007）还使用质化的焦点组法讨论了为什么大学生更喜欢移动社交方式，结果发现大学生选择非面对面社交方式的主要原因，源于个体在移动社交网络中对社交过程的控制力，即通过在线的社交可以有更多的时间思考并进行印象整饰，进而得到更多人的认可。Indian 和 Grieve（2014）在一项针对 Facebook 社交网站的研究中，发现那些有高交往焦虑的个体，可以从社交网络中获得更多的社会支持，更容易形成对 Facebook 这样的社交网站的使用偏好。而一项针对中国青少年 QQ 空间社交网站的研究表明，QQ 空间的使用可以给青少年带来更多的积极情绪和较少的焦虑情绪，并可以使青少年投入更多的时间和精力去参与其中（Apaolaza，He，& Hartmann，2014）。

有研究者（Lee，Tam & Chie，2014）指出，心理因素和社会因素的交互作用可能是预测个体线上和线下社交风格的主要因素，他们发现人格特质、交往焦虑和孤独感可以预测大学生的移动互联网信息服务偏好，其中神经质人格和外向性人格与移动互联网信息服务偏好的关系最为密切。Kraut 等人（2002）的研究也得出了类似的结论，他们认为移动社交网络使用与外向性人格、神经质人格、宜人性人格、开放性人格、社会支持以及社交焦虑均有关系，而且外向性人格和神经质人格对互联网社交网络偏好有直接的正向预测作用，即具有外向性人格和神经质人格的大学生更偏爱使用移动社交网络与他人建立联系，并期望获得更多的社会支持。Hamburger 和 Ben-Artzi（2000）的研究也发现，神经质人格的个体更容易产生孤独感和社交焦虑，也就是说社交焦虑的个体更容易在移动社交网络中与他人形成亲密的友谊，并在此过程中体验到网络社交带来的自信和自我效能，因而他们更偏爱使用互联网上的社交服务。

移动互联网作为传统互联网新的发展形式，人格特质会对手机移动互联网的使用偏好做出预测（Bianchi & Phillips，2005；Igarashi，Motoyoshi，Takait，& Yoshida，2008；王相英，2012；葛缨，何华敏，夏文芬，2013；王欢，黄海，吴和鸣，2014）。尤其是外向性的人格特质具有健谈、友善、好社交、热情、对人友好等特点，他们更容易获得他人的肯定和支持；而神经质的人格特质具有易情绪化、易冲动和控制力差等特点，他们在现实交往中往往表现出较多的退缩和焦虑，这种消极情绪促使他们希望通过社交网络获得社会支持来满足心理需求（倪晓莉，陈思路，周小军，2009）。可见，现有研究均表明人格特质会直接或通过某些变量间接对移动网络使用偏好产生影响，并可能导致移动网络过度使用行为。移动网络使用是健康性的还是病理性的，很大程度上是由移动互联网终端提供的服务以及移动互联网如何满足个体的需要所决定的。因而，青年学生对移动社交网络的使用偏好可能引发一系列的手机移动互联网过度使用问题，应给予高度重视。

基于以上分析，我们感兴趣的是，移动社交网络使用偏好的心理机制及其影响因素是什么，是否与以往基于传统互联网的研究一致，这既是对网络成瘾问题手机化与否的探索和尝试研究，也是对移动网络过度使用行为形成的心理机制及影响因素研究的深化和扩展。基于本研究，笔者提出如下假设：外向性人格通过社会支持和交往焦虑间接预测移动社交网络使用偏好，神经质人格通过交往焦虑间接预测移动社交网络使用偏好；社会支持和交往焦虑在外向性人格和移动社交网络使用偏好间起部分中介作用，交往焦虑在神经质人格和移动社交网络使用偏好间起部分中介作用。

一、对象与方法

（一）研究对象

第一次数据采集：采用整群分层抽样方法，从内蒙古三所高校选取大一至大四学生 1500 名参与研究，使用调查问卷对样本进行了测量，回收有效问卷 1488 份，问卷有效率 99.20％。其中，男生 556 人（37.37％），女生 932 人（62.63％），年龄为 20.55 ±2.42 岁；大一年级 512 人（34.41％），大二年级 384 人（25.81％），大三年级 376 人（25.27％），大四年级 216 人（14.52％）；城市生源 760 人（51.08％），农村生源 728 人（48.92％）；大学生样本中，文科生 480 人（32.26％），理科生 1008 人（67.74％）。

（二）研究工具

1. 青少年人格五因素问卷

采用邹泓（2003）修订的青少年人格五因素问卷。问卷包括 50 个题目，包括外向性、宜人性、情绪性、谨慎性和开放性 5 个维度。问卷采用 1～5 五点记分。本研究对相关条目的表述进行了修订，使其更符合大学生的实际情况，其中“情绪性”与大五人格中的“神经质”一致，本研究将“情绪性”看作“神经质”。本研究中问卷的内部一致性信度系数为 0.74～0.88。

2. 大学生手机移动互联网服务使用偏好问卷

采用姜永志和白晓丽（2015）编制的大学生手机移动网络服务使用偏好问卷，问卷由16个项目组成，包括信息服务偏好（手机网络新闻、手机搜索等）、交易服务偏好（手机网络购物、手机旅行预订等）、娱乐服务偏好（手机网络游戏、手机网络音乐等）和社交服务偏好（手机社交网站、手机即时通信等）4个因子。问卷采用李克特五级计分，得分越高表明越偏好使用某一方面的移动网络服务。各维度的内部一致性信度系数为0.741～0.865。

3. 大学生社会支持量表

采用叶悦妹和戴晓阳（2008）编制的大学生社会支持量表，量表由17个项目构成，包括主观支持、客观支持和支持利用度3个维度。量表采用五点计分方法，1～5分分别表示非常不符、不太符合、一般、比较符合、非常符合。得分越高代表社会支持水平越高。本研究各分量表的内部一致性系数在0.75～0.86之间，总量表的内部一致性信度系数为0.830。

4. 大学生交往焦虑量表

采用Leary（1983）编制的交往焦虑量表。量表的中文版由彭纯子、龚耀先和朱熊兆（2004）修订，量表由15个项目构成，主要用于评定独立于行为之外的主观社交焦虑体验倾向。量表采用五点计分方法，1～5分分别表示非常不符、不太符合、一般、比较符合、非常符合，得分越高代表个体主观体验到的交往焦虑水平越高。总量表的内部一致性信度系数为0.850。

（三）统计分析

本研究问卷的施测由心理学专业教师完成，在施测之前对研究者进行了集中培训，统一了指导语和施测程序。测试以班级为单位，由被试单独完成，测量结束后立即收回问卷。为减少可能存在的共同方法偏差对研究结果的影响，本研究进行了程序控制和统计控制。在程序控制上，使用了匿名作答、安排被试在同一间教室完成测量。在统计控制上，采用了Harman单因素检验，经因素分析后提取的第一个因子解释变异的

10.05%，低于40%的临界值。因此，本研究受到的共同方法偏差的影响较小，可以进行数据的统计分析。研究所得数据使用 SPSS16.0 和 Amos17.0 进行处理。

二、研究结果

（一）移动社交网络使用偏好的性别和年级差异

为了检验大学生的性别、年级在移动社交网络使用偏好上是否存在差异，以社交网络偏好为因变量，以性别和年级为自变量，做 MANOVA 检验。结果表明：性别（$F=11.034$，$p<0.05$）和年级（$F=7.228$，$p<0.05$）的主效应都达到显著水平（见表 5-3），但性别和年级在手机社交网络上的交互作用不显著（$F=1.253$，$p>0.05$）。从事后比较可以看出，女生（$M=3.171$，SD=0.735）比男生（$M=2.928$，SD=0.813）更喜欢使用手机社交网络，也就是说女生更喜欢使用手机 QQ、微信、QQ 空间等这类手机移动互联网应用；随着年级的增高，大学生使用手机社交网络的水平不断下降，其中大四年级学生（$M=1.750$，SD=0.267）使用手机社交网络的水平显著低于大一年级（$M=3.298$，SD=0.811）、大二年级（$M=3.280$，SD=0.739）和大三年级（$M=3.075$，SD=0.809）。

表 5-3　性别与年级在社交网络变量上的方差分析

自变量	SS	df	MS	F
性别	6.740	1	6.740	11.034**
年级	13.244	3	4.415	7.228**
性别和年级	2.157	3	1.864	1.253

（二）人格特质、社会支持和交往焦虑与移动社交网络使用偏好的相关性

为了更好地确定哪些人格特质与大学生移动社交网络使用偏好相关，本研究对外向性人格、宜人性人格、谨慎性人格、开放性人格、神经质人格、社会支持、交往焦虑与移动社交网络使用偏好进行了相关分析（见

表5-4)。结果发现：外向性人格、谨慎性人格、开放性人格、神经质人格、社会支持和交往焦虑与移动社交网络使用偏好之间达到显著正相关；外向性人格、宜人性人格、谨慎性人格、开放性人格与社会支持存在显著正相关，但神经质人格与社会支持相关不显著；外向性人格、谨慎性人格、开放性人格与交往焦虑存在显著负相关，神经质人格与交往焦虑存在显著正相关；社会支持与交往焦虑存在显著正相关。由于宜人性人格与交往焦虑、社交网络之间相关不显著，进一步推测宜人性人格对移动社交网络使用偏好的直接预测也较弱。因此，本研究只对外向性人格、谨慎性人格、开放性人格和神经质人格四种人格特质，以及社会支持、交往焦虑和社交网络之间的关系进行考察。

表5-4 各变量的平均数、标准差以及变量间的关系

项目	1	2	3	4	5	6	7	8
1 外向性人格	1							
2 宜人性人格	0.527**	1						
3 谨慎性人格	0.498**	0.659**	1					
4 开放性人格	0.593**	0.639**	0.668**	1				
5 神经质人格	0.325**	0.053	0.252**	0.058	1			
6 社会支持	0.344**	0.543**	0.388**	0.429**	−0.049	1		
7 交往焦虑	−0.233**	−0.031	−0.126**	−0.123**	0.462**	−0.139**	1	
8 社交网络	0.254**	0.067	0.246**	0.251**	0.124**	0.161**	0.492**	1

续表

项目	1	2	3	4	5	6	7	8
M	3.224	3.590	3.291	3.296	3.012	3.486	2.914	2.970
SD	0.593	0.599	0.550	0.550	0.565	0.643	0.515	0.805

（三）人格特质、社会支持和交往焦虑对移动社交网络使用偏好的作用机制

为了更好地说明人格特质、社会支持和交往焦虑与移动社交网络使用偏好的关系，我们使用结构方程模型对数据进行了验证。由于涉及变量较多，我们先后建立以下三个模型。模型 1：人格特质、社会支持与手机社交网络使用的关系。模型 2：人格特质、交往焦虑与手机社交网络使用的关系。模型 3：人格特质、社会支持和交往焦虑与手机社交网络使用的关系。结果发现，三个模型拟合指标均较好，其中模型 3 拟合度最优（见表 5-5）。在模型中，外向性人格和神经质人格均对移动社交网络使用偏好有显著的预测作用，外向性人格和神经质人格也可以分别通过社会支持和交往焦虑间接预测移动社交网络使用偏好，并且社会支持和交往焦虑对移动社交网络偏好也有直接预测作用，谨慎性人格和开放性人格对移动社交网络使用偏好的预测不显著。

表 5-5　各模型的拟合指数

模型	χ^2/df	RMSEA	CFI	NFI	IFI	AGFI
模型 1	2.331	0.021	0.999	0.997	0.998	0.988
模型 2	3.487	0.056	0.925	0.914	0.980	0.954
模型 3	2.023	0.006	1.000	0.999	1.000	0.989
模型 4	4.890	0.065	0.965	0.910	0.931	0.925

根据模型来看：① 外向性人格和神经质人格对社交网络均有直接正向预测作用，也就是说具有高外向性人格和高神经质人格的大学生更喜欢使用手机社交网络，外向性人格和神经质人格是预测大学生移动社交网络使

用偏好的重要人格因素；② 社会支持和交往焦虑对社交网络偏好有显著的正向预测作用，也就是说在现实生活中获得社会支持较多和主观体验到交往焦虑较多的大学生更倾向于使用手机社交网络；③ 外向性人格可以通过社会支持和交往焦虑间接地预测移动社交网络使用偏好，即越外向的大学生越能获得较多的社会支持，在一定程度上也促进了他们使用手机社交网络的倾向，越内向的大学生越容易产生交往焦虑，并通过交往焦虑间接地预测移动社交网络使用偏好，在一定程度上交往焦虑是预测大学生产生移动社交网络使用偏好的重要因素；④ 神经质人格可以通过交往焦虑间接预测移动社交网络使用偏好，神经质人格通过社会支持对社交网络偏好的间接预测没有达到显著水平，而神经质人格通过交往焦能间接正向预测社交网络偏好，即高神经质人格的大学生易产生交往焦虑，并通过交往焦虑间接强化了移动社交网络使用偏好。

（四）社会支持和交往焦虑的中介作用检验

为进一步明确社会支持与交往焦虑在外向性人格、神经质人格与手机社交网络间的中介作用，我们建立了各变量间的中介模型 4。首先，建立外向性人格到社交网络的直接路径模型，外向性人格到社交网络的直接路径系数为 0.288（$t=7.157$，$p<0.05$），外向性人格对社交网络的解释率为 6.5%（$R^2=0.065$），加入社会支持和交往焦虑作为中介变量构成中介模型，此时外向性人格到社交网络的直接路径系数为 0.154（$t=7.514$，$p<0.05$），中介模型对社交网络变异量的解释率上升为 17.7%（$R^2=0.177$）。这表明中介模型优于直接路径模型，社会支持和交往焦虑（中介变量）可以很好地解释外向性人格与社交网络之间的联系，并且发挥着部分中介作用。其次，建立神经质人格到社交网络的直接路径模型，神经质人格到社交网络的直接路径系数为 0.116（$t=3.188$，$p<0.05$），神经质人格对社交网络的解释率为 1.4%（$R^2=0.014$）。由于神经质人格与社会支持间关系不显著，因此只加入交往焦虑构成中介模型，此时神经质人格到社交网络的直接路径系数为 0.120（$t=5.519$，$p<0.05$），模型对社交网络变异量的解释率上升为 15.6%（$R^2=0.156$）。这一结果表明中介模型

优于直接路径模型，交往焦虑（中介变量）可以很好地解释神经质人格与社交网络之间的联系，并且发挥着部分中介作用（见图 5-1）。

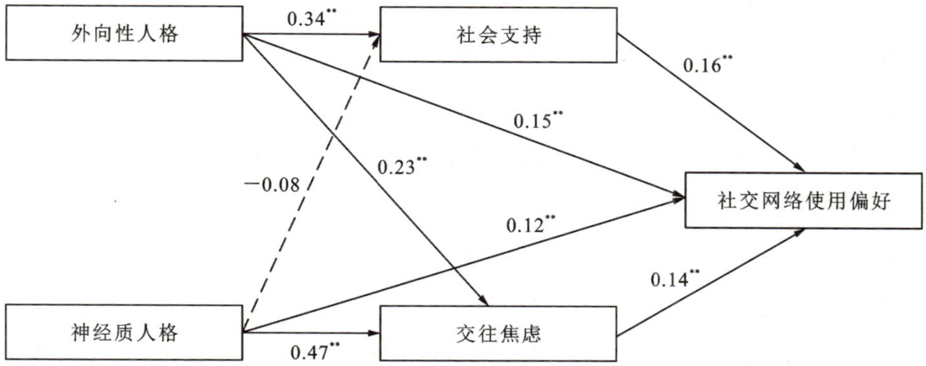

图 5-1　社会支持和交往焦虑的中介作用模型

三、讨论与分析

（一）移动社交网络使用偏好的性别和年级差异

本研究发现大学生在移动社交网络使用偏好上存在着显著的性别和年级差异，女生比男生更偏好使用手机社交网络。随着年级的升高，大学生对手机社交网络的偏好显著降低。性别差异研究结果与雷雳和柳铭心（2005）基于传统互联网的研究结果一致，但年级差异与他们的研究结果相反。

在性别差异上，有研究者认为男生和女生往往采取不同的方式建立社交关系，女生之间常常通过"言语"表达亲密关系，男生之间更多通过"游戏"等非言语方式建立社交关系（黎亚军，高燕，王耘，2013）。手机移动互联网作为网络时代最便携的移动媒体，网络社交这种更加自由开放的方式正是现实"言语"交流的一种延伸，随时可以满足女生对"言语"社交的需求，因而女生更偏好基于手机移动互联网的 QQ、微信、人人网、开心网等社交网络。尽管在新媒体时代，男生也偏好变得更加"含蓄"，较多通过手机社交网络建立和维持社交关系，但男生相较于女生更加注重现实中面对面的人际交往。可见，性别因素与大学生移动社交网络使用偏好存在密切关系，这与雷雳和柳铭心（2005）基于传统互联网的研究结果一致。随着年级的升高，大学生面临的现实挑战越来越多，他们的网络社交会受到一定程度的影响。手机社交网络虽然可以给大学生带来很大的便利，尤其是手机QQ和微信等即时通信工具已成为大学生不可或缺的手机应用。对于高年级的学生来说，他们对QQ空间、人人网、同学网等手机应用的使用偏好会减弱。例如，在大四上学期，一部分学生为考研升学做准备，一部分学生为公务员考试做准备，还有一部分学生为考取各种职业资格证书做准备，这在一定程度上影响了大学生对手机社交网络的使用。但是，也有很大一部分学生在大四为找工作奔波，他们反而更愿意通过手机社交网络所构建的人际交往圈子来获取各种求职和就业信息，反而会促进大学生对手机社交网络的使用。大四学生群体的特殊性导致在不同阶段他们对手机社交网络的使用存在不同程度的偏差。而对于低年级的学生来说，他们恰恰正是通过这些社交网络来构建新的大学生活圈，他们不惜花费大量时间来装扮自己的空间，以引起其他人的注意和评论，进而获得自尊感、满足感和归属感。这说明大四年级是手机社交网络使用的转折点。

（二）人格特质、社会支持和社交焦虑对移动社交网络使用偏好的作用机制

外向性人格的大学生比内向性人格的大学生表现得更加坦率、活跃、合群、热情，并且具有更多的积极情绪，拥有更多的社会支持。本研究发现，越外向的大学生越偏好使用手机社交网络，即外向的、善于交际的大学生可以通过手机移动互联网进一步与他人交往，扩展自己的社交圈。新媒体时代的社交网络推出了较丰富的社交网络服务（如，摇一摇找朋友、雷达定位找朋友等），极大地满足了大学生对碎片化时间社交的需求（冯锐，李亚娇，2014）。本研究结果也支持了“富者变富”模型，即高外向性与拥有较多社会支持的个体能够从互联网使用中得到更多的益处（雷雳，2012）。同时，外向性人格也会通过社会支持间接预测大学生移动社交网络使用偏好。也就是说，高外向性人格特质可以获得较多的社会支持，进而促进其对社交网络的使用。另外，外向性人格也会通过交往焦虑间接预测大学生移动社交网络使用偏好。手机社交网络具有与传统互联网

相似的匿名性、隐形性等特点，这使得具有交往焦虑的个体可以随时通过手机社交网络来弥补现实社交的不足。内向性人格个体更容易体验到交往焦虑，这种消极情绪阻碍了他们在现实社会中进行良好社交。因而，具有较高交往焦虑的大学生更倾向于通过手机移动社交网络寻找朋友，这种移动社交网络为大学生提供了更加即时、快捷的沟通途径。

高神经质人格的大学生相对于低神经质人格的大学生，具有易冲动、易情绪化、易焦虑、依赖性强、自我控制差等特点，这些大学生在现实交往中感知到的社会支持较少，更易受挫，也易引起社交中的焦虑情绪（雷雳，杨洋，柳铭心，2006）。本研究发现高神经质人格的大学生更偏好使用手机社交网络，即高神经质人格、情绪易变的大学生希望通过手机移动互联网与他人交往，以弥补自己现实社会交往中的不足。姜永志和白晓丽（2015）在手机互联网依赖于大学生社交能力关系的研究中认为，新媒体时代手机社交网络丰富多彩，手机的便捷性使大学生可以随时随地与他人进行互动，在他们自己建立的社交关系中，他们能够体验到来自网络中更多的社会支持和归属感，从而增强自信心和自我效能感，这在一定程度上缓解了大学生现实社交中的焦虑情绪。同时，研究发现神经质人格也会通过交往焦虑间接预测大学生移动社交网络使用偏好。也就是说，高神经质人格的大学生在现实人际交往中易出现交往焦虑，使他们无法从现实人际交往中获得成长过程中所需要的自尊感、归属感、亲密感等，进一步导致个体的现实交往焦虑，强化了他们从网络中寻求心理安慰的动机，尤其是手机社交网络的种类丰富，可以满足这部分大学生的心理需求（Lepp，Li，Barkley，& Salehi-Esfahani，2015）。因此，大学生的神经质人格通过交往焦虑也会间接预测大学生的移动社交网络使用偏好。

（三）研究局限与展望

在移动互联网时代，手机移动互联网社交行为与现实社交行为已经成为移动互联网时代同等重要的社交方式。尽管手机社交网络的使用改变了我们的生活方式，增加了社交沟通的便捷性，也在一定程度上满足了一部分社交缺陷者的社交需要，但是，手机社交网络使用行为的过度化，会引起负面效应。例如，沉溺于虚拟社交而难以自拔，现实社交与虚拟社交混淆造成的人格障碍等。本研究虽然选取了人格特质、社会支持和交往焦虑作为研究变量，但本研究所揭示的上述变量间的关系仍不能揭示手机社交网络使用偏好的深层次症结问题，这个领域的问题仍有进一步深化的必要性。基于此，可在以下几方面进行研究的扩展。

一是扩展研究范围。本研究所涉及的变量仅是与手机社交网络使用偏好有关联的部分变量，心理作为最复杂的客观存在，人们为什么对手机移动互联网服务使用如此痴迷，仅仅是为了满足基本社交需要吗？显然，心理过程和个性心理中的很多因素都可促成手机社交网络使用偏好的形成，例如，对社交活动的不同感知、不同情绪状态与手机社交网络使用的关系，不同心理需求的个体对手机社交网络使用的影响等。

二是转变问题研究视角。手机移动互联网使用行为是新兴交叉学科都十分感兴趣的研究领域，手机社交网络使用偏好研究则仅是这一研究领域中的一个具体问题。那么，不同学科对这一问题的研究视角也各不相同，社会学侧重揭示影响个体手机社交网络使用的社会影响因素，以及手机移动社交网络服务使用会给个体和群体带来哪些行为改变，进而提高移动社交网络使用对个体社会化的积极效应。心理学视角侧重揭示手机社交网络使用行为与个体人格特质、现实社交能力、人际关系、人际信任、孤独感、自尊心等心理变量的关系，进而改善个体的心理健康水平。传播学视角侧重揭示手机移动互联网社交中信息传播对人际关系的影响及其产生的社会效应，进而促进个体良好的人际关系的建立。受到学科壁垒的限制，对这一问题没有进行交叉的多学科研究，也没能使这一问题得到进一步深入探讨。如果从社会学、心理学和传播学的综合视角对这一问题进行深入研究，则可使这一问题得到全方位的解析。

三是进行脑和神经机制研究。研究方法的创新推动着心理学向人类大脑“暗箱”深处去探索。网络成瘾的大脑神经机制研究已经取得相应成果，揭示网络成瘾者大脑的神经机制对于抑制网络成瘾行为和对网络成瘾行为的干预起到了较好的效果（贺金波，洪伟琦，鲍远纯，雷玉菊，2012）。手机社交网络过度使用行为虽然并不能与网络成瘾相提并论，但二者都属于非药物性的精神依赖，二者大脑神经机制是否一致，能否使用ERP等神经影像学技术揭示手机社交网络使用偏好者的大脑神经机制，这对手机社交网络过度使用行为的干预具有一定价值。

四是进行手机社交网络过度使用行为的干预研究（Han et al.，2010；雷雳，2012）。手机社交网络的过度使用行为在大学校园中已是普遍现象，手机社交网络的使用不仅充斥大学生的闲暇时间，更是充斥大学课堂、图书馆、自习室，严重影响了正常的学习、生活。由于手机移动互联网的心理学研究起步较晚，没有形成"描述现象—揭示本质—行为干预"的层次，因此，与网络成瘾的干预研究比起来，手机社交网络过度使用行为的干预研究仍是空白，这项工作的开展将显得十分有价值。

第三节　青少年神经质人格对移动社交网络使用的影响

在过去的10多年中，社交网络已经发展成为人们之间交往沟通的新方式，个体通过社交网络从事社会交往、在线游戏、上传图片和视频分享等不同类型的娱乐和社会活动（Allen，Ryan，Gray，Mclnerney，& Waters，2014；Ryan，Chester，Reece，& Xenos，2014）。随着使用强度的增加，部分青少年出现了社交网络过度使用问题。有研究认为社交网络过度使用是网络成瘾的一种具体形式（Andreassen & Pallesen，2014），也被看作是一种冲动控制障碍（Park & Lee，2011）。将其描述为成瘾行为时，研究者常使用美国《精神疾病评定与诊断手册》（DSM-5）中病理性赌博行为的标准看待社交网络过度使用行为（Bouazza，Al-Barashdi，& Jabur，2014）。按照该标准，过度的社交网络使用主要体现在社交网络使用的时间和频率方面（即凸显性），人们使用社交网络来减少负性情绪（即情绪调节或心境改变），希望通过频繁使用社交网络来获得积极愉悦体验（即耐受性或渴求感），而终止使用时就会产生痛苦体验（即戒断症状）。由于社交网络过度使用会对个体的生理或心理产生功能性损害（即冲突或功能损害），个体会试图控制社交网络的使用，却总是失败（即反复或失去控制）。随着社交网络向智能手机等移动终端的转移，人们能够更频繁和便捷地使用社交网络，这也进一步导致移动社交网络的过度使用，并给个体带来了一定的身心损害。

研究者对移动社交网络过度使用问题的关注主要集中在两个方面：一是什么因素导致移动社交网络过度使用行为的发生？二是移动社交网络过度使用给个体带来了哪些影响？从现有研究来看，人们对移动社交网络过度使用带来的消极影响进行了大量研究，并发现移动社交网络过度使用可能带来孤独感、抑郁、在线伤害、社交障碍、行为退缩等（Andreassen，Torsheim，& Pallesen，2014；Andreassen，2015；Hong，Huang，Lin，& Chiu，2014）。也有研究在揭示移动社交网络发生机制方面做了大量工作，目前导致移动社交网络过度使用的因素主要包括人格因素、情绪情感因素、心理与社会动机因素，这些研究对深入了解移动社交网络过度使用的发生机制提供了有效的解释（Kuss & Griffiths，2011；Malik & Khan；Ryan & Xenos，2011）。从现有文献来看，神经质人格和冲动性人格被认为是移动社交网络过度使用行为的有效人格预测指标（Błachnio & Przepiorka，2016；Bodroža & Jovanovic̃，2016），神经质人格主要表现为情绪的不稳定性和冲动性，而冲动性人格则主要表现为对心理与行为缺乏有效的自我调节和控制；社会交往需求被认为是人类的高层次心理需求，它常被认为是对移动社交网络过度使用行为具有积极预测的社会动机指标（Chen，Yan，Tang，Yang，Xie，& He，2016）。然而，从现有文献来看，人格特质与社会交往之间的关系，以及它们之间的关系是如何影响移动社交网络过度使用行为的，仍没有翔实的实证研究对其进行深入揭示。

神经质人格作为一种消极人格，是网络成瘾行为和手机成瘾行为的重要影响因素。Takao、Takahashi 和 Kitamura（2009）甚至认为神经质人格是一种重要的成瘾人格，具有高神经质人格的个体更容易产生成瘾行为。其他早期研究（Igarashi，Motoyoshi，Takai，& Yoshida，2008）也表明，神经质人格与物质成瘾行为存在密切关系，并认为神经质人格不但与物质成瘾有关系，而且与手机成瘾也存在密切关系。Ehrenberg 等

(2008）考察大学生人格特质与手机使用行为的关系，发现高神经质人格的个体更容易产生手机成瘾行为，他们相较于低神经质人格的个体花费在手机使用上的时间更多。而且 John 和 Lucila（2016）的研究还发现，神经质人格不仅对手机成瘾行为具有较强的预测作用，而且高神经质人格对社交网络使用也具有积极预测作用，并且发现高神经质人格的个体在社交网络上花费更多的时间。Ryan 和 Xenos（2011）的研究也得出类似结论，他们的研究发现高神经质人格和高孤独感的个体更可能花费更多的时间在社交网络上。此外，Mok 等人（2014）还以韩国大学生为研究对象考察了网络成瘾和智能手机成瘾与人格特质、焦虑的关系，发现男生比女生更易产生网络成瘾，而女生比男生更易产生智能手机成瘾，焦虑和神经质人格对智能手机成瘾具有积极的预测作用。由此可见，神经质人格作为一种消极人格，对手机成瘾行为、社交网络使用行为均具有积极的预测作用，即高神经质人格的个体更易产生手机成瘾行为和社交网络过度使用行为。那么，神经质人格是否也加剧了基于智能手机的移动社交网络过度使用行为？

冲动性人格作为一种消极人格，主要表现为缺乏有效的自我调节和自我控制能力，它是网络成瘾、手机成瘾行为和社交网络过度使用行为的重要影响因素。早期的研究表明自我控制与网络成瘾行为存在密切关系，且低自我控制的学生更易产生网络成瘾行为（Lee，Chang，Lin，& Cheng，2014）。其他研究还发现，冲动性人格对问题性手机使用行为具有正向预测作用。Billieux 等（2015）以大学生为研究对象考察了问题性手机使用与冲动性人格的关系，结果发现冲动性人格可以直接影响问题性手机使用。最近的一项研究还发现，高冲动性人格、高神经质人格和高外向性人格共同对智能手机成瘾行为有重要预测作用（Roberts，Pullig，& Manolis，2015）。除此之外，也有研究揭示了冲动性人格对社交网络使用的影响。Wu 等（2013）以 277 名澳门大学生为研究对象，考察冲动性人格对社交网络成瘾的影响，发现高冲动性人格对社交网络成瘾具有积极的预测作用。Billieux 等（2015）通过对以往研究的整合，提出了用于解释智能手机成瘾行为的模型，模型包括三条路径：一是过度寻求慰藉路径，例如不安全依恋、社交焦虑等，这条路径驱动个体与他人建立良好的人际关系并获得心理慰藉；二是个体的冲动控制路径，例如冲动性、低自控力等，这条路径使个体产生各种问题性手机使用症状；三是外向性人格路径，外向性人格使个体有强烈的意愿去通过手机社交网络与他人建立广泛的社交联系。正如 Billieux 等人提出的整合模型，第二条路径就是冲动控制路径，表明冲动性人格在社交网络成瘾行为的发生过程中起着重要作用。从上述文献研究来看，冲动性人格作为一种消极人格，对网络成瘾、手机成瘾、社交网络过度使用等均具有正向的预测作用。那么，冲动性人格是否加剧了基于智能手机的移动社交网络过度使用行为？

除了人格特质对网络成瘾、手机成瘾等技术性使用产生影响外，以往研究普遍认为大多数成瘾倾向者存在社会交往问题，个体之所以过度寻求网络或手机的使用，主要动机是寻求积极的社会交往需要（Epkins & Heckler，2011；Hames，Hagan，& Joiner，2013）。正如 Billieux 等人（2015）提出的整合模型，第一条路径就与社会交往关系的建立和发展有关，模型认为不安全的依恋和社交焦虑等都与手机成瘾行为有关，这种过度寻求心理慰藉的因素会促进个体问题性手机使用的发生。近些年研究表明个体的人际困扰水平也与过度的手机使用有关，例如，Babadi-Akashe 等人（2014）以 296 名大学生为研究对象，发现大学生的问题性手机使用与冲动障碍和人际关系敏感等心理问题存在显著正相关。也有类似的研究发现，冲动性人格和社交焦虑与手机社交网络过度使用存在正向相关。另外，Tang 等人（2016）还以 894 名台湾地区大学生为研究对象，考察了人格特质、人际关系和在线社会支持与社交网络成瘾间的关系，结果发现在线人际关系和在线社会支持与社交网络成瘾行为存在显著积极关系，而且在线人际关系和神经质人格是社交网络成瘾的重要影响因素。Wang 等（2015）的研究也显示，来自人际关系、学业问题和社交焦虑等方面的压力与社交网络使用存在密切关系，研究发现当面临过多的生活压力时，青少年会倾向于通过社交网络使用来调节和管理情绪，进行在线社会交往以逃避现实生活中的各种压力。从上述文献研究来看，社会交往问题会促使个体通过网络寻求特定心理满足，并倾向于发展成为网络成瘾、手机成瘾和社交网络过度使用行为。那么，人际困扰是否也加剧了基于智能手机的社交网络过度使用行为？

神经质人格与冲动性人格均与消极情绪有关，前者是情绪的不稳定性，后者是情绪控制力的缺乏，而冲动性人格又是神经质人格的主要表现形式。以往研究还发现，具有神经质人格和冲动性人格的个体，往往在现实生活中存在社交不良，而网络使用成为社交不良个体寻求积极社会关系发展的主要途径（Bodroža & Jovanović，2016）。基于此，本研究提出如下假设：神经质人格、冲动性人格和人际困扰与移动社交网络过度使用间存在显著的正向关系；神经质人格、冲动性人格和人际困扰对移动社交网络的使用具有正向预测作用；神经质人格通过冲动性和人际困扰对移动社交网络过度使用产生影响（见图 5-2）。

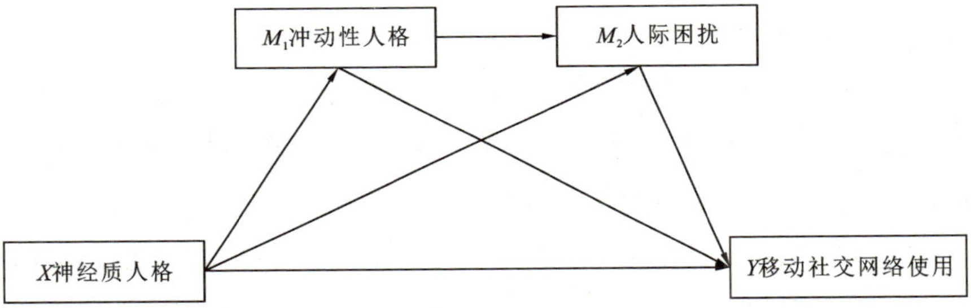

图 5-2　冲动性人格与人际困扰的双重中介假设模型

一、对象与方法

（一）研究对象

第二次数据采集样本：采用随机抽样的方法，从全国 5 个省区 11 所中学和高校选取 2300 名学生参与研究，样本包含了 23 个少数民族。研究共回收有效问卷 2056 份，问卷有效率 89.39%。具体来看，男生 688 人（占 33.46%），女生 1368 人（占 66.54%）；高中生 830 人（高一 322 人（15.66%）、高二 434 人（21.11%）、高三 74 人（3.60%）），初中生 594 人（初一 98 人（4.77%）、初二 164 人（7.98%）、初三 332 人（16.15%））、大学生 632 人（大一 254 人（12.35%）、大二 212 人

(10.31%)、大三166人(8.07%));城市生源地1108人(53.89%),农牧区生源地948人(46.11%);汉族学生1276人(62.06%),蒙古族学生592人(28.79%),其他少数民族学生188人(9.14%);大学生样本中,文科生418人(20.33%)、理科生214人(10.41%)。

(二)研究工具

1. 青少年人格五因素问卷

采用邹泓(2003)修订的青少年人格五因素问卷,问卷由50个题目构成,包括外向性、宜人性、神经质、谨慎性和开放性5个因子。问卷采用1~5五点记分,1~5分代表完全不符合至完全符合。问卷各因子得分越高表明某种人格倾向越明显。研究中问卷的内部一致性信度系数为0.74~0.88。因研究需要,研究选取该问卷中的神经质因子作为研究变量。

2. 冲动性人格量表

采用Barrat(1959)编制的Barrat冲动性量表(BIS-11),李献云等(2011)以大学生为样本进行修订,修订后的中文版量表包括30个题目,包括运动冲动性、认知冲动性和无计划冲动性3个因子。量表采用1~5五点记分,1~5分代表完全不符合至完全符合,高分代表多动、行为缺乏控制、注意力不集中、冲动型认知方式等。由于测量对象包含了初中生、高中生和大学生,因此量表在对中学生进行施测前进行了相应的语言处理,使表达更符合中学生。研究中量表内部一致性信度系数为0.80,具有较好的内部一致性。

3. 人际关系综合诊断量表

采用郑日昌(1999)等编制的人际关系综合诊断量表测查大学生的人际关系困扰(王涛,席波,王翠丽,徐立柱,2007),量表由28个题目构成,包括交谈交流困扰、交际交友困扰、待人接物困扰和异性交往困扰4个因子。问卷采用1~5五点记分,1~5分代表完全不符合至完全符合,分数越高表明人际关系困扰越严重。由于测量对象包含了初中生、高中生和大学生,因此量表在对中学生进行施测前进行了相应的语言处理,使表达更符合中学生的实际情况。量表内部一致性信度系数为0.87。

4. 大学生移动社交网络过度使用问卷

采用姜永志等（2016）编制的大学生移动社交网络过度使用问卷，问卷共 17 个题目，包括消极心境、沉浸体验、时间延长、行为效率降低4 个维度。问卷采用 1～5 五点计分，各维度得分越高表明在移动社交网络过度使用各方面倾向越明显，问卷总分得分越高表明移动社交网络过度使用行为越严重。该问卷的最初施测对象为大学生，由于测量对象包含了初中生、高中生和大学生，因此量表在对中学生进行施测前进行了相应的语言处理，使表达更符合中学生的实际情况。问卷各维度的内部一致性信度系数为 0.79～0.92，总问卷的内部一致性信度系数为 0.87。

（三）统计分析

采用 SPSS18.0 软件进行 Pearson 相关分析和层次回归分析，采用偏差校对非参数百分位 Bootstrap 法进行模型建构和中介效应分析（方杰，张敏强，邱皓政，2012）。该方法以原样本（样本容量为 n）为基础，在保证每个观察单位每次被抽到的概率相等（均为 $1/n$）的情况下进行有放回的重复抽样，得到一个样本容量为 n 的 Bootstrap 样本，建立间接效应的估计值并进行排序求得序列 C，将序列 C 中的百分位值作为置信区间的上、下置信限来构建中介效应置信区间。如果置信区间不包含 0，则表明中介效应存在；如果置信区间包括 0，则表明中介效应不存在。研究在 SPSS 中使用 Hayes（2012）开发的 PROCESS 插件（Process is written by Andrew F. Hayes，http：//www. afhayes. com）进行分析，研究从原始样本中有放回地抽取 5000 个样本估计中介效应的 95%置信区间，选择 Hayes 提供的 76 个典型模型中的模型 6 进行分析。

二、研究结果

（一）研究变量的描述性统计

表 5-6 呈现了神经质人格、冲动性人格、人际困扰，以及移动社交网络过度使用及各因子间的均值、标准差及相关关系。由表 5-6 可知，各主

要变量间均存在显著相关，其中神经质人格、冲动性人格、人际困扰与移动社交网络过度使用及各指标间存在显著正相关，相关系数介于0.137～0.318之间（$p<0.01$）；神经质人格与冲动性人格和人际困扰间存在显著正相关，冲动性人格与人际困扰间也存在显著正相关，相关系数介于0.187～0.488之间（$p<0.01$）；人口学变量的性别分别与神经质人格、冲动性人格和人际困扰存在显著正相关，相关系数介于0.161～0.180之间（$p<0.01$）；学段分别与冲动性、人际困扰、移动社交网络过度使用总分及消极心境、时间延长和行为效率降低3个因子存在显著正相关，相关系数介于0.121～0.177之间（$p<0.01$）。因此，在随后的研究中将性别和学段作为控制变量。

表5-6　变量的均值、标准差与相关系数

变量	1	2	3	4	5	6	7	8	9	10
1 神经质人格	1									
2 冲动性人格	0.236**	1								
3 人际困扰	0.488**	0.187**	1							
4 消极心境	0.188**	0.276**	0.165**	1						
5 沉浸体验	0.200**	0.126**	0.180**	0.586**	1					
6 时间延长	0.170**	0.255**	0.126**	0.661**	0.561**	1				
7 行为效率降低	0.169**	0.185**	0.137**	0.432**	0.373**	0.480**	1			
8 移动社交网络过度使用	0.228**	0.261**	0.318**	0.830**	0.798**	0.841**	0.721**	1		

续表

变量	1	2	3	4	5	6	7	8	9	10
9 性别	0.180**	0.179**	0.161**	0.030	−0.037	−0.029	−0.002	−0.013	1	
10 学段	0.036	0.130**	0.174**	0.165**	0.002	0.148**	0.177**	0.151**	0.121**	1
M	2.822	2.757	2.951	2.260	2.531	2.480	2.617	2.476	1.670	0.472
SD	0.653	0.465	0.540	0.927	0.851	0.967	1.024	0.746	2.020	0.772

（二）研究变量对移动社交网络过度使用的回归分析

控制人口学变量性别和学段，以神经质人格、冲动性人格和人际困扰为自变量，以移动社交网络过度使用总分为因变量进行层次回归分析。由表 5-7 可知，在控制了性别和学段的影响后，神经质人格、冲动性人格和人际困扰均对移动社交网络过度使用具有正向预测作用（$p<0.01$）。

表 5-7　各变量对手机移动网络过度使用的回归分析（$n=2056$）

分层	因变量	预测变量	B	$S_{\overline{X}}$	β	t	R^2	F
第一层	移动社交网络过度使用	性别	0.050	0.035	0.032	1.446		
		学段	0.149	0.021	0.155	7.038**	0.024	24.945**
第二层	移动社交网络过度使用	神经质人格	0.212	0.028	0.186	7.684**		
		冲动性人格	0.332	0.035	0.208	9.587**		
		人际困扰	0.258	0.033	0.210	7.918**	0.141	67.179**

（三）冲动性人格与人际困扰的双重中介分析

根据假设采用偏差校对非参数百分位 Bootstrap 法进行中介效应检验，图 5-3 显示，在控制性别和学段两个无关变量后，链式间接效应模型显著，这一总间接效应的 Bootstrap 95%置信区间不含 0 值（间接效应 0.183，95%CI（0.145，0.224）），说明冲动性人格和人际困扰在神经质与移动社交网络过度使用间存在显著的中介效应。表 5-3 的数据还显示，总间接效应由三条间接效应构成：第一条间接效应为神经质人格→冲动性人格→移动社交网络过度使用，间接效应的 Bootstrap 95%置信区间不含 0 值（间接效应 0.041，95%CI（0.028，0.057）），表明冲动性人格在神经质人格与移动社交网络过度使用间起着显著的中介效应；第二条间接效应为神经质人格→冲动性人格→人际困扰→过度使用，间接效应的 Bootstrap 95%置信区间不含 0 值（间接效应 0.012，95%CI（0.007，0.017）），表明冲动性人格和人际困扰在神经质与移动社交网络过度使用间起着显著的链式中介效应；第三条间接效应为神经质人格→人际困扰→过度使用，间接效应的 Bootstrap 95%置信区间不含 0 值（间接效应 0.130，95%CI（0.095，0.166）），表明人际困扰在神经质人格与移动社交网络过度使用间起着显著中介效应。

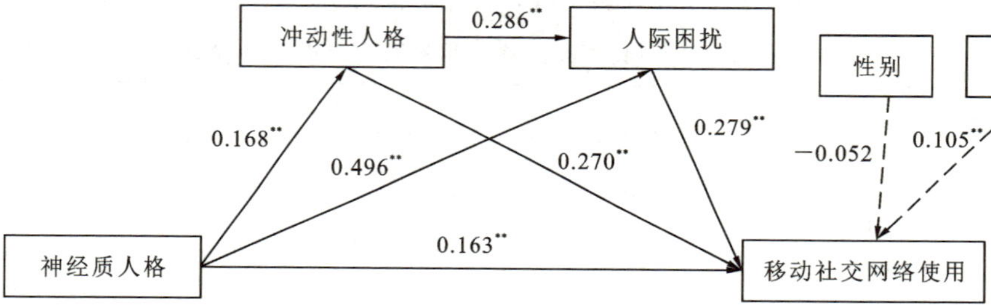

图 5-3 冲动性人格与人际困扰的双重中介验证模型

对三条间接效应的差异进行比较（见表 5-8）：结果表明，间接效应 1 与间接效应 2 差异的 Bootstrap 95%置信区间不含 0 值（95%CI（0.016，0.045）），间接效应 1 与间接效应 2 存在显著的差异，并且冲动性单独产生的间接效应高于冲动性与人际困扰联合产生的间接效应；间接效应 1 与间接效应 3 的 Bootstrap 95%置信区间不含 0 值（95%CI（−0.128，−0.048）），间接效应 1 与间接效应 3 存在显著差异，并且人际困扰产生的间接效应高于冲动性产生的间接效应；间接效应 2 与间接效应 3 的 Bootstrap 95%置信区间不含 0 值（95%CI（−0.152，−0.086）），间接效应 2 与间接效应 3 的差异显著，并且人际困扰单独产生的间接效应高于冲动性与人际困扰联合产生的间接效应。因此，人际困扰起到的中介效应（71.038%）大于冲动性的中介效应（22.404%），以及人际困扰与冲动性的联合中介效应（6.557%）。

表 5-8　中介效应分析与比较（$n=2056$）

效应	效应值	Boot 标准误	Boot 95% CI 下限	Boot 95% CI 上限	效应比 (ab/c′)
总间接效应	0.183	0.020	0.145	0.224	
间接效应 1	0.041	0.007	0.028	0.057	22.404%
间接效应 2	0.012	0.002	0.007	0.017	6.557%
间接效应 3	0.130	0.018	0.095	0.166	71.038%
C_1	0.030	0.007	0.016	0.045	
C_2	−0.088	0.020	−0.128	−0.048	
C_3	−0.118	0.016	−0.152	−0.086	

注 1：总间接效应是间接效应 1、间接效应 2 和间接效应 3 的总和；间接效应 1 为神经质人格→冲动性人格→过度使用；间接效应 2 为神经质人格→冲动性人格→人际困扰→过度使用；间接效应 3 为神经质人格→人际困扰→过度使用。

2：C_1 为间接效应 1 与间接效应 2 的差异比较；C_2 为间接效应 1 与间接效应 3 的差异比较；C_3 为间接效应 2 与间接效应 3 的差异比较。

三、讨论与分析

（一）神经质人格、冲动性人格和人际困扰与移动社交网络过度使用的关系

移动社交网络使用对维持、发展和建立青少年间的社会关系，促进个体的心理健康具有积极作用，然而消极人格和人际困扰会加剧青少年对移动社交网络的过度使用行为。研究发现，神经质人格与移动社交网络过度使用间存在密切关系，并且青少年的高神经质人格能正向预测移动社交网络过度使用。神经质人格是一种消极人格，具有这类人格特质的个体具有自卑倾向、完美主义倾向和精神焦虑倾向三种特征，并常表现为情绪激动、焦躁、抑郁、紧张、依赖性强、逃避现实等特点。在现实生活中，具有神经质人格倾向的个体常体验到消极情绪，而通过自己又无法及时缓解。移动社交网络作为一个新兴的社交平台，它所提供的各种服务则能够满足高神经质人格倾向青少年的心理需求。例如，青少

年通过微信等平台可以与线上熟人和陌生人建立联系，进行积极自我展现以获得高自尊并寻求心理慰藉和满足。这与以往研究的结果一致，Marshall、Lefringhausen 和 Ferenczi（2015）的一项研究表明高神经质人格、低自尊与移动社交网络自我呈现存在密切关系，具有高神经质人格和低自尊的个体会更频繁地在移动社交网络中进行积极自我呈现，也会花费更多的时间来使用移动社交网络。由此可见，高神经质人格的个体希望通过移动社交网络的使用缓解现实交往中存在的焦虑，以及提升现实生活中的低自尊，这就使他们对移动社交网络的使用产生偏好，并在使用时间和强度上高于常人。

研究发现，冲动性人格与移动社交网络过度使用存在密切关系，并且青少年的冲动性人格能正向预测移动社交网络过度使用行为。这也得到以往相关研究的间接支持：Rosen 等（2013）研究发现，神经质人格、自恋性人格和冲动性人格等消极人格对社交网络过度使用具有正向的预测作用，同时社交网络的过度使用又会导致特定的病理性人格障碍；Lee（2014）等人以台湾地区的大学生为研究对象，发现冲动性人格和缺乏控制与智能手机使用存在密切关系，并认为冲动性人格与缺乏控制是智能手机成瘾的重要预测指标；李丽等人（2015）认为冲动性人格的个体与心理健康存在消极关系，并且冲动性人格对智能手机成瘾具有正向预测作用。冲动性人格是病理性赌博和网络成瘾，甚至是手机成瘾行为的核心症状指标，这类行为成瘾常被看作是一种冲动控制障碍，这表明冲动性对行为成瘾具有十分重要的影响。冲动性人格与神经质人格类似，一方面会表现出显著的情绪性特征，如情绪急躁易怒；另一方面也会表现出显著的行为特征，如存在无法自控的冲动和驱动力，以及缺乏计划性和自我调控能力。移动社交网络作为一个虚拟网络社交平台，它满足了大多数青少年休闲娱乐、自我呈现、关系维持、情感支持等心理需求，而具有冲动性人格的青少年在使用移动社交网络获得心理满足后，缺乏有效的自我调节和控制能力（Jung & Sundar，2016）。例如，常常不能控制和习惯性地查看社交网络，在社交网络中无目的地刷屏，这些行为都使青少年花费大量的时间资本、金钱资本和心理资本，并进一步导致相应的消极生理、心理和行为症状。因此，研究中所揭示的冲动性人格对移动社交网络的正向预测作用，不但扩展了冲动性人格在成瘾行为中的适用和解释范围，而且进一步验证了冲动性人格作为一种消极人格对移动社交网络过度使用具有重要影响。

研究发现人际困扰与移动社交网络过度使用存在密切关系，并且青少年的人际困扰能正向预测移动社交网络过度使用行为。有研究表明，手机成瘾者比非成瘾者面临更多的面对面社会交往问题，在现实社会交往中他们常表现出更多的社交焦虑、抑郁等消极情绪（Milani，Osualdella，& Di Blasio，2009；Nepon，Flett，Hewitt，& Molnar，2011；Park & Lee，2012）。以往研究也表明，青少年之所以沉溺于互联网，其中一个重要原因就是这些青少年大多在现实人际交往中存在问题（宗一楠，徐英，2014），由于人际交往能力不足或缺陷，他们体验到的更多是孤独、焦虑、无助、抑郁和自卑，无法在现实生活中获得积极的人际交往体验使他们转而在网络中寻求相应的心理满足。青少年通过使用社交网络来发展、维持社会关系和获得特定的心理满足，常常是通过积极自我呈现的方式进行的，他们希望通过在线的印象管理和印象整饰，给同在社交网络中的朋友留下自己所期望的印象，在这一过程中青少年通过积极自我呈现，来满足自尊需要、归属需要、认同需要，以及社会交往需要，从而获得更多的网络社会资本（Bareket-Bojmel，Moran，& Shahar，2016）；不过，社交网络的积极自我呈现虽然可以降低社交焦虑水平并在一定程度上提高社交能力，但这种积极的体验仅限于社交网络中，而线下的社交问题并没有得到有效的缓解（Grieve，Indian，Witteveen，Anne Tolan，& Marrington，2013）。由此可见，基于智能手机的移动社交网络过度使用，更加便捷地为那些具有人际困扰的青少年提供社会交往的途径，而具有人际困扰的青少年通过虚拟网络社交，以及积极自我呈现策略，能够改善现实生活中因社交问题导致的消极情绪，尤其是随着移动社交网络平台种类的丰富，具有人际困扰的青少年能够在移动社交网络中获得比在现实生活中更多的心理资本和社会资本。

除了神经质人格、冲动性人格和人际困扰与移动社交网络过度使用存在密切关系，并能积极预测移动社交网络过度使用行为外，神经质人格、冲动性人格和人际困扰之间也存在密切的关系。研究发现神经质人格与冲动性人格、人际困扰以及冲动性人格与人际困扰之间也存在密切关系，且神经质人格能够显著正向预测冲动性人格和人际困扰，冲动性人格也能正向预测人际困扰。神经质人格与冲动性人格作为消极人格，二者间存在诸多共性，尤其是二者均表现出相似的情绪性特征，具有神经质人格的个体往往也具有冲动性特质，这二者间彼此密切联系。具有神经质人格和冲动性人格的个体常表现出情绪上的不稳定、缺少控制力、焦虑、抑郁和退缩等心理与行为，具有这些特质的青少年在现实生活中往往不能建立积极良好的人际关系，并进而产生社交焦虑等社交障碍（Zywica & Danowski，2008；Bodroža & Jovanovic̃，2016）。例如，冲动性人格和缺乏控制的个体往往不加考虑地做出决策和行为，思维和行为盲目草率，并且难以顾及他人的心理感受，这将导致个体很难获得他人的接受和认同。因而这类青少年在现实生活中往往存在一定程度的社交障碍，而这种社交障碍导致的焦虑、抑郁、孤独和自卑等心理又会反向强化神经质人格和冲动性人格。由此可见，神经质人格、冲动性人格、人际困扰三者间存在密切的关系，其中神经质人格和人际困扰作为原因变量将导致作为结果变量的人际困扰，并产生相应的人际困扰表现，如人际困扰、社交回避和自卑等。

（二）冲动性人格与人际困扰在神经质人格与移动社交网络过度使用间的双重中介

研究进一步发现，神经质人格对移动社交网络过度使用有着不同的影响和作用机制。神经质人格不仅能单独通过冲动性、人际困扰对移动社交网络过度使用产生中介作用，还能够通过冲动性人格→人际困扰的链式中介效应对移动社交网络过度使用产生影响。这一结果表明，具有神经质人格倾向的青少年往往也具有冲动性人格特质，这种冲动性人格会使他们缺乏对移动社交网络过度使用意向和使用行为的控制，并进一步花费大量时间进行移动社交网络的使用，进而可能导致消极心理与行为。具有神经质人格的青少年由于其人际交往方式与大多数人不同，常常不能在正常的社会交往中获得积极社交体验，并导致人际交往的困扰。具有这种人际交往困扰的青少年便会转而在移动社交网络中寻求积极的人际交往体验，尤其是通过积极自我呈现来获得积极关注，进而获得认同感、归属感和自尊感，这种积极体验便会进一步促进他们对移动社交网络的使用时间和强度。神经质人格除了单独通过冲动性人格和人际困扰对移动社交网络过度使用产生中介效应外，研究发现神经质人格也会通过冲动性人格→人际困扰对移动社交网络过度使用产生链式中介效应。具有神经质人格倾向的青少年更可能产生冲动性人格特质和行为意向（这在前文已经阐述），而这种冲动性人格也会导致青少年人际交往困扰，使青少年希望通过移动社交网络来弥补现实人际交往困扰带来的消极影响。

根据“穷者变富”模型，基于线上的移动网络社交缺少言语线索提示，并且个体能对社会交往的水平进行主动控制，满足了那些存在社会交往障碍个体的心理需求（Moore & McElroy，2012；Dhir，Kaur，Chen，& Lonka，2016）。使用与满足理论还认为，人们使用某种媒介获得的心理满足感会进一步强化其使用的意愿，具有人际困扰的个体迫切需要积极社会交往的满足，通过移动社交网络建立和维持社交关系能给个体带来积极的情感体验（Ifinedo，2016）。不过研究也发现，神经质人格单独三条路径对移动社交网络过度使用产生的中介效应存在不同水平的差异，其中人际困扰单独产生的中介效应高于冲动性人格单独产生的中介效应，以及冲动性人格→人际困扰产生的链式中介效应。这一结果表明，在移动社交网络过度使用发生机制上，神经质人格通过人际困扰对移动社交网络过度使用的影响更大，也即社会交往问题对青少年移动社交网络过度使用行为的产生更为重要。姜永志和白晓丽（2015）研究认为，人们使用移动社交网络存在不同动机，其中建立和发展社会关系、积极自我呈现和休闲娱乐是较为主要的使用动机（姜永志，白晓丽，2015）。对于现实社会交往中基于人格因素导致的社会交往缺陷个体来说，通过在移动社交媒体中发表状态、上传照片、分享经验、沟通互动等活动来有目的地展现积极自我，来获得积极的同伴反馈，以及更多的社会和情感支持，不但可以有效降低社交焦虑、抑郁和孤独感水平，而且能对个体自尊水平和生活满意度的提高起到积极促进作用（姜永志等，2016）。

第四节　青少年冲动性人格对移动网络过度使用的影响

既然诸多人格特质对移动社交网络使用均具有一定的影响，那么人格特质对基于智能手机的移动网络过度使用行为必然也具有一定的影响。基于智能手机的移动网络使用作为传统互联网的延伸，在很大程度上已经取代了传统的网络接入方式，从方方面面对个体的学习、生活产生影响。移动互联网的快速发展，使越来越多的青年学生深陷对移动网络使用严重依赖的泥潭，并产生了一些心理与行为问题。从目前移动网络过度使用相关研究来看，研究者多关注手机使用对个体的消极影响，或者是哪些心理与行为变量影响了手机的使用。从个体使用手机的现状来看，个体更关注的是基于智能手机的移动网络使用，以及移动网络使用的 App 应用带来的心理体验，因而对青年学生手机使用问题的关注也应转移到对移动网络过度使用的研究上来。这项研究可以从三条思路展开：第一条思路是研究什么因素导致青年学生对移动网络的痴迷；第二条思路是研究移动网络的使用程度，以及不同的使用程度对个体的身心发展产生了哪些影响；第三条思路是研究移动网络过度使用者的大脑和神经机制。前两条思路可以看作是行为层面的研究，第三条思路可以看作是机制层面的研究。那么，从行为层面探究移动网络过度使用的影响或发生机制是目前研究的关注点，而行为层面的研究多探讨人格特质、负性情绪和社会心理动机等对移动网络过度使用的影响，尤其是揭示哪些典型人格特质是移动网络过度使用的易感人群，对相关干预治疗将具有重要意义。

冲动性人格常被认为是一种对内外刺激做出迅速、无计划反应的人格倾向，常因缺乏对行为后果的考虑而造成不良影响（Moeller，Barratt，&

Dougherty，2001）。有研究者认为，人格特质是影响移动网络过度使用的重要因素（Dominic & Muncer，2007）。冲动性人格作为个体较为稳定的人格特质，对个体的心理与行为能产生较大影响。有研究者在对个体人格差异与互联网使用的研究中发现，不同的人格特质会影响互联网的使用偏好（Wang，Jackson，Zhang，& Su，2012）。杨洋和雷雳关于互联网社交网络使用及其影响的研究也表明，人格因素和互联网社交网络的交互作用可能是病理性互联网使用的重要原因，典型的人格特质有冲动性人格、神经质人格等（杨洋，雷雳，2007）。有研究者认为，高冲动性人格的个体，有更多的可能出现成瘾症状（周亮，何晓燕，肖水源，2006）。邓林园等（2014）研究发现，冲动性人格与网络成瘾呈显著正相关，高冲动性人格的个体通常更容易网络成瘾。另外，李悦和朱广思（2015）研究发现，大学生的冲动性人格与手机成瘾呈显著正相关。由此可见，冲动性人格作为一种典型的人格特质会对个体传统互联网和手机互联网的使用产生重要影响。

移动社交网络使用偏好是个体对手机社交网络的喜爱程度，如个体对微信、QQ 等社交媒体使用偏好。有研究认为个体通过使用手机社交网络，可以获得现实生活中难以获得的自尊、自信、归属、荣誉、认可、称赞等，满足了个体对现实人际交往欠缺的需要（雷雳，2010）。但也有研究认为手机社交网络的过度使用也使一些青年学生深陷网络社交中难以自拔，最终沦为网络成瘾，对身心发展造成了严重损害（张锦涛，陈超，刘凤娥，邓林园，方晓义，2012）。姜永志、王晓超和白晓丽（2015）的研究也发现，移动社交网络使用偏好可以预测移动网络过度使用，偏好使用移动社交网络的个体也更易形成手机依赖行为。可见，移动社交网络使用偏好也可能是移动网络过度使用产生的重要影响因素。

综上所述，冲动性人格、移动社交网络使用偏好与移动网络过度使用间存在密切关系。因此，研究假设冲动性人格、移动社交网络使用偏好与移动网络过度使用间存在密切关系，并且移动社交网络使用偏好可能在二者间存在中介作用。

一、对象与方法

（一）研究对象

第一次数据采集样本：采用整群分层抽样方法，从内蒙古三所高校选取大一至大四学生共1500人参与研究，使用调查问卷对样本进行了测量，回收有效问卷1488份。其中，男生556人（37.37%），女生932人（62.63%），年龄为20.55 ±2.42岁；大一年级512人（34.41%），大二年级384人（25.81%），大三年级376人（25.27%），大四年级216人（14.52%）；城市生源760人（51.08%），农村生源728人（48.92%）；大学生样本中，文科生480人（32.26%），理科生1008人（67.74%）。

（二）研究工具

1. 冲动性人格量表

采用Barrat（1959）编制的Barrat冲动性量表（BIS -11），李献云等（2011）以大学生为样本进行修订，修订后的中文版量表包括30个题目，包括运动冲动性、认知冲动性和无计划冲动性3个因子。量表采用1～5五点记分，1～5分代表完全不符合至完全符合，高分代表多动、行为缺乏控制、注意力不集中、冲动型认知方式等。本研究由于测量对象包含了初中生、高中生和大学生，因此量表在对中学生进行施测前进行了相应的语言处理，使表达更符合中学生的实际情况。本研究中量表内部一致性信度系数为0.80。

2. 大学生手机移动网络服务使用偏好问卷

采用姜永志和白晓丽（2015）编制的大学生手机移动网络服务使用偏好问卷，问卷由16个项目组成，包括信息服务偏好（手机网络新闻、手机搜索等）、交易服务偏好（手机网络购物、手机旅行预订等）、娱乐服务偏好（手机网络游戏、手机网络音乐等）和社交服务偏好（手机社交网站、手机即时通信等）4个因子。问卷采用李克特五级计分，得分越高表明越偏好使用某一方面的移动网络服务。各维度的内部一致性信度系数为0.741～0.865。

3. 大学生手机依赖量表

采用姜永志（2013）编制的大学生手机依赖量表，量表包括17个题目，分为戒断症状、情绪改变、社会功能受损和耐受性4个因子，分数越高代表移动互联网过度使用行为的卷入程度越深。由于该量表侧重于考察个体对基于智能手机的移动网络使用的依赖程度，因此使用它来考察青年学生移动网络过度使用行为。

（三）统计分析

本研究在施测过程中，由心理学专业背景的研究生担任主试，实测前对主试进行集中培训，统一指导语，说明注意事项。主要通过随机分层的方式选取班级进行集体施测，由专业的施测人员发放和回收问卷，完成数据收集。采用SPSS 18.0进行描述统计、相关分析、回归分析等。

二、研究结果

（一）不同冲动性人格对象手机依赖量表各因子得分比较

根据总分高低27%的划分原则，将大学生冲动性人格分为高冲动人格组和低冲动人格组，比较手机互联网过度使用行为的差异。差异分析结果显示，大学生高/低冲动人格组与手机互联网过度使用行为量表的社会功能受损和耐受性2个因子差异均存在统计学意义（$p<0.01$），高冲动人格组的社会功能受损程度和耐受性显著高于低冲动人格组，见表5-9。

表5-9　不同组别对象手机依赖得分比较（$M\pm SD$）

手机依赖量表因子	低冲动性人格组	高冲动性人格组	t值	p值
戒断症状	2.40±0.78	3.15±0.78	7.817**	<0.01
情绪改变	3.17±0.91	3.65±1.00	4.801**	<0.01
社会功能受损	2.46±0.64	2.73±0.96	2.151**	<0.01

续表

手机依赖量表因子	低冲动性人格组	高冲动性人格组	t 值	p 值
耐受性	2.14±0.88	2.66±0.83	2.317**	<0.01
手机依赖总分	2.59±0.49	3.18±0.61	5.756**	<0.01

（二）冲动性人格、移动社交网络使用偏好与手机依赖的关系

相关分析显示，运动性冲动人格、认知性冲动人格、无计划性冲动人格和冲动性人格总分与手机依赖间均呈明显正相关，移动社交网络使用偏好与手机依赖间呈明显正相关，详见表5-10。

表5-10　冲动性人格、移动社交网络使用偏好与手机依赖的 Pearson 相关分析（r）

因子	戒断症状	情绪改变	社会功能受损	耐受性	手机依赖总分
运动性冲动人格	0.241**	0.142**	0.213**	0.171*	0.230**
认知性冲动人格	0.251**	0.212**	0.202**	0.180**	0.305**
无计划性冲动人格	0.305**	0.340**	0.310**	0.214**	0.376**
冲动性人格总分	0.375**	0.305**	0.186**	0.231**	0.247**
移动社交网络使用偏好	0.358**	0.272**	0.303**	0.258**	0.246**

（三）冲动性人格、移动社交网络使用偏好对手机依赖的预测

根据冲动性人格、移动社交网络使用偏好与手机依赖的相关分析结果，进一步以冲动性人格、移动社交网络使用偏好为自变量，以手机依赖为因变量进行回归分析。回归分析结果显示，冲动性人格和移动社交网络使用偏好对手机依赖均有直接正向预测作用（$p<0.01$），详见表5-11。

表5-11　冲动性人格和移动社交网络使用偏好对手机依赖的回归分析

因变量	预测变量	Beta	t 值	p 值	R^2	F 值
手机依赖总分	冲动性人格	0.160	4.615	<0.01	0.147	6.081
	移动社交网络使用偏好	0.185	5.081	<0.01		

（四）移动社交网络使用偏好在冲动性人格与手机依赖间的中介效应

为进一步揭示冲动性人格、移动社交网络使用偏好与手机依赖间的关系，研究采用结构方程模型（Amos 17.0）建立一个中介模型，以检验移动社交网络使用偏好在冲动性人格与手机依赖间的中介效应。模型涉及3个潜变量：冲动性人格、移动社交网络使用偏好和手机依赖。以冲动性人格为自变量、手机依赖为因变量、移动社交网络使用偏好为中介变量构建中介模型。结果显示，$\chi^2/df=4.621$，RMSEA＝0.078，GFI＝0.900，NFI＝0.948，CFI＝0.925，IFI＝0.965。模型各项拟合指标基本达到统计水平，移动社交网络使用偏好在冲动性人格与手机依赖间存在中介效应，见图5-4。为确定模型的中介效应统计效力，使用偏差校对非参数百分位Bootstrap法进行中介效应检验，样本量选择为5000。结果显示，移动社交网络使用偏好在冲动性人格与手机依赖间存在显著的中介效应，模型总效应的Bootstrap 95％置信区间不含0值（总效应0.351，95％置信区间CI（0.155，0.252）），直接效应的Bootstrap 95％置信区间不含0值（直接效应0.235，95％置信区间CI（0.109，0.191）），间接效应的Bootstrap 95％置信区间不含0值（间接效应0.116，95％置信区间CI（0.152，0.344）），说明移动社交网络使用偏好在冲动性人格与手机依赖间存在显著的中介效应。

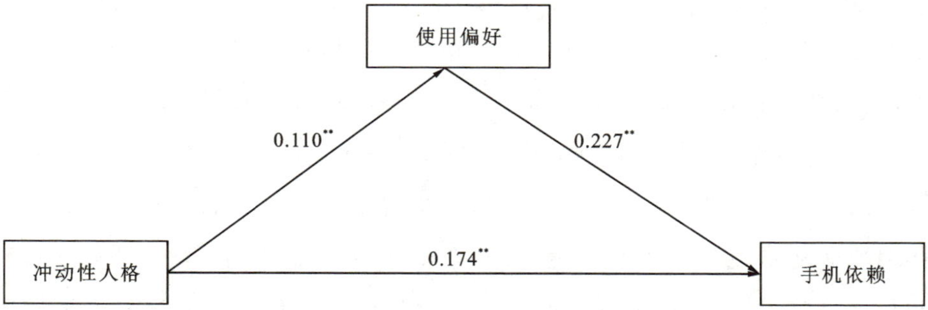

图5-4　移动社交网络使用偏好在冲动性人格与手机依赖间的中介效应

三、讨论与分析

本研究发现冲动性人格与手机依赖存在密切相关，高冲动性人格大学生的手机依赖显著高于低冲动性人格大学生。进一步分析发现冲动性人格特质能够显著正向预测手机依赖，这与前人关于冲动性人格与成瘾行为的普遍结论一致。现有研究已证实冲动性人格与成瘾行为密切相关：Gao 等（2007）研究发现，网络成瘾者在冲动性人格量表上的得分显著高于非网络成瘾者；James 和 Drennan（2005）研究发现，冲动性是手机依赖的重要行为特征之一；曹枫林和苏林雁（2007）发现，中学生互联网过度使用与其冲动性水平呈显著正相关；黄海等（2015）关于手机依赖的研究也发现，冲动性人格与手机依赖的关系密切，高冲动性的个体更容易形成手机依赖。冲动性是与情绪关系密切和相对稳定人格系统的一部分，尽管它受到意识的控制并不总是支配个体的行为，但青年学生的自我控制能力尚未完全成熟，当遇到情绪困扰、生活挫折时，他们的冲动性人格就很可能成为支配其心理与行为的重要因素，而个体又最可能通过互联网来缓解负性事件带来的心理失衡，那么手机互联网则成为他们的首选。因此，持续的冲动性人格特质很可能是影响个体手机依赖的重要因素之一。

在冲动性人格与移动社交网络使用偏好的关系上，本研究发现冲动性人格与移动社交网络使用偏好呈显著正相关，这与以往相关研究的结果基本一致。有研究者以 Facebook 为例，考察了人格特质与大学生互联网社交自我呈现水平的关系，结果发现人格特质可显著预测大学生的在线自我表现（Michikyan，Subrahmanyam，& Denni，2014）。姜永志和白晓丽（2015）的研究还发现，高神经质人格大学生更偏好使用手机移动社交网络，而冲动性人格特质作为与神经质人格特质高度相关的人格变量，它与移动社交网络使用偏好的显著正相关在本研究中得到了进一步的印证。Takao（2009）甚至认为，可能存在特定的成瘾人格，具有这种人格倾向的大学生更容易形成对互联网或手机移动互联网的过度使用，其中神经质、冲动性等人格特质有可能就是这种成瘾人格的构成要素。可见，高冲动性人格特质大学生的情绪相对不稳定，他们常需要一定的途径与他人进行交流以达到缓解的目的，手机社交网络作为既具有网络社交功能又具有即时通信功能的便捷新兴网络平台，满足了大学生的这种心理需求。所以，具有高冲动性人格特质的大学生比具有低冲动性人格特质的大学生更偏好使用手机社交网络。

本研究考察了移动社交网络使用偏好在冲动性人格与手机依赖间的作用，发现移动社交网络使用偏好在冲动性人格和手机依赖间起中介效应。结果表明，冲动性人格既可直接也可间接通过移动社交网络使用偏好影响手机依赖。本研究结论与已有部分研究结论一致。有研究认为冲动性人格与手机依赖间的关系并非单纯的线性关系，而是可能通过其他变量间接影响过度使用行为（聂衍刚，窦凯，王玉洁，2013）。可见，人格变量会直接或通过某些变量间接对大学生手机互联网的使用产生影响，进而可能导致手机互联网的过度使用，使网络成瘾问题手机化。而手机互联网使用行为是健康或病理性的，也受到手机互联网提供的各种服务（如手机社交服务、娱乐服务、信息服务等）以及手机互联网如何满足个体的需要的影响。因此，手机依赖既受冲动性人格因素影响，也受手机移动网络使用偏好影响，尤其是那些能够在心理上满足个体各种需求的手机移动社交网络服务。正因如此，塑造大学生积极人格品质，培育大学生良好媒介素养，使大学生能够有效合理控制和安排手机互联网使用时间，才能避免因受不良人格影响而出现病理性手机依赖行为。

第六章　青少年情绪与移动社交网络使用

情绪作为一种相对不稳定的心理特征常被看作是影响成瘾行为的重要因素。网络成瘾相关研究中就发现某些负性情绪在成瘾行为的形成中起着关键作用，例如，羞怯、孤独感和无聊感。负性情绪与成瘾行为关系的具体研究中，众多研究也发现不同的负性情绪不但与网络成瘾存在密切关系，而且与手机依赖存在密切关系。那么，哪些典型的负性情绪与移动网络过度使用存在密切关系？这些负性情绪是通过何种路径进一步对移动网络过度使用产生影响的？这些问题的揭示，有助于进一步理解情绪与移动网络使用的关系。为此，本章着重对典型的负性情绪与移动社交网络使用间的关系，以及二者间的作用机制进行探讨。

第一节　青少年情绪对移动社交网络使用的影响

在信息社会，新技术的快速发展引发了如何处理、存储和传输信息的重大变革，引起了社会生活方式的重大改变，特别是人与人之间交往方式的变化。人们在生活中需要更快地获取各种信息，更快地与人沟通交流以节省时间，这就导致对技术的更多渴求，使人被高度卷入到技术性需求之中，并最终产生对技术的依赖性（Turel & Serenko，2012）。社交网络作为一种可以进行广泛交流的社交平台，对人们现实和虚拟生活的影响在逐渐扩大，过度的社交网络使用常被看作是一种技术性成瘾行为，尤其是社交网络向智能手机终端的转移，使越来越多的人频繁和高强度地使用移动社交网（Karadag et al.，2015），智能手机已经成为社交网络依托的最主要媒介。近年来的相关研究指出，基于智能手机的社交网络过度使用会对个体的健康产生消极后果，将导致学习成绩下降、家庭冲突和工作困扰，甚至导致较为严重的抑郁和孤独等症状，这使移动社交网络使用问题成为心理学、健康医学和信息技术科学的研究热点问题（Lee，Chang，Lin，& Cheng，2014）。尽管移动社交网络使用带来的消极影响日益凸显，但目前关于这一问题的概念尚未达成统一，一种观点将其看作与病理性赌博和网络成瘾一样的成瘾行为，遵循《美国精神疾病诊断手册》的相应诊断标准进行评价；另一种观点将其看作一种正常的心理亚健康状态，遵循一般心理问题的相应诊断标准（Billieux，Maurage，Lopez-Fernandez，Kuss，& Griffiths，2015）。姜永志等（2016）将其看作一种问题性移动社交网络使用行为，将其定义为“个体不可控制地长时间和高强度使用移动社交网络，使个体的生理、心理和行为等受到消极影响，并在一定程度上对正常生活产生消极影响，但这种影响尚未达到病理性或精神障碍程度的一种移动社交网络使用行为”，本研究也将这种行为看作一种问题性移动社交网络使用。

问题性移动社交网络使用及其相关研究主要探讨如何测量、哪些因素对问题性移动社交网络及其相关问题产生了影响，其发生机制是什么，以及如何进行干预治疗。而目前人们对问题性移动社交网络产生的原因尚未达到更为深刻的认识。从相关研究可知，诸多消极情绪与网络成瘾、网络游戏成瘾、社交网络成瘾和手机依赖等均存在一定关系。文献梳理发现，青少年的社交焦虑、遗漏焦虑、孤独感和无聊倾向均可能产生对移动社交网络的问题性使用。在较早的研究中，Sheldon（2008）发现当个体在面对面社交中感到焦虑和恐惧时，其会渴求通过社交网络来减少现实社会交往中的焦虑水平。近年的研究也发现，具有社交焦虑的个体更偏好社交网络使用，无论在使用时间还是使用频率上都远高于没有社交焦虑的个体

(Lee，2014)。孤独感是由于社会交往能力不足或社交网络缺失产生的一种不愉快的主观情绪体验，个体如果在社会交往中不能体验到积极的愉悦感，就会产生孤独感（刘红，王洪礼，2011)。Błachnio 等（2016）的研究发现，高孤独感可以显著正向预测问题性移动社交网络使用，具有孤独感倾向的个体使用移动社交网络的时间和频率远高于没有孤独感倾向的个体。孤独感作为个体的一种消极情绪体验，是社会交往障碍的主要表现形式，可能成为问题性移动社交网络使用的预测变量（谢其利，宛蓉，2015)。当人们长时间无法使用手机或无法连接网络时，个体会因害怕错过与自我有关的信息而产生焦虑心理，这是一种对能给自己带来积极回报的行为缺失导致的普遍心理担忧。有研究指出，因害怕错过电话或信息而习惯性查看手机的心理动机，使人们每天大多数时间都无法离开手机，那些具有较低心理需求满足、情绪较低落和生活满意度较低的个体报告了更多的遗漏焦虑，具有较高遗漏焦虑的个体更倾向于使用社交网络（Lee，Chang，Lin，& Cheng，2014)。无聊倾向是一种复合消极情绪，具有无聊倾向的青少年常体验到缺乏刺激或挑战、焦虑、空虚、无精打采、无趣、时间知觉过慢等。无聊倾向高的青少年自我控制水平也较低，更容易产生冲动性行为，而这种冲动性行为正是问题性移动社交网络使用行为产生的重要人格预测因素（赵宇，陈健芷，刘勇，姜梦，2015)。也有研究发现，大学生无聊感与手机依赖间存在显著正相关（姚梦萍，贾振彪，陈欣，焦珊珊，2016)。

基于以上分析，进一步探究哪些消极情绪对青少年问题性移动社交网络使用行为产生影响，本研究以青年群体为对象，考察了社交焦虑、遗漏焦虑、孤独感和无聊等消极情绪对青少年问题性移动社交网络使用的影响，并为相关心理健康教育提供依据。

一、对象与方法

（一）研究对象

第三次数据采集样本：选取内蒙古自治区、广西壮族自治区、甘肃省、湖北省、辽宁省、吉林省、河北省和海南省等 8 个省区的 16 所中学和大学作为调查样本，调查方式为现场发放问卷，纸笔作答。共发放问卷3000份，最后共回收有效问卷2872份，问卷有效率为95.73%。被试的年龄区间为12～25岁。其中，男生1012人（35.24%），女生1860人（64.76%）；初中生772人（初一180人（6.27%）、初二380人（13.23%）、初三212人（7.38%））；高中生1032人（高一524人（18.25%）、高二144人（5.01%）、高三364人（12.67%））；大学生1068人（大一368人（12.81%）、大二280人（9.75%）、大三192人（6.69%）、大四228人（7.94%））；城市生源地1276人（44.43%），农区生源地1596人（55.57%）。

（二）研究工具

1. 交往焦虑量表

采用Leary（1983）编制的交往焦虑量表，量表的中文版由彭纯子、龚耀先和朱熊兆修订，量表由15个项目构成，主要用于评定独立于行为之外的主观社交焦虑体验倾向。量表使用李克特五级计分，1～5分代表完全不符合至完全符合。量表属于单维量表，量表得分越高代表个体主观体验到的交往焦虑水平越高。本研究中量表的内部一致性信度系数为0.87。

2. 遗漏焦虑量表

遗漏焦虑是一种过于担心错过自己在社交网络中自己或他人信息的普遍性的焦虑，主要表现为渴望与他人保持持续的联系以免错过信息。研究采用Przybyiski等（2013）编制的遗漏焦虑量表，Al-Menayes对该量表进行了修订，修订后量表包括8个题目。量表使用李克特五级计分，1～5分代表完全不符合至完全符合。量表属于单维量表，总分越高表明遗漏焦虑倾向越严重。本研究中量表的内部一致性信度系数为0.83。

3. UCLA孤独感量表（第三版）

采用Russell等人编制的UCLA孤独感量表（第三版），量表由20个题目（11个正向计分题目和9个反向计分题目）组成。量表采用李克特四级计分，1～4分代表完全不符合至完全符合。量表属于单维量表，得分越高表明个体的孤独感水平越高（汪向东，1999）。本研究中量表的内部一致性信度系数为0.90。

4. 多维状态无聊量表（中文版）

采用由刘勇等人（2013）修订的多维状态无聊量表（中文版），修订后的量表共有24个题目，由注意缺乏、时间知觉 、低唤醒、高唤醒和缺乏投入5个因子构成。量表使用李克特五级计分，1～5分代表完全不符合至完全符合，因子得分越高表明个体在某方面的无聊倾向越凸显，总分得分越高表明无聊倾向越凸显。本研究中量表的内部一致性信度系数为0.91。

5. 青少年问题性移动社交网络使用行为评估问卷

采用姜永志编制的青少年问题性移动社交网络使用行为评估问卷，问卷共有20个题目，包括黏性增加、生理损伤、错失焦虑、认知失败和负罪感5个因子。问卷使用李克特五级计分，1～5分代表完全不符合至完全符合，总分越高表明青少年问题性移动社交网络使用倾向越严重，因子得分越高表明青少年在问题性移动社交网络使用某方面倾向较为严重。总问卷的内部一致性信度系数为0.91，各因子间的内部一致性信度在0.66～0.91之间。

（三）统计分析

本研究采用SPSS18.0软件进行Pearson相关分析和多元回归分析。由于本研究采用问卷法对同一批研究对象进行测量，有可能存在共同方法偏差，因此需要首先进行共同方法偏差的检验。研究主要采用统计方法进行共同方法偏差检验，根据前人研究采用了Harman单因素检验法，使用所有原始题目进行因素分析。经探索性因素分析后提取的第一个因子解释变异的22.16%，低于40%的临界值。这表明本研究使用问卷法获得的数据受共同方法偏差影响较小，对数据可以进行进一步统计分析。

二、研究结果

（一）情绪因素与问题性移动社交网络使用行为的关系

表 6-1 呈现了交往焦虑、遗漏焦虑、孤独感和无聊倾向等负性情绪与问题性使用行为及各因子的均值、标准差及相关关系。由结果可知，交往焦虑与问题性使用行为各因子存在显著正相关（$r=0.261\sim0.426$，$p<0.01$）；遗漏焦虑与问题性使用行为各因子存在显著正相关（$r=0.178\sim0.470$，$p<0.01$）；孤独感与问题性使用行为各因子存在显著正相关（$r=0.126\sim0.380$，$p<0.01$）；注意缺乏只与生理损伤存在显著正相关（$r=0.167\sim0.394$，$p<0.01$），与其他因子均不存在显著相关（$r=0.022\sim0.087$，$p>0.01$）；时间知觉与问题性使用行为各因子存在显著正相关（$r=0.164\sim0.203$，$p<0.01$）；低唤醒与问题性使用行为各因子存在显著正相关（$r=0.132\sim0.383$，$p<0.01$）；高唤醒与问题性使用行为各因子存在显著正相关（$r=0.272\sim0.370$，$p<0.01$）；无聊倾向总分与问题性使用行为各因子存在显著正相关（$r=0.177\sim0.335$，$p<0.01$）；情绪因素与问题性使用行为总分均存在显著正相关（$r=0.135\sim0.492$，$p<0.01$）。

表 6-1　情绪变量与问题性移动社交网络使用的关系分析

变量	1	2	3	4	5	6	7	8	9
生理损伤	0.403**	0.241**	0.154**	0.351**	0.164**	0.372**	0.038	0.272**	0.297**
黏性增加	0.426**	0.470**	0.380**	0.312**	0.079	0.378**	0.150**	0.370**	0.315**
认知失败	0.331**	0.254**	0.154**	0.367**	0.087	0.242**	0.176**	0.295**	0.285**
错失焦虑	0.261**	0.430**	0.200**	0.362**	0.080	0.301**	0.260**	0.339**	0.325**
负罪感	0.390**	0.178**	0.151**	0.394**	0.033	0.236**	0.169**	0.354**	0.289**

续表

变量	1	2	3	4	5	6	7	8	9
问卷总分	0.492**	0.443**	0.305**	0.452**	0.135**	0.407**	0.187**	0.421**	0.392**
M	2.997	2.752	2.583	2.818	2.496	2.371	2.448	2.956	2.625
SD	0.692	0.777	0.613	0.912	1.000	0.948	1.031	0.987	0.815

注：1——交往焦虑；2——遗漏焦虑；3——孤独感；4——注意缺乏；5——时间知觉；6——低唤醒；7——高唤醒；8——缺乏投入；9——无聊倾向总分。

（二）情绪因素对问题性移动社交网络使用行为的回归

以交往焦虑、遗漏焦虑、孤独感和无聊倾向等情绪因素为预测变量，以问题性使用行为为因变量，控制性别和年级因素进行回归分析。由表 6-2 可知，交往焦虑（$\beta=0.116$，$t=2.661$，$p<0.01$）、遗漏焦虑（$\beta=0.244$，$t=7.032$，$p<0.01$）和孤独感（$\beta=0.214$，$t=9.756$，$p<0.01$）对问题性使用行为具有正向预测作用；在无聊倾向中，注意缺乏、低唤醒和缺乏投入对问题性使用行为具有正向预测作用（$\beta=0.096\sim0.233$，$t=1.943\sim4.272$，$p<0.05$），高唤醒对问题性使用行为具有负向预测作用（$\beta=-0.132$，$t=2.544$，$p<0.05$），无聊倾向总分对问题性使用行为具有正向预测作用（$\beta=0.761$，$t=8.531$，$p<0.01$）。分析可知，情绪因素对青少年问题性移动社交网络使用具有直接预测作用，情绪因素对问题性使用行为的产生具有重要影响。

表 6-2　情绪变量对问题性移动社交网络使用行为的回归分析

分层	因变量	预测变量	B	$S_{\overline{X}}$	β	t	R^2	F
第一层	问题性使用	性别	0.184	0.031	0.111	5.957**	0.045	68.187**
		年级	0.048	0.006	0.163	8.757**		
第二层	问题性使用	交往焦虑	0.139	0.052	0.116	2.661**	0.501	37.662**
		遗漏焦虑	0.262	0.037	0.244	7.032**		
		孤独感	0.302	0.026	0.214	9.756**		
		注意缺乏	0.154	0.047	0.181	3.267**		
		时间知觉	−0.019	0.038	−0.022	−0.491		

续表

分层	因变量	预测变量	B	$S_{\overline{X}}$	β	t	R^2	F
第二层	问题性使用	低唤醒	0.205	0.048	0.233	4.272**		
		高唤醒	−0.107	0.042	−0.132	−2.544*		
		缺乏投入	0.081	0.042	0.096	1.943*		
		无聊倾向总分	0.798	0.093	0.761	8.531**		

三、讨论与分析

在文献分析基础上，研究选取交往焦虑和遗漏焦虑两种焦虑情绪以及孤独感和无聊倾向，考察负性情绪是否对问题性移动社交网络使用行为具有预测作用。研究发现，交往焦虑、遗漏焦虑、孤独感和无聊倾向均与问题性移动社交网络使用行为存在密切关系，并且交往焦虑、遗漏焦虑、孤独感和无聊倾向均能直接预测问题性移动社交网络使用行为，且无聊倾向的注意缺乏、低唤醒、高唤醒和缺乏投入等因子也同样对问题性使用行为具有直接预测作用。

交往焦虑与问题性使用行为存在密切关系，且直接正向预测问题性使用行为，这一研究结果与以往相关研究结果一致。例如，Sheldon（2008）研究发现，当个体在面对面社交中感到焦虑和恐惧时，他们会十分渴求通过社交网络的使用来减少现实社会交往中的焦虑水平；而 Lee 等（2014）同样研究发现那些缺乏控制和具有交往焦虑的青少年更倾向于使用移动社交网络，无论在使用时间还是使用频率上都远高于没有交往焦虑的个体；也有研究在智能手机成瘾的相关研究中得出类似结论，发现青少年使用智能手机的主要目的是进行移动网络社交，并且具有交往焦虑的大学生更愿意使用智能手机（Enez Darcin，Noyan，Nurmedov，Yilmaz，& Dilbaz，2015）。社交技能的缺失及交往焦虑是人们使用移动社交网络的一个重要原因，交往焦虑是个体害怕与他人面对面交流，害怕受到别人的评价而产生的一种社会交往障碍，这也使交往焦虑个体在现实生活中产生了更多孤独感和疏离感。根据行为强化理论的解释，移动社交网络过度使用行为在过去获得奖励，这种行为可能会再次发生。移动社交网络使用行为不但可以避免个体现实生活中的交往焦虑等消极情绪，而且可以带来积极的情绪体验和心理满足，那么移动社交网络使用的时间和频率就会得到加强。因此，交往焦虑作为一种负性情绪是问题性移动社交网络使用行为的风险性预测因素。

遗漏焦虑与问题性移动社交网络使用存在密切关系，且直接正向预测问题性使用行为，这一研究结果与以往相关研究一致。在移动社交网络使用中，很多人都存在“遗漏焦虑症”。当人们长时间无法使用手机或手机无法连接网络时，会因为害怕错过与自我有关的信息而产生焦虑心理，也就是说遗漏焦虑是一种对能给自己带来积极回报的行为缺失导致的普遍心理担忧。有研究指出，因害怕错过电话或信息而习惯性查看手机的心理动机，使人们每天大多数时间都无法离开手机。Przybylski 等（2013）研究发现，那些具有较低心理需求满足、情绪较低落和生活满意度较低的个体报告了更多的遗漏焦虑，而具有较高遗漏焦虑的个体更倾向于使用社交网络。根据自我决定理论来解释，个体对相关信息需求的缺失，使个体感到不能自主掌控与外界的相互作用，由此带来希望积极寻求需求满足而产生的信息恐惧。因此，人们在现实生活中的心理缺失会导致个体通过社交网络使用来寻求满足，而社交网络的即时变化又使很多信息无法即时获得，由此使个体产生基于社交网络使用的缺失恐惧心理，这种缺失恐惧强迫个体不断使用社交网络，由此造成恶性循环并导致问题性移动社交网络使用行为。可见，遗漏焦虑作为一种消极情绪是问题性移动社交网络使用行为的风险性预测因素。

孤独感与问题性移动社交网络使用存在密切关系，且直接正向预测问题性使用行为，这一研究结果与以往相关研究一致。Baker 和 Oswald（2010）的研究指出，具有孤独倾向的个体害怕与人面对面进行社会交往，却愿意在 Facebook 等社交网络中与人进行社会交往，并报告自己不再那么孤单。Błachnio 等（2016）的研究也证实了这样的结论，他们以青少年为研究对象，考察了个体在移动社交网络中的自我呈现方式、隐私保护需要和孤独感与不同 Facebook 使用程度之间的关系，结果发现高孤独感和自我呈现可以显著正向预测 Facebook 的过度使用行为。以往研究结果均表明，具有孤独感倾向的个体使用社交网络的时间和频率远高于没有孤独感倾向的个体（Bessière，Kiesler，Kraut，& Boneva，2008）。现实孤独的个体常将移动社交网络作为一种弥补现实社会交往缺失的途径，并会花费更多时间在移动社交网络中建立和发展线上人际关系（李丽，梅松丽，牛志民，宋玉婷，2016）。孤独感是由于社会交往能力不足而产生的一种不愉快主观情绪体验，大多数人希望能够与他人建立联系并在社会交往中获得积极交往体验，个体如果在社会交往中不能体验到愉悦感，就会产生孤独感。大多数研究发现具有孤独感的个体存在现实社会交往障碍，这也导致他们的社交焦虑和自卑心理。移动社交网络作为一种新的弥补社交障碍的平台，则会受到具有孤独感的个体的偏爱，他们能够从中获得积极的社会交往体验，并获得相应的心理满足。可见，孤独感作为一种消极情绪是青少年问题性移动社交网络使用行为的风险性预测因素。

无聊倾向与问题性移动社交网络使用存在密切关系，且直接正向预测问题性使用行为，这一研究结果与以往相关研究结果一致。无聊倾向是个体经常感受到的一种复合消极情绪，是当前活动或环境与个体的内部标准不匹配所致。个体会体验到包括焦躁不安、空虚、无精打采、时间知觉慢，以及缺乏刺激、缺乏挑战、缺乏意义或目的等（黄时华，张卫，胡谏萍，2011）。以往研究表明，无聊倾向可能引起暴饮暴食、手机成瘾、网络成瘾、药物成瘾等行为。例如，有研究考察了青少年无聊倾向与手机成瘾的关系，发现无聊倾向与手机成瘾呈正相关，并且无聊倾向对手机成瘾具有直接正向预测作用，具有无聊倾向的青少年更易形成手机成瘾行为（李晓敏，辛铁钢，张琳钰，杜玉凤，刘勇，姜永志，2016）。Chen 和 Leung（2016）还以大学生为对象考察移动社交网络成瘾行为的影响因素，发现具有孤独和无聊倾向的大学生，使用移动社交网络的频率和时间都显著高于一般大学生，而且发现高孤独感、高无聊感和低自我控制能力能够显著预测大学生的移动社交网络成瘾行为。问题性移动社交网络使用行为有着深层次的心理动机，其中一些动机与消极情绪存在密切关系，例如，缓解消极情绪和无聊倾向的动机是问题性使用行为发生的两种情绪性动机，通过手机的使用可以缓解焦虑、抑郁、孤独、无聊等消极情绪体验（Chóliz，2012）。可见，无聊倾向作为一种消极情绪，是青少年问题性移动社交网络使用行为的风险性预测因素。

第二节　青少年孤独感对移动社交网络使用的影响

基于智能手机的移动社交 App（如微信、微博、Facebook、QQ 等）逐渐成为人们社会交往的新方式，这种社交方式给人们之间的交往带来了极大便利（Gentile，Twenge，Freeman，& Campbell，2012），但移动社交网络使用也带来了诸多消极影响（Xanidis & Brignell，2016）。这种长时间高频率和高强度使用移动社交网络的行为被称为问题性移动社交网络使用（姜永志等，2016），表现为每天早上起来迫不及待查看社交软件，学习工作时不可控制地频繁查看手机，睡前在社交网站中不断“刷屏”以至于难以入睡。研究者普遍关注问题性移动社交网络使用的影响因素及作用机制（John & Lucila，2016；Lee，Tam，& Chie，2014），例如，以往研究揭示了人格特质、负性情绪、心理动机等因素均会对问题性移动社交网络使用产生影响，包括神经质人格、孤独感、交往焦虑、社交网络积极自我呈现等（Meena，Soni，Jain，& Paliwal，2015）。

孤独感被视为引发问题性移动社交网络使用的重要因素，它是由社会交往能力缺失产生的一种负性情绪体验，个体如果在社交中不能体验到愉悦感，就会产生孤独感（姚梦萍，贾振彪，陈欣，周静，2016）。高孤独感个体在学校和家庭中也更易体验到负性情绪，还会表现出更多学业问题和交往障碍（曲可佳，邹泓，余益兵，2010）。Morahan-Martin 和 Schumacher（2000）的研究发现，高孤独感个体更倾向于在网络中寻求社交需求的满足来弥补现实生活中的社交不足。Doane（2008）的研究还发现，孤独感体验作为重要的心理因素对人际交往有重要影响，并且高孤独感和交往焦虑个体，在现实生活中常无法建立稳固的人际关系，并通过网络寻求替代满足（杨辰，王文秀，孙晋海，2010）。Błachnio 等人的研究还发现，高孤独感个体使用移动社交网络的时间和频率都远高于低孤独感个体（Błachnio，Przepiorka，Boruch，& Bałakier，2016）。可见，高孤独感个体更倾向在网络中寻求社交满足，而移动社交网络则能为他们提供便捷的途径。

人际困扰被视为引发问题性移动社交网络使用的重要因素（Ozgur，Demiralay，& Demiralay，2014）。Billieux 等（2015）认为导致问题性手机使用风险性预测因素可包括寻求安慰、冲动性和外向性三条路径。第一条路径与社会交往关系建立和发展有关，问题性手机使用由需求安慰所引发，交往焦虑和社交障碍会使个体通过网络寻求心理安慰和情感支持（Moreau，Laconi，Delfour，& Chabrol，2015）。也有研究指出，线上社交与线下社交相比，可以减少更多社会线索并较少受到他人的直接评价，人们更希望通过社交网络进行自我呈现，建立并维护自己的积极形象，减少和避免现实社交中存在的焦虑水平（Lee，Chang，Lin，& Cheng，2014）。例如，Lee（2014）研究发现，那些缺乏控制和存在人际困扰的大学生更倾向于使用移动社交网络，无论在使用时间还是使用频率上都远高于没有交往焦虑的个体。

积极自我呈现作为一种社交网络使用行为，对问题性移动社交网络使用具有重要影响（Bareket-Bojmel，Moran，& Shahar，2016）。Britt（2015）研究发现，社交网络积极自我呈现会促使青少年参与更多的网络社交活动，并且会在社交网络上花费更多时间。印象管理模型认为，社交网络使用会受到个体自我呈现的影响，积极自我呈现会使个体给他人留下良好印象，有利于建立积极的人际关系（Hall，Pennington，& Lueders，2014）。网络成瘾的社交技能缺陷理论还认为，相较于社交技能较好的个体，在现实生活中社交技能缺乏的人对网络社交具有明显偏好，网络社交因其延迟性和非面对面等特点，使个体可以有选择性地呈现积极自我，但这也可能使个体沉溺于过度美化的自我形象中（金盛华等，2017；Karimzadeh，2015）。可见，作为在线交往中典型的印象整饰策略，社交网络积极自我呈现常可获得积极社交反馈，强化并增加了个体使用移动社交网络的时间和频率。

孤独感个体在现实交往中常采用被动交往方式，难以与他人建立和维持积极人际关系，也使他们在现实交往中存在社交障碍，并进一步引发个体的交往焦虑（谢其利，宛蓉，2015）。丁倩、魏华、张永欣和周宗奎（2016）的研究还发现，孤独感与社交焦虑存在正向相关，而且孤独感与社交焦虑是网络成瘾的重要风险性预测指标。基于行为强化理论，当积极强化物作用于个体后，个体会体验到积极反馈，这种积极反馈作为一种正性强化物会对个体的行为产生促进作用；如果消极强化物作用于个体，个体就会体验到消极反馈并抑制特定行为的发生。Błachnio 等人（2016）的研究表明，孤独感可以正向预测社交网络中的自我呈现，并且孤独感和自我呈现均对 Facebook 的使用有正向预测作用。基于行为强化理论，高孤独感和人际困扰的个体常通过社交网络积极自我呈现来获得积极反馈，这种积极反馈会作为一种积极强化物促进移动社交网络使用倾向（Fox & Moreland，2015）。由分析可知，孤独感个体常伴随人际交往困扰，而避免孤独感与人际交往困扰的途径之一，是在移动社交网络中进行积极自我呈现，以此来获得积极自我强化。那么，人际困扰和积极自我呈现可能会作为第三变量在孤独感与问题性移动社交网络使用间发挥作用。例如，人际交往困扰不仅能直接预测移动网络使用，而且能够在其他变量与移动社交网络使用的关系中起中介作用（姜永志，白晓丽，2015）。同样，社交网络积极自我呈现不但对移动网络使用产生影响，而且可以间接影响移动社交网络使用（Malik，Dhir，& Nieminen，2016），即积极自我呈现的个体常聚焦自我相关的积极信息，易形成积极自我膨胀错觉，积极自我体验不断强化使用行为，并可能诱发问题性移动社交网络使用。

综上可知，孤独感、人际困扰和积极自我呈现对问题性移动社交网络使用的形成有影响，而且上述变量之间还存在复杂的作用机制。现实生活中，高孤独感个体很可能存在人际困扰，青少年在面对社交困扰时，倾向于在移动社交网络中进行积极自我呈现来寻求积极社交体验。既然青少年使用移动社交网络的动机是通过积极自我呈现来寻求积极社交体验，高孤独感青少年是否更希望通过积极自我呈现来降低孤独感，从而获得积极社交体验呢？人际困扰青少年是否也希望通过积极自我呈现来获得积极社交体验？孤独感引发的人际困扰是否会进一步促使个体寻求更多的积极自我呈现满足，并导致问题性移动社交网络使用？基于以上推论提出假设：孤独感、人际困扰和积极自我呈现是青少年问题性移动社交网络使用的重要风险预测指标；孤独感对问题性移动社交网络使用的影响，分别通过人际困扰和积极自我呈现发生作用，而且还通过人际困扰→积极自我呈现的链式关系发生作用。

一、对象与方法

（一）研究对象

第三次数据采集样本：选取内蒙古自治区、广西壮族自治区、甘肃省、湖北省、辽宁省、吉林省、河北省和海南省等 8 个省区的 16 所中学和大学作为调查样本，调查方式为现场发放问卷，纸笔作答。共发放问卷 3000 份，最后共回收有效问卷 2872 份，问卷有效率为 95.73%，被试的年龄区间为 12～25 岁。其中，男生 1012 人（35.24%），女生 1860 人（64.76%）；初中生 772 人（初一 180 人（6.27%）、初二 380 人（13.23%）、初三 212 人（7.38%））；高中生 1032 人（高一 524 人（18.25%）、高二 144 人（5.01%）、高三 364 人（12.67%））；大学生 1068 人（大一 368 人（12.81%）、大二 280 人（9.75%）、大三 192 人（6.69%）、大四 228 人（7.94%））；城市生源地 1276 人（44.43%），农区生源地 1596 人（55.57%）。

（二）研究工具

1. UCLA 孤独感量表

采用 Russell（1996）修订的 UCLA 孤独感量表，量表由 20 个题目（11 个正向计分题目和 9 个反向计分题目）组成，采用李克特四级计分，1～4 分代表完全不符合至完全符合，得分越高表明个体的孤独感水平越高。本研究中量表的内部一致性信度为 0.90。

2. 人际关系诊断量表

采用郑日昌（1999）编制的“人际关系诊断量表”，量表由 28 个题目构成，包括交谈交流困扰、交际交友困扰、待人接物困扰和异性交往困扰4个因子。采用李克特五级计分，1～5分代表完全不符合至完全符合，分数越高表明人际关系困扰越严重。本研究中量表的内部一致性信度为0.87。

3. 社交网站自我呈现问卷

采用牛更枫等（2015）修订的社交网站自我呈现问卷，问卷由10个题目组成，包括积极自我呈现和真实自我呈现2个因子。积极自我呈现因子包含6个项目，用来测量个体在社交网站中选择性呈现地积极感受。采用李克特五级计分，1～5分代表完全不符合至完全符合。问卷中2个因子的内部一致性信度分别为0.82和0.77，本研究仅选用积极自我呈现因子进行分析。

4. 青少年问题性移动社交网络使用行为评估问卷

采用姜永志（2018）编制的青少年问题性移动社交网络使用行为评估问卷，问卷有20个题目，包括黏性增加、生理损伤、错失焦虑、认知失败和负罪感5个因子。问卷使用李克特五级计分，1～5分代表完全不符合至完全符合，总分越高表明青少年问题性移动社交网络使用倾向越严重，因子得分越高表明青少年在问题性移动社交网络使用某方面倾向较为严重。总问卷的内部一致性信度系数为0.91，各因子间的内部一致性信度系数在0.66～0.91之间。

（三）统计分析

由于本研究采用问卷法对同一批研究对象进行测量，有可能存在共同方法偏差，因此需要首先进行共同方法偏差的检验。研究主要采用统计方法进行共同方法偏差检验，根据前人研究采用了Harman单因素检验法（周浩，龙立荣，2004），使用所有原始题目进行因素分析。经探索性因素分析后提取的第一个因子解释变异的22.78%，低于40%的临界值。这表明本研究使用问卷法获得的数据受共同方法偏差影响较小，数据可以进行进一步统计分析。采用SPSS18.0软件进行Pearson相关分析和层次回归分析。采用Amos 7.0进行中介效应的结构方程模型构建。采用偏差校对非参数百分位 Bootstrap 法进行中介效应分析。在 SPSS 中使用 Hayes 开发的 PROCESS 插件（Process is written by Andrew F. Hayes，http://www.afhayes.com）进行分析，本研究从原始样本中有放回地抽取 5000 个样本估计中介效应的 95%置信区间，选择 Hayes 提供的 76 个典型模型中的模型 6 进行分析。

二、研究结果

（一）各变量的描述性统计分析

表 6-3 呈现了各心理变量间的均值、标准差及相关关系。结果发现，孤独感与人际困扰、积极自我呈现、问题性使用均存在显著正相关，人际困扰与积极自我呈现、问题性使用均存在显著正相关，积极自我呈现与问题性使用存在显著正相关。

表 6-3　各相关变量的描述性统计分析

变量	孤独感	人际困扰	积极自我呈现	问题性使用
孤独感	1			
人际困扰	0.505**	1		
积极自我呈现	0.167**	0.184**	1	
问题性使用	0.214**	0.255**	0.262**	1
M	2.554	2.587	2.934	2.697
SD	0.564	0.629	0.665	0.795

（二）问题性移动社交网络使用对各变量的回归分析

以孤独感、人际困扰、积极自我呈现为预测变量，以问题性使用为结果变量进行分层回归分析。性别和年级因素是影响问题性使用的重要因素，利用分层回归控制性别和年龄因素。由表 6-4 可知，孤独感对问题性使用有显著正向预测作用（$\beta=0.102$，$p<0.01$），人际困扰对问题性使用有显著正向预测作用（$\beta=0.152$，$p<0.01$），积极自我呈现对问题性使用有显著正向预测作用（$\beta=0.202$，$p<0.01$）。

表 6-4 问题性移动社交网络使用对各变量的回归分析

分层	因变量	预测变量	β	t	R^2	F
第一层	问题性使用	性别	0.184	5.957**	0.067	54.578**
		学段	0.154	4.757**		
第二层	问题性使用	孤独感	0.102	4.841**	0.116	93.887**
		人际困扰	0.152	7.351**		
		积极自我呈现	0.202	11.186**		

（三）孤独感对问题性移动社交网络使用的作用机制

为明确孤独感、人际困扰、积极自我呈现与问题性使用的关系，采用结构方程模型检验研究假设。模型构建将性别和学段作为控制变量，将孤独感作为预测变量，将问题性使用作为结果变量，将人际困扰和积极自我呈现作为中介变量。模型各路径非标准化系数见图 6-1。该模型的拟合指数为：$\chi^2/df = 3.642$，RMSEA = 0.075，GFI = 0.925，NFI = 0.947，CFI = 0.978，IFI = 0.965。拟合指数良好，模型可以接受。

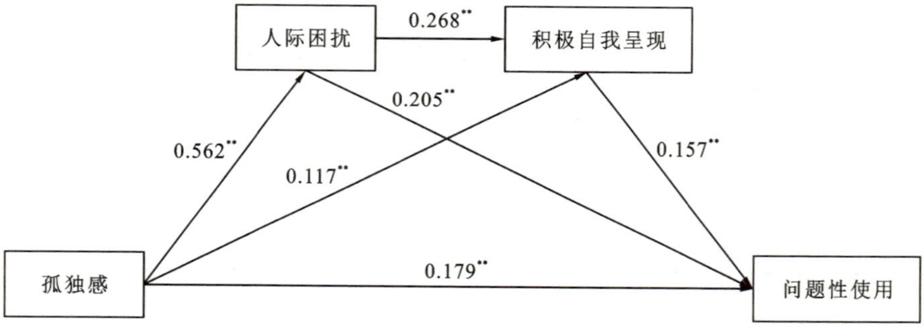

图 6-1 人际困扰与积极自我呈现在孤独感与问题性使用间的中介效应

样本量选择为 5000。结果显示，直接效应的 Bootstrap 95%置信区间不含 0 值（直接效应 0.215，95%置信区间 CI（0.159，0.271）），间接效应的 Bootstrap 95%置信区间不含 0 值（间接效应 0.158，95%置信区间 CI（0.051，0.124）），说明人际困扰和积极自我呈现在孤独感与问题性使用间存在显著的中介效应。表 6-5 还显示，总间接效应由三种间接效应构成：第一种间接效应为孤独感→人际困扰→问题性使用，间接效应的 Bootstrap 95%置信区间不含 0 值（间接效应 0.115，95%置信区间 CI（0.077，

0.144)），表明人际困扰在孤独感与问题性使用间存在中介效应；第二种间接效应为孤独感→人际困扰→自我呈现→问题性使用，间接效应的Bootstrap 95%置信区间不含0值（间接效应0.024，95%置信区间CI（0.019，0.040）），表明人际困扰和积极自我呈现在孤独感与问题性使用间存在链式中介效应；第三种间接效应为孤独感→自我呈现→问题性使用，间接效应的Bootstrap 95%置信区间不含0值（间接效应0.019，95%置信区间CI（0.015，0.073）），表明积极自我呈现在孤独感与问题性使用间存在中介效应。中介效应分析发现，孤独感对问题性使用的影响有52.491%是由3个间接效应贡献的（总间接效应/总效应），间接效应1在孤独感与问题性使用间起到的中介效应最大。

表6-5 中介效应分析与效应比较

效应	效应值	Boot标准误	Boot 95% CI下限	Boot 95% CI上限	效应比（ab/c′）
总间接效应	0.158	0.018	0.051	0.224	52.491%
间接效应1	0.115	0.017	0.077	0.144	72.784%
间接效应2	0.024	0.004	0.019	0.040	15.189%
间接效应3	0.019	0.006	0.015	0.073	12.025%

注：1. 总间接效应是间接效应1、间接效应2和间接效应3的总和。

2. 间接效应1为孤独感→人际困扰→问题性使用；间接效应2为孤独感→人际困扰→自我呈现→问题性使用；间接效应3为孤独感→自我呈现→问题性使用。

三、讨论与分析

孤独感是问题性社交网络使用的重要影响因素（Antoci，Sabatini，& Sodini，2012），积极自我呈现则是青少年使用移动社交网络的重要心理动机（Marder，Joinson，Shankar，& Thirlaway，2016）。研究发现，孤独感与人际困扰、积极自我呈现和问题性社交网络使用均存在显著正相关，且孤独感、人际困扰和积极自我呈现均对问题性社交网络使用有直接预测作用，这与以往相关研究结果一致。一项元分析研究表明，孤独感能够预测社交网络使用的模型成立，支持了孤独感影响社交网络使用的结论，并认为孤独感是导致问题性社交网络使用的发生机制之一（Song et al.，

2014）。有研究还证实了高孤独感和积极自我呈现可以显著正向预测问题性社交网络使用行为（Błachnio et al.，2016），而且那些具有较高孤独感的个体往往存在社会交往障碍，并且高孤独感和社会交往障碍个体愿意花费更多时间使用社交网络（Enez Darcin，Noyan，Nurmedov，Yilmaz，& Dilbaz，2015）。由此可见，孤独感是社会交往障碍的主要表现形式，高孤独感个体在现实社会交往中往往存在社交障碍，这也导致他们的交往焦虑和自卑心理，尤其是孤独感会对青少年的人际关系产生破坏作用（姜永志，白晓丽，2014）。当个体感到焦虑和疏离时，高孤独感个体更愿意通过社交网络与他人建立联系，并逃避面对面的社会交往，他们常将移动社交网络作为一种逃避或弥补现实社会交往缺失的途径，并会花费更多时间在移动社交网络中建立和发展线上人际关系。

间接效应分析验证了前期假设，即孤独感通过人际困扰和积极自我呈现间接对问题性社交网络使用产生影响，孤独感对问题性社交网络使用的影响存在较为复杂的作用机制。本研究发现，孤独感一方面分别通过人际困扰和积极自我呈现对问题性社交网络使用产生影响，另一方面还通过人际困扰→积极自我呈现的链式中介对问题性社交网络使用产生影响。马金焕、张耀庭和史梦梦（2017）的研究表明，高孤独感的青少年往往存在人际交往困扰，孤独感能直接正向预测人际交往困扰。Orr等人（2009）的研究还发现，社会交往中害羞个体常引发社会交往障碍，这也使得他们愿意花费更多时间参与到社交网络中。由此可见，具有孤独感和社交困扰的个体希望在移动社交网络中进行积极的自我呈现，通过移动社交网络平台构建积极的人际关系来降低孤独感水平，因而具有较高孤独感水平的青少年往往也是各类移动社交网络中较为活跃的个体。可见，移动社交网络使用可以增强个体现实和虚拟环境中的社会交往，如果个体在现实社交中较少体验到愉悦感，则易于产生孤独感，而这种孤独感会进一步诱发社会交往问题，而移动社交网络为他们提供了降低孤独感和改善人际困扰的途径（Yao & Zhong，2014）。

孤独感对问题性使用的影响中，人际困扰起到的中介效应大于积极自我呈现，以及人际困扰与积极自我呈现联合产生的链式中介效应。这表明尽管孤独感通过多个心理变量间接对问题性使用产生影响，但主要通过人际困扰发生作用，人际困扰是孤独感对问题性使用产生影响的重要间接变量。线上网络社交与线下现实社交相比，可以减少更多社会线索的影响，这些社会线索的减少使青少年较少受到直接的社会评价（Jung & Sundar，2016）。因而，人际困扰个体倾向于通过社交网络与他人进行交流，同时这种线上社交的突出特点是，为了获得较高的自我形象和较多的社会支持，个体会通过一定的印象整饰策略来影响他人对自己的直接印象。可见，智能手机的使用为孤独感和人际困扰个体提供建立和维持社会交往关系的新纽带，但是如果沉溺于社交网络积极自我呈现的良好体验中，也会导致自我认知扭曲，甚至诱发问题性社交网络使用。

基于上述分析，高孤独感是问题性社交网络使用的重要风险性预测因素，尤其是高孤独感会进一步引发人际困扰并导致问题性社交网络使用；高孤独感个体常会通过社交网络积极自我呈现的方式寻求积极社交体验，而一旦沉浸于积极自我呈现构建的虚拟社交体验中，就可能产生问题性社交网络使用；同时，高孤独感与人际困扰两种负性情绪重叠，也会使青少年倾向于通过在线的积极自我呈现来寻求积极社交体验。因此，有效预防青少年问题性社交网络使用，一方面青少年要积极培养社交能力，避免由于社交能力不足而产生人际困扰等负性情绪；另一方面青少年要正确认识真实自我与理想自我之间的关系，避免通过过度的积极自我呈现来满足特定社会心理需要。

第三节　青少年无聊倾向对移动社交网络使用的影响

基于智能手机的移动社交网络过度使用带来的消极影响已经成为社会普遍关注的一个社会现象，它常被看作手机依赖、手机成瘾或问题性手机使用的一种亚型，这种行为是“个体由于某种原因长时间和高强度使用移动社交网络，使个体的生理、心理和行为等受到消极影响，并对正常的生活产生消极影响，但尚未达到病理性或精神障碍程度的一种移动社交网络使用行为”（姜永志，白晓丽，阿拉坦巴根，刘勇，李敏，刘桂芹，2016）。那么，问题性移动社交网络使用行为是如何发生的以及受到哪些因素的影响，也成为现有研究普遍关注的问题。以往研究认为人格因素、社会心理动机因素和负性情绪，以及这些因素的交互关系是这一行为的重要风险性预测因素。例如，缺乏自我控制形成的冲动性人格，社交不良形成的社交焦虑情绪，寻求网络娱乐需求的娱乐消遣动机等（姜永志，白晓丽，刘勇，2017）。

无聊是一种复合消极情绪，无聊的青少年常体验到缺乏刺激或挑战、焦虑、空虚、无精打采、无趣、时间知觉过慢（黄时华，张卫，胡谏萍，2011）。McHolland（1988）还认为，无聊是一种内部的不满足、厌恶的体验，个体常选择通过对外界的不良行为来释放或缓解这种负性心理状态。无聊作为一种十分典型的负性情绪，它与交往焦虑一样对青少年问题性移动社交网络使用行为具有直接预测作用，是问题性移动社交网络使用行为产生的重要影响因素（Lee，Tam，& Chie，2013）。娱乐消遣作为一种社会心理动机，相关研究也发现它是青少年使用移动社交网络的重要影响因素（Błachnio，Przepiorka，Boruch，& Bałakier，2016）。无聊还与自我控制密切相关，无聊程度高的青少年往往自我控制水平也较低，也更容易产生冲动性行为，而且具有较高无聊程度的青少年更容易形成交往焦虑情绪，焦虑、空虚、无趣等是其典型表征（赵宇，陈健芷，刘勇，姜梦，2015）。除此之外，无聊也常使青少年寻求刺激以缓解这种负性情绪，例如，进行网络社交、玩网络游戏、浏览网络信息等。

青少年问题性移动社交网络使用的诸多原因中，某些特定的人格因素、情绪因素和社会心理动机因素均是该问题的重要的风险性预测因素。那么，在移动社交网络使用中，无聊作为一种复合性消极情绪，它对问题性使用行为产生的影响，是否通过与个体心理相伴随的交往焦虑（情绪因素）、自我控制（人格因素），以及娱乐消遣（社会心理动机因素）等发生作用？本研究进一步考察无聊与问题性移动社交网络使用行为间的作用机制，揭示自我控制、交往焦虑和娱乐消遣在无聊对问题性移动社交网络使用行为影响中的作用，提出以下假设：无聊对问题性移动社交网络使用行为的影响，分别通过交往焦虑、自我控制和娱乐消遣发生作用；无聊对问题性移动社交网络使用行为的影响，通过交往焦虑→自我控制→娱乐消遣的链式中介发生作用。

一、对象与方法

（一）研究对象

第三次数据采集样本：选取内蒙古自治区、广西壮族自治区、甘肃省、湖北省、辽宁省、吉林省、河北省和海南省等 8 个省区 16 所中学和大学作为调查样本，调查方式为现场发放问卷，纸笔作答。共发放问卷 3000 份，共回收有效问卷 2872 份，问卷有效率为 95.73%，被试的年龄区间为 12～25 岁。其中，男生 1012 人（35.24%），女生 1860 人（64.76%）；初中生 772 人（初一 180 人（6.27%）、初二 380 人（13.23%）、初三 212 人（7.38%））；高中生 1032 人（高一 524 人（18.25%）、高二 144 人（5.01%）、高三 364 人（12.67%））；大学生 1068 人（大一 368 人（12.81%）、大二 280 人（9.75%）、大三 192 人（6.69%）、大四 228 人（7.94%））；城市生源地 1276 人（44.4%），农区生源地 1596 人（55.57%）。

（二）研究工具

1. 多维状态无聊量表中文版

采用 Fahlman 等人编制，由刘勇等人（2013）修订的多维状态无聊量表中文版，修订后的量表共有 24 个题目，由注意缺乏、时间知觉 、低唤醒、高唤醒和缺乏投入 5 个因子构成。量表使用李克特五级计分，1～5 分代表完全不符合至完全符合，因子得分越高表明个体在某方面的无聊越凸显，总分得分越高表明无聊越凸显。本研究中的内部一致性信度系数为 0.91。

2. 交往焦虑量表

采用 Leary（1983）编制的交往焦虑量表，量表中文版由彭纯子、龚耀先和朱熊兆（2004）修订，量表由 15 个项目构成，主要用于评定独立于行为之外的主观交往焦虑体验倾向。量表使用李克特五级计分，1～5分代表完全不符合至完全符合，量表属于单维量表，量表得分越高代表个体主观体验到的交往焦虑水平越高。本研究中量表的内部一致性信度系数为0.87。

3. 自我控制量表

采用谭树华和郭永玉（2008）修订的自我控制量表，问卷由19个题目组成，包括工作/学习表现、节制娱乐、抵制诱惑、冲动控制和健康习惯等5个因子。问卷使用李克特五级计分，1～5分代表完全不符合至完全符合，各因子得分越高表明个体在某方面的自我控制水平越高，越不易冲动行事，总分越高表明个体整体自我控制水平越高。本研究中的内部一致性信度系数为0.87。

4. 青少年移动社交网络使用动机问卷

采用姜永志等（2016）编制的青少年社交网络使用动机问卷，问卷由26个题目组成，包括信息获取、关系维持、避免焦虑、娱乐消遣、情感支持和自我展示等6个因子。问卷使用李克特五级计分，1～5分代表完全不符合至完全符合，各因子得分越高表明移动社交网络使用受某方面动机影响较大。本研究选取问卷中的娱乐消遣因子用于研究分析。本研究中问卷各因子的内部一致性信度系数在0.74～0.85之间。

5. 青少年问题性移动社交网络使用行为评估问卷

采用姜永志（2018）编制的青少年问题性移动社交网络使用行为评估问卷，问卷有20个题目，问卷包括黏性增加、生理损伤、错失焦虑、认知失败和负罪感5个因子。问卷使用李克特五级计分，1～5分代表完全不符合至完全符合，总分越高表明青少年问题性移动社交网络使用倾向越严重，因子得分越高表明青少年在问题性移动社交网络使用某方面倾向较为严重。总问卷的内部一致性信度系数为0.91，各因子间的内部一致性信度系数在0.66～0.91之间。

（三）统计分析

由于本研究采用问卷法对同一批研究对象进行测量，有可能存在共同方法偏差，因此需要首先进行共同方法偏差的检验。研究主要采用统计方法进行共同方法偏差检验，根据前人研究采用 Harman 单因素检验法，使用所有原始题目进行因素分析。经探索性因素分析后提取的第一个因子解释变异的 20.88%，低于 40%的临界值，这表明本研究使用问卷法获得的数据受共同方法偏差影响较小，数据可以进行进一步统计分析。采用 SPSS18.0 软件进行 Pearson 相关分析和层次回归分析，采用偏差校对非参数百分位 Bootstrap 法进行模型建构和中介效应分析（方杰，张敏强，邱皓政，2012）。研究在 SPSS 中使用 Hayes（2009）开发的 PROCESS 插件进行分析。本研究从原始样本中有放回地抽取 5000 个样本估计中介效应的 95%置信区间，选择 Hayes 提供的 76 个典型模型中的模型 6 进行分析。

二、研究结果

（一）各相关变量的描述性统计分析

为分析无聊、交往焦虑、自我控制和问题性使用间的关系，对相关心理变量间的关系进行相关分析。表 6-6 呈现了各心理变量间的均值、标准差及相互关系。结果发现，无聊与交往焦虑、娱乐消遣和问题性使用间均存在显著正向相关（$p<0.01$），但无聊与自我控制呈显著负相关（$p<0.01$）；交往焦虑与娱乐消遣、问题性使用呈显著正相关（$p<0.01$），但与自我控制呈显著负相关（$p<0.01$）；自我控制与娱乐消遣、问题性使用存在显著负相关（$p<0.01$）；娱乐消遣与问题性使用间存在显著正相关（$p<0.01$）。

表 6-6　各相关变量的描述性统计分析

	无聊	交往焦虑	自我控制	娱乐消遣	问题性使用
无聊	1				
交往焦虑	0.331**	1			
自我控制	−0.363**	−0.227**	1		
娱乐消遣	0.296**	0.181**	−0.309**	1	
问题性使用	0.421**	0.295**	−0.729**	0.477**	1
M	2.712	3.067	2.488	3.453	2.697
SD	0758	0.632	1.208	0.997	0.795

（二）各相关变量对问题性移动社交网络使用的回归分析

在相关分析基础上，进一步探究无聊与问题性使用的关系，以无聊、交往焦虑、自我控制和娱乐消遣为预测变量，以问题性使用为因变量进行分层回归分析。性别和年级因素是影响青少年问题性移动社交网络使用的重要因素，利用分层回归分析控制性别和年龄。由表 6-7 可知，无聊对问题性使用具有显著正向预测作用（$\beta=0.105$，$t=8.004$，$p<0.01$），交往焦虑对问题性使用具有显著正向预测作用（$\beta=0.080$，$t=6.525$，$p<0.01$），自我控制对问题性使用具有显著负向预测作用（$\beta=-0.597$，$t=46.813$，$p<0.01$）；娱乐消遣对问题性使用具有显著正向预测作用（$\beta=0.247$，$t=19.924$，$p<0.01$）。

表 6-7 各相关变量对问题性使用行为的回归分析

分层	因变量	预测变量	B	β	t	R^2	F
第一层	问题性使用	性别	0.184	0.111	5.957**	0.045	68.187**
		年级	0.048	0.163	8.757**		
第二层	问题性使用	无聊	0.110	0.105	8.004**	0.650	886.096**
		交往焦虑	0.101	0.080	6.525**		
		自我控制	−0.393	−0.597	46.813**		
		娱乐消遣	0.197	0.247	19.924**		

（三）无聊对问题性移动社交网络使用影响的作用机制

为进一步明确无聊、交往焦虑、自我控制、娱乐消遣与问题性使用间的关系，采用结构方程模型检验研究假设。研究将无聊倾向作为自变量，问题性使用作为因变量，交往焦虑、自我控制和娱乐消遣均作为中介变量，最终得到如图 6-2 的模型结构。该模型的拟合指数为：$\chi^2/df=4.469$，RMSEA=0.078，GFI=0.956，NFI=0.934，CFI=0.929，IFI=0.944。模型各拟合指数良好，模型可以接受。

为确定模型中的中介效应统计效力，使用偏差校对非参数百分位 Bootstrap 法进行中介效应检验，样本量选择为 5000。结果发现，链式间接效应模型显著，这一模型总效应的 Bootstrap 95%置信区间不含 0 值

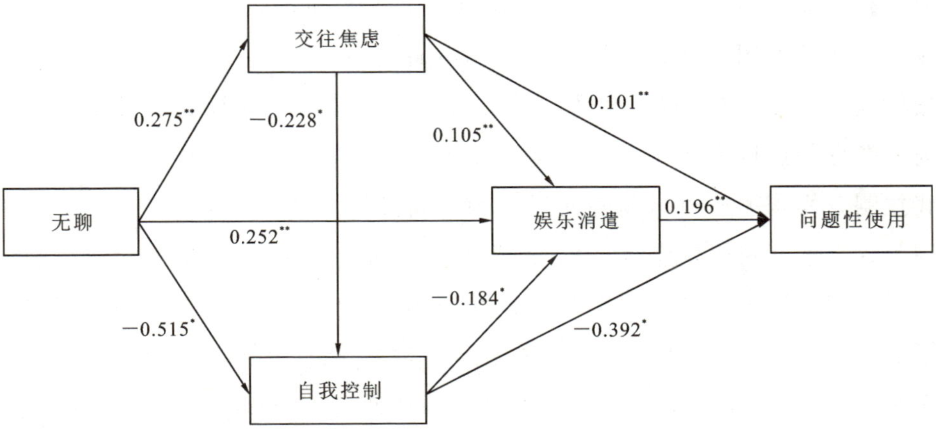

图 6-2　无聊对问题性移动社交网络使用影响的多重链式中介

（总效应 0.440，95%置信区间 CI（0.406，0.475）），直接效应的 Bootstrap 95%置信区间不含 0 值（直接效应 0.109，95%置信区间 CI（0.082,0.136）），总间接效应的 Bootstrap 95%置信区间不含 0 值（间接效应 0.331，95%置信区间 CI（0.301，0.360））。交往焦虑、自我控制和娱乐消遣在无聊与问题性使用间存在显著的间接效应。

表 6-8 显示，总间接效应由 7 种间接效应构成：第一种间接效应为无聊→交往焦虑→问题性使用行为，间接效应的 Bootstrap 95%置信区间不含 0 值（间接效应 0.027，95%置信区间 CI（0.019，0.038）），表明交往焦虑在无聊与问题性使用行为间起着显著的中介效应；第二种间接效应为无聊→交往焦虑→自我控制→问题性使用行为，间接效应的 Bootstrap 95%置信区间不含 0 值（间接效应 0.024，95%置信区间 CI（0.017，0.033）），表明交往焦虑和自我控制在无聊与问题性使用行为间起着显著的链式中介效应；第三种间接效应为无聊→交往焦虑→娱乐消遣→问题性使用行为，间接效应的 Bootstrap 95%置信区间不含 0 值（间接效应 0.005，95%置信区间 CI（0.002，0.009）），表明交往焦虑和消遣娱乐在无聊与问题性使用行为间起着显著链式中介效应；第四种间接效应为无聊→交往焦虑→自我控制→娱乐消遣→问题性使用行为，间接效应的 Bootstrap 95%置信区间不含 0 值（间接效应 0.002，95%置信区间 CI（0.001，0.003）），表明交往焦虑、自我控制和娱乐消遣在无聊与问题性

使用行为间起着显著的链式中介效应；第五种间接效应为无聊→自我控制→问题性使用行为，间接效应的 Bootstrap 95%置信区间不含 0 值（间接效应 0.202，95%置信区间 CI（0.117，0.228）），表明自我控制在无聊与问题性使用行为间起着显著链式中介效应；第六种间接效应为无聊→自我控制→娱乐消遣→问题性使用行为，间接效应的 Bootstrap 95%置信区间不含 0 值（间接效应 0.018，95%置信区间 CI（0.014，0.023）），表明自我控制和娱乐消遣在无聊与问题性使用行为间存在显著链式中介效应；第七种间接效应为无聊→娱乐消遣→问题性使用行为，间接效应的 Bootstrap 95%置信区间不包含 0 值（间接效应 0.049，95%置信区间 CI（0.038，0.061）），表明娱乐消遣在无聊与问题性使用行为间存在显著中介效应。中介效应分析发现，无聊对问题性使用行为的影响有 75.227%是由 7 种间接效应贡献的（总间接效应/总效应），其中间接效应 5 和间接效应 7 在无聊与问题性使用行为间起到的中介效应较大。

表 6-8　无聊对问题性使用行为影响的多重链式中介效应分析与比较

效应	效应值	Boot 标准误	Boot 95% CI 下限	Boot 95% CI 上限	效应比（ab/c′）
总间接效应	0.331	0.015	0.331	0.360	75.227%
间接效应 1	0.027	0.004	0.019	0.038	8.157%
间接效应 2	0.024	0.004	0.017	0.033	7.250%
间接效应 3	0.005	0.002	0.002	0.009	1.510%
间接效应 4	0.002	0.004	0.001	0.003	0.604%
间接效应 5	0.202	0.012	0.117	0.228	61.027%
间接效应 6	0.018	0.002	0.014	0.023	5.438%
间接效应 7	0.049	0.006	0.038	0.061	14.803%

注：间接效应 1 为无聊→交往焦虑→问题性使用行为；间接效应 2 为无聊→交往焦虑→自我控制→问题性使用行为；间接效应 3 为无聊→交往焦虑→娱乐消遣→问题性使用行为；间接效应 4 为无聊→交往焦虑→自我控制→娱乐消遣→问题性使用行为；间接效应 5 为无聊→自我控制→问题性使用行为；间接效应 6 为无聊→自我控制→娱乐消遣→问题性使用行为；间接效应 7 为无聊→娱乐消遣→问题性使用行为。

三、讨论与分析

无聊作为一种复合性消极情绪，是个体内部的一种不满足、厌恶的情绪体验，表现为焦虑、空虚、无精打采、无趣、时间知觉慢等特点。为探究无聊如何影响问题性移动社交网络使用行为，以及二者间存在怎样的内部机制，相关分析和回归分析发现，各变量两两之间均存在显著相关，即无聊与交往焦虑、娱乐消遣、问题性使用行为均存在密切的正向关系，交往焦虑与娱乐消遣、问题性使用行为间均存在密切的正向关系，自我控制与无聊、交往焦虑、消遣娱乐和问题性使用行为间均存在密切的负向关系。这表明在无聊对问题性使用行为产生影响的过程中，交往焦虑、自我控制和娱乐消遣三个变量可能在其中起着某些间接作用。回归分析进一步发现，无聊、交往焦虑、自我控制和娱乐消遣各变量均能显著预测问题性使用行为，这与以往相关研究结果基本一致。姚梦萍等人（2015）以大学生为研究对象，探讨了无聊感与手机依赖之间的关系，发现大学生无聊感与手机依赖间存在显著的正向相关，而且无聊感能显著预测手机依赖，高无聊感组比低无聊感组大学生更易产生手机依赖行为，同时该研究也揭示自我控制力能负向预测大学生的手机依赖行为，即自我控制能力越低的大学生更易产生手机依赖行为。问题性移动社交网络使用行为的产生有着深层次的心理动机，其中一些动机与消极情绪存在密切关系，如，缓解消极情绪和无聊的动机是问题性移动社交网络使用行为发生的两种情绪性动机，通过移动社交网络的使用可以缓解焦虑、抑郁、孤独、无聊等消极情绪体验（孙国庆，于妍，罗正里，李英，赵行宇，2011）。

随着智能手机功能的增多，青少年在无聊状态中，更倾向于在各大社交网络间徘徊，“刷屏”、“跟帖”等已经成为他们无聊时打发时间的主要行为，这就很容易解释为什么高无聊个体更容易产生问题性使用行为。具有无聊特质的个体往往自控能力较差，他们对智能手机的使用是出于“忍不住”心理而无意识延长了使用时间。当青少年因自我控制能力较差而“忍不住”频繁使用移动社交网络时，他们的使用动机是多种多样的，其中娱乐消遣动机是最主要的一个社会心理动机。根据使用与满足理论，人们使用社交网络是为了满足某种特定的心理需要，但长时间的社交网络使用常会导致问题性移动社交网络使用行为。例如，研究者对社交网络过度使用行为发生机制进行分析，发现逃避现实、打发时间、自我呈现、社会交往、寻求归属、印象管理和自我提升等是影响社交网络过度使用行为的重要心理动机（Ryan，Chester，Reece，& Xenos，2014）。现有网络使用行为的研究也显示，心理健康水平低的个体生活满意度水平也较低，他们更倾向于使用网络来缓解消极的情绪，心理健康水平低可能潜在地激发了各种心理动机去寻求相应的心理宽慰，并可能进一步导致网络的过度使用（Choi & Lim，2016）。Wang 等人（2016）的研究以 996 名中国大学生为研究对象，考察了心理动机（自我呈现、打发时间）与社交网络过度使用行为间的关系，研究发现大学生自我呈现和打发时间的动机直接显著正向预测社交网络过度使用行为。随着现代通信技术的发展，青少年使用手机的目的已经不仅仅是收发短信和打电话，而是扩展到其他功能应用，尤其是智能手机 App 越来越迎合了青少年的心理需求，青少年使用手机的目的已经转移到网络社交、网络游戏、休闲娱乐、打发时间等。

间接效应分析验证了前期假设，即无聊对问题性使用行为的影响存在较为复杂的作用机制。本研究发现，无聊一方面分别通过交往焦虑、娱乐消遣和自我控制对问题性使用行为产生影响，另一方面还分别通过三条链式中介对问题性使用行为产生影响。研究表明，具有较高无聊感的青少年可能在现实社会交往中存在交往焦虑，而且他们的自我控制水平相对较低，而基于智能手机终端的移动社交网络所具有的功能，既能满足他们缓解交往焦虑的需要，也能满足他们缓解无聊打发时间的需要，而此时的青少年又是自我控制水平较低的时期，不能合理安排和控制使用手机的时间和频率，最终可能导致问题性使用行为的出现。从无聊对问题性使用行为的整体影响来看，无聊更多通过自我控制和娱乐消遣两种中介影响问题性使用行为，这表明高无聊感的青少年自我控制力较低是促使其产生问题性使用行为的重要原因，高无聊感的青少年寻求娱乐消遣的动机也是促使其产生问题性使用行为的重要原因。

除此之外，交往焦虑也是与无聊关系最为密切的心理变量，高无聊感的青少年存在较高的交往焦虑水平，他们同样也会在移动社交网络中通过娱乐消遣来缓解这种无聊状态和缓解交往焦虑。因而，无聊对问题性使用行为产生影响的过程中，一方面是青少年因无聊而产生的交往焦虑发生作用，另一方面是青少年因无聊而缺乏自我控制能力发生作用。这两条路径中，一条是基于情绪因素，另一条是基于人格因素，二者均通过在移动社交网络中的娱乐消遣动机来达到降低无聊感的作用，并因这二者与娱乐消遣动机的相互作用，满足了他们降低无聊感、缓解交往焦虑的需求。基于使用与满足理论，正是因为娱乐消遣的使用动机满足了他们降低负性情绪的需求，才会使移动社交网络使用行为在频率和强度上逐渐增强，甚至产生问题性使用行为。

第四节　青少年羞怯感对移动社交网络使用的影响

羞怯是个体在人际交往中感觉到被他人评价时，在心理上产生的一种紧张、担心或尴尬的心理倾向，其突出特征是个体倾向于花较多的时间监控自己的感觉和行为，担心自己的行为会给别人留下不好的印象，因而变得焦虑不安（Henderson & Zimbardo，2002）。也有研究者认为羞怯是一种人格特质，它与内向性人格关系密切，具有这种特质的个体常会对社会适应产生消极影响。例如，Caprara 等（2003）认为，羞怯的个体言语和非言语较少，社交能力不强，很少主动与他人尤其是异性进行社会交往，社交逃避行为较多。王倩倩等（2009）还发现羞怯能显著负向预测大学生的人际情境觉察能力，可能会对大学生的健康人际交往产生消极影响。也有研究者认为，具有羞怯特征的大学生并不总是逃避与他人的人际交往，他们也具有强烈的交往需要和动机，只是他们的羞怯特质使这些需要很少表现出来，因而可以认为羞怯的个体同样具有强烈的交往动机（赵长春，刘罗，陈英敏，王鹏，高峰强，2013）。

在移动网络时代，大学生有了新的途径与他人建立新型社交关系，基于互联网的人际交往有着现实人际交往无法比拟的诸多优势。例如，网络的虚拟性和匿名性等特点，使大学生不用为受到的各种评价而焦虑，同时他们也能够更加自由、平等地与他人进行在线交流，满足自己对人际交往的需要。雷雳等人研究发现，大学生对网络社交服务有着明显的偏好，尤其是内向性人格的大学生更愿意通过网络社交平台（社交网站、QQ、微信等）来构建自己的人际关系（雷雳，杨洋，柳铭心，2006）。随着传统互联网向移动互联网的发展，越来越多的大学生将互联网转移到智能手机上，这种集移动便携性和传统互联网的网络功能为一体的手机移动互联网对大学生具有极强的吸引力。姜永志和白晓丽（2014）的研究发现，大学生的社会疏离感、社交回避行为与移动网络的过度使用存在显著正相关；李雪（2009）的研究也认为，手机使用具有负社会功能，会对青少年的现实人际关系起到破坏作用，并指出移动互联网的发展正在加剧这种负社会功能；刘红和王洪礼（2012）的研究还发现，手机依赖度较高的青少年，更易产生孤独感、疏离感、社交问题和人格障碍。以上相关研究结果都表明大学生的移动互联网使用与个体的人际交往有着密切的关系，人际交往能力如何可能对移动互联网的使用产生影响，同时移动互联网的使用也会对个体的人际交往产生影响。

羞怯作为一种较为典型的人格特质，不仅对人际交往产生消极影响，也有研究发现羞怯很有可能是网络成瘾的重要影响因素。唐海波等（2013）发现大学生的羞怯与网络成瘾存在显著正相关。李菲菲等（2012）不但发现羞怯与网络人际交往依赖程度存在显著正相关，而且发现羞怯能通过人际交往困扰而间接影响大学生对移动社交网络的过度使用。前文已分析出羞怯与人际交往有着密切的关系，人际交往与移动互联网的使用也有着密切的关系，新近研究又发现羞怯、人际交往和移动社交网络使用间存在密切关系。那么，在移动媒体时代，羞怯、人际交往和移动社交网络使用行为间的关系如何？它们的关系是否与基于传统互联网的研究结果一致？羞怯和人际交往是否会对大学生移动社交网络使用产生影响？本研究尝试对三者的关系进行探讨。

一、对象与方法

（一）研究对象

第一次数据采集：采用整群分层抽样方法，从内蒙古3所高校选取大一至大四学生共1500人参与研究，使用调查问卷对样本进行了测量，回收有效问卷1488份。其中，男生556人（37.37%），女生932人（62.63%），年龄为20.55±2.42岁；大一年级512人（34.41%），大二年级384人（25.81%），大三年级376人（25.27%），大四年级216人（14.52%）；城市生源760人（51.08%），农村生源728人（48.92%）；大学生样本中，文科生480人（32.26%），理科生1008人（67.74%）。

（二）研究工具

1. 羞怯量表

采用Cheek和Buss在1981年编制的羞怯量表，该量表包括13个题目，量表采用自陈量表的形式，1～5分代表完全不符合至完全符合，量表总分范围从13分（羞怯程度最低）到65分（羞怯程度最高）。本研究中总量表内部一致性信度系数为0.872。

2. 人际关系综合诊断量表

采用郑日昌等（1999）编制的人际关系综合诊断量表测量大学生的人际关系困扰，量表包括28个题目，分为交谈交流困扰、交际交友困扰、待人接物困扰和异性交往困扰4个维度。1～5分代表完全不符合至完全符合，分数越高，表明人际关系困扰越严重。本研究中总量表的内部一致性信度系数为0.845，各因子的内部一致性信度系数在0.640～0.865之间。

3. 大学生移动社交网络过度使用量表

采用姜永志等（2016）编制的“大学生移动社交网络过度使用量表”，问卷共17个题目，包括消极心境、沉浸体验、时间延长、行为效率降低4个维度。问卷采用1～5五点计分，各维度得分越高表明在移动社交网络过度使用各方面倾向越明显，问卷总分得分越高表明移动社交网络过度使用行为越严重。该问卷的最初施测对象为大学生，本研究由于测量对象包含了初中生、高中生和大学生，因此量表在对中学生进行施测前进行了相应的语言处理，使表达更符合中学生的实际情况。本研究中问卷各维度的内部一致性信度系数为0.79～0.92，总问卷的内部一致性信度系数为0.87。

（三）统计分析

本研究问卷的施测由心理学专业教师完成，在施测之前对研究者进行了集中培训，统一了指导语和施测程序。测试以班级为单位，由被试单独完成，施测时间为30分钟，测量结束后立即收回问卷。由于本研究中所有变量的测量均来自被试的自我报告，这可能导致共同方法偏差。为减少可能存在的共同方法偏差对研究结果的影响，本研究进行了程序控制和统计控制。在程序控制上，使用了匿名作答、安排被试在同一间教室完成测量。因此，本研究所受到的共同方法偏差影响较小，可以进行数据的统计分析。对研究所得数据使用SPSS18.0进行处理。

二、研究结果

（一）大学生羞怯、人际交往困扰与移动社交网络使用的相关性

为了解羞怯、人际交往困扰与移动社交网络使用的关系，对各变量间的相关性进行分析。结果显示：羞怯、人际交往困扰总分及各因子与移动社交网络使用间存在显著正相关，即羞怯和人际关系存在困扰的大学生可能更易沉溺于移动社交网络使用；羞怯与人际交往困扰总分及各因子间也存在显著正相关，即羞怯的大学生可能存在更多的人际交往困扰（见表6-9）。

表6-9　各变量的平均数、标准差以及变量间的相互关系

项目	1	2	3	4	5	6	7
1 羞怯	1						

续表

项目	1	2	3	4	5	6	7
2 交谈交流困扰	0.497**	1					
3 交际交友困扰	0.458**	0.904**	1				
4 待人接物困扰	0.507**	0.861**	0.711**	1			
5 异性交往困扰	0.347**	0.884**	0.732**	0.659**	1		
6 人际交往困扰	0.459**	0.918**	0.794**	0.697**	0.767**	1	
7 移动社交网络使用	0.269**	0.487**	0.467**	0.407**	0.416**	0.450**	1
M	2.919	2.660	2.659	2.759	2.840	2.783	2749
SD	0.524	0.622	0.650	0.706	0.682	0.752	0.552

（二）羞怯和人际交往困扰对移动社交网络使用的预测

进一步揭示羞怯与人际交往困扰是否能显著预测大学生移动社交网络使用，以羞怯和人际交往困扰为预测变量，以移动社交网络使用为因变量进行多元回归分析。结果显示：在排除对预测模型存在潜在影响的性别、年级和学科等人口学变量后，羞怯、人际交往困扰、交谈交流困扰、交际交友困扰和异性交往困扰均对大学生移动社交网络使用产生正向预测作用（见表 6-10）。

表 6-10　各变量对移动社交网络使用的多元回归分析

项目		β	t	95%置信区间	
				低	高
第一层	性别	−0.014	−0.365	1.80	1.85
	年级	−0.004	−0.095	1.74	1.86
	学科	0.091	2.100*	1.64	1.71

续表

项目		β	t	95%置信区间	
				低	高
第二层	羞怯	0.278	7.796**	2.884	2.960
	交谈交流困扰	0.256	4.335**	2.514	2.605
	交际交友困扰	0.105	2.040*	2.513	2.605
	待人接物困扰	0.046	0.819	2.707	2.809
	异性交往困扰	0.121	1.961*	2.389	2.489
	人际交往困扰	0.491	15.341**	2.428	2.638

（三）人际交往困扰在羞怯与移动社交网络使用间的中介作用

由相关分析可知，各变量间相关显著，满足进行中介效应分析的前提。以人际交往困扰为中介变量，羞怯为自变量，移动社交网络使用为因变量，考察人际交往困扰在羞怯与移动社交网络使用间的中介作用。根据传统的中介作用检验方法，分三步进行中介效应检验：第一步做羞怯对移动社交网络使用的回归分析，得到路径系数 c；第二步做羞怯对人际交往困扰的回归分析，得到路径系数 a；第三步将人际交往困扰与羞怯纳入模型，做二者共同对移动社交网络使用的回归分析，得到路径系数 b 和 c′。由表 6-11 可知，当中介变量纳入模型后，羞怯对移动社交网络使用的影响下降，回归系数由 0.269 下降到 0.035，且直接路径由显著变为不显著（$p<0.05$），且羞怯对移动社交网络使用变异的解释从 7.2%提高到 23.8%。这表明羞怯可以通过人际交往困扰而间接影响大学生移动社交网络使用，羞怯在人际交往困扰与移动社交网络使用间起到完全中介作用。

表 6-11　人际交往困扰作用的中介效应检验

步骤		因变量	自变量	β	SE	R^2	t
1	（路径 c）	过度使用行为	羞怯	0.269	0.532	0.072	7.598**
2	（路径 a）	人际交往困扰	羞怯	0.497	0.540	0.247	15.598**

续表

步骤		因变量	自变量	β	SE	R^2	t
3	（路径 b）	移动社交网络使用	人际交往困扰	0.487	0.475	0.237	15.199**
	（路径 c′）		羞怯	0.035	0.482	0.238	0.955

三、讨论与分析

从相关分析的结果来看，大学生的羞怯、人际交往困扰总分及各因子与移动社交网络使用间存在显著正相关，羞怯与人际关系困扰间也存在显著正相关，这和以往关于网络成瘾与羞怯关系的研究结果一致。唐海波等（2013）的研究发现，大学生羞怯与网络成瘾均存在非常显著的正相关，大学生的羞怯程度越高，越容易导致网络成瘾。移动社交网络使用作为互联网使用行为的手机化，在很大程度上与传统互联网的使用行为有着相当多的共性，这一结果也从新兴移动网络的视角为网络使用与羞怯的关系提供了新的佐证。羞怯与人际交往困扰的正相关结果也与以往研究表现出一致性，刘薇和戴晓阳（2006）在对羞怯心理进行梳理的过程中，发现羞怯的个体存在严重的适应障碍，这类个体对自身的社交能力持悲观态度，较少主动与人接触，表现出在他人面前存在沟通和思考困难。羞怯作为一种人格特质，使大学生在人际交往过程中较少表现出积极主动的社交行为，而往往表现出较多的社交退缩行为，这使他们在与他人交流中缺少自信，从而导致社交失败，进而带来消极的情感体验。以往研究也表明人格特质与移动网络使用偏好、移动网络使用行为间存在关系，例如，内向性人格可能使个体更偏好网络社交和娱乐服务，也更易出现移动网络过度使用行为（2005）。本研究结果在一定程度上验证了羞怯作为一种人格倾向，也能对移动社交网络使用行为存在预测作用。

相关分析结果已经发现，羞怯、人际关系困扰和移动社交网络使用间存在较为密切的关系。进一步的回归分析则显示，羞怯与人际关系困扰的某些因子能够对移动社交网络使用产生正向预测作用，这说明羞怯可能是导致大学生移动社交网络使用的重要因素。研究也显示出交谈交流困扰、交际交友困扰和异性交往困扰作为人际交往困扰的因子对移动社交网络使用产生预测作用，即在社交中与他人存在交流困难、交际困难以及与异性交往存在困难的大学生更易出现移动社交网络使用。人际关系困难的大学生在人格上大都属于内向型人格，这类个体往往存在自卑心理和缺少自信，在与他人交流中害怕受到伤害，表现出较多的回避行为。在网络成瘾与羞怯的研究中也发现羞怯是产生网络成瘾的重要心理变量。

尽管羞怯与移动社交网络使用间存在显著正相关，且能预测手机移动互联网过度使用行为，但在建构以人际交往困扰为中介变量的模型中，在羞怯与移动社交网络使用间加入人际交往困扰这一中介变量之后，羞怯对移动社交网络使用的直接效应从显著变为不显著，羞怯通过人际交往困扰对移动社交网络使用的解释力也明显提高。根据温忠麟等对中介作用的表述，当中介变量加入后，原来的自变量对因变量的影响显著降低，且路径系数由显著变为不显著，可以认为中介变量在模型中起到完全中介的作用。如果加入中介变量后，原来自变量对因变量的影响降低但不显著，则为部分中介作用（温忠麟，侯杰泰，张雷，2005)。由此可以看出，羞怯对移动社交网络使用的正向预测作用，并不完全是由羞怯直接决定的，而主要是通过人际交往困扰的完全中介作用实现的。大学生的羞怯心理使他们在社交中害怕与他人交流、交谈、交往，产生了人际交往方面的困扰，而马斯洛的需求层次理论认为个体具有归属和爱的需要、尊重的需要等高级心理需求。由于大学生本身具有对这些需要的渴望，现实中人际关系的困扰又使这些需要难以满足，进而使大学生希望通过移动社交网络来满足上述需要，所以致使具有羞怯人格特质的大学生愿意通过使用移动网络来与人进行交往。

新兴的手机移动网络给大学生的学习、生活带来了极大便利，也在很大程度上满足了大学生的各种需求，尤其是移动社交媒体的功能越来越强大，使一些大学生容易长期沉溺于其中。而本研究结果认为，羞怯的人格特质导致大学生逃避与他人进行面对面交往，进而将社交方式从线下转移到线上，手机移动媒体的发展和普及，又使这种社交方式从传统 PC 互联网转移到移动互联网。然而，我们需要警惕的不是这种转移本身，而要对这种转移的程度及其带来的后果给予关注，原因在于由羞怯人格特质导致的社交回避很有可能导致大学生对手机的依赖升级，进而导致近似网络成瘾的移动网络成瘾，这种趋势的发展对广大青年学生来说，应给予高度重视，避免羞怯人格导致人际交往困扰，进而导致社交方式的移动网络和移动网络过度使用问题。因而，社会、学校、家长和大学生自身都应积极抵抗手机移动互联网过度使用行为，而其中一个路径便是通过完善大学生的人格特质，使其积极参与面对面的人际社交，避免大学生社会交往方式的移动互联网化。

第七章　青少年社会交往与移动社交网络使用

移动互联网的迅猛发展极大地影响着青少年的思维方式、社交方式和生活方式，对于社会群体中最具活力、最容易接受新生事物，正在成长的青少年而言，移动互联网正在潜移默化地影响着他们的学习和生活，乃至价值体系的发展。不可否认，移动互联网对青少年的学习和生活起到了重要的积极作用，促进了青少年的认知、思维、情感和人格等方面的发展。但越来越多的社会现象也表明，移动互联网的使用也对青少年的身心发展起到了消极影响，尤其是基于智能手机的移动社交网络的发展，彻底改变了青年人的社交方式，产生了一系列社交困扰。那么，从青少年现实社会交往视角出发，青少年现实线下社会交往与线上网络社交是否存在关系？现实社会交往是否会影响移动社交网络使用？引导青少年摆脱移动社交网络过度使用给其带来的负面影响，建立移动互联网时代青少年身心健康发展的优质土壤，成为当前青少年教育面临的重大课题之一。

开展青少年社会交往与移动社交网络使用研究，是新媒体时代关乎青少年身心健康发展的重要课题。由于青少年身心发展不平衡，移动社交网络中所提供的信息也可能误导青少年的价值观和行为模式，产生对移动互联网社交媒体使用过度依赖，不但影响了现实社交能力的发展，也使正处在成长期的青少年的价值观塑造、社会化进程和个性发展受到消极影响。因而对这一问题的研究可以较为全面地揭示社会交往（如社交焦虑、社交困扰、社会适应、社交效能感、社交满意等）与移动社交网络使用的关系，一方面探究移动社交网络过度使用的社会交往或人际关系因素，为移动社交网络使用的发生机制寻找依据；另一方面探究移动社交网络使用如何促进个体社会交往能力发展，通过何种机制缓解青少年现实人际交往困扰。基于此，本章着重探讨青少年社会交往与移动社交网络使用的关系及其相关影响，以及移动社交网络使用对青少年社会交往的促进或阻碍作用。

第一节　青少年社交焦虑对移动网络使用的影响

社交焦虑（又称交往焦虑）是个体在与他人交往过程中出现的紧张、焦虑、不安等消极情绪反应，这种持续性负性情绪反应会给个体的生理、心理和行为带来消极影响。以往研究表明负性情绪是影响成瘾问题的主要因素之一。吴文丽等（2009）研究发现消极情绪可以显著预测病理性互联网使用行为；李菲菲等（2012）研究发现羞怯与人际交往困扰存在显著正相关，与网络交往依赖程度存在显著正相关；姜永志和白晓丽（2015）也同样发现羞怯与人际交往困扰和手机网络过度使用都存在正相关。那么，社交焦虑作为一种负性情绪与手机网络过度使用行为也可能存在密切关系。手机社交网络使用偏好是个体对手机社交网络的喜爱程度，如个体对微信、QQ等社交媒体的使用偏好。有研究者认为，个体通过使用手机社交网络，可以获得现实社交中难以获得的心理满足（姜永志，白晓丽，2015）。也有研究者认为，手机社交网络的过度使用也对个体的身心发展造成了严重损害（张锦涛，陈超，刘凤娥，邓林园，方晓义，2012）。姜永志和白晓丽（2015）的研究发现，手机社交网络使用偏好可以预测手机网络过度使用行为，偏好使用手机社交网络的个体也更易形成手机网络过度使用行为。同时，也有研究发现，负性情绪与互联网使用偏好也存在密切关系。在一项针对Facebook的研究中，发现那些有高社交焦虑的个体，可以从网络社交中获得更多的社会支持，更容易形成对Facebook的使用偏好，也更易于出现病理性互联网使用问题（Indian & Grieve，2014）。

社交焦虑、手机社交网络使用偏好和手机网络过度使用行为间存在密切的联系。那么，社交焦虑是不是手机网络过度使用行为的影响因素，手机社交网络使用偏好与它们有着怎样的关系？基于以上分析，我们认为，社交焦虑、手机社交网络使用偏好与手机网络过度使用行为之间是密切相关的，并且可能存在更为复杂的中介机制。本研究试图在大学生群体中同时考察社交焦虑、手机社交网络使用偏好与手机网络过度使用行为的关系，并检验手机社交网络使用偏好在社交焦虑与手机网络过度使用行为间是否存在中介作用。

一、对象与方法

（一）研究对象

第一次数据采集：采用整群分层抽样方法，从内蒙古 3 所高校选取大一至大四学生共 1500 人参与研究，使用调查问卷对样本进行了测量，回收有效问卷 1488 份。其中，男生 556 人（37.37%），女生 932 人（62.63%），年龄为 20.55 ±2.42 岁；大一年级 512 人（34.41%），大二年级 384 人（25.81%），大三年级 376 人（25.27%），大四年级 216 人（14.52%）；城市生源 760 人（51.08%），农村生源 728 人（48.92%）；大学生样本中，文科生 480 人（32.26%），理科生 1008 人（67.74%）。

（二）研究工具

1. 大学生交往焦虑量表

采用 Leary（1983）编制的大学生交往焦虑量表。量表的中文版由彭纯子、龚耀先和朱熊兆于 2004 年修订，量表由 15 个项目构成，主要用于评定独立于行为之外的主观社交焦虑体验倾向。量表采用五点计分法，1～5 分分别表示非常不符、不太符合、一般、比较符合、非常符合，得分越高代表个体主观体验到的社交焦虑水平越高。量表在美国大学生样本中测量内部一致性信度系数为 0.871，重测信度系数为 0.804，本研究中内部一致性信度系数为 0.850。

2. 大学生手机移动网络服务使用偏好问卷

该问卷为自编问卷。问卷条目内容来自中国互联网络信息中心（CNNIC）发布的《第35次中国互联网络发展状况统计报告》“中国网民各类手机网络应用的使用率”的内容，使得该问卷在内容效度上可以得到保证。原始问卷共收集18个有关手机移动网络信息服务使用的项目，初测后经项目分析删除2个辨别力指数$D<0.30$的项目。初步删除后问卷包括16个项目，包括信息服务偏好、交易服务偏好、娱乐服务偏好、社交服务偏好4个维度，最终形成手机移动网络服务使用偏好问卷。采用五级计分方式，1～5分代表完全不喜欢至完全喜欢。各因子间的内部一致性信度系数为0.741～0.865，总问卷的内部一致性信度系数为0.868。本研究只关心手机网络社交服务偏好，因此仅对这一维度进行分析。

3. 大学生移动社交网络过度使用量表

采用姜永志等（2016）编制的大学生移动社交网络过度使用量表，问卷共17个题目，包括消极心境、沉浸体验、时间延长、行为效率降低4个维度。问卷采用1～5五点计分，各维度得分越高表明在移动社交网络过度使用各方面倾向越明显，问卷总分得分越高表明移动社交网络过度使用行为越严重。该问卷的最初施测对象为大学生，本研究由于测量对象包含了初中生、高中生和大学生，因此量表在对中学生进行施测前进行了相应的语言处理，使表达更符合中学生的实际情况。本研究中问卷各维度的内部一致性信度系数为0.79～0.92，总问卷的内部一致性信度系数为0.87。

二、研究结果

（一）社交焦虑水平与移动网络过度使用行为的差异比较

根据总分高低27%的划分原则，将大学生社交焦虑水平分为高社交焦虑组和低社交焦虑组，比较不同社交焦虑水平大学生手机网络过度使用行为的差异。结果显示，不同社交焦虑水平在移动网络过度使用行为的5个因子和总量表上均存在显著差异（$p<0.01$），即高社交焦虑者比低社交焦虑者更易形成移动网络过度使用行为，结果见表7-1。

表 7-1　大学生高/低社交焦虑与移动网络过度使用行为的差异比较（$M \pm SD$）

变量	低社交焦虑组	高社交焦虑组	t
戒断症状	2.07±0.72	3.29±1.01	−9.07**
情绪改变	2.66±0.95	3.61±0.67	−7.53**
社会功能受损	2.41±0.81	2.93±0.78	−4.24**
耐受性	2.30±0.91	2.75±1.02	−3.08**
手机网络过度使用	2.42±0.50	3.16±0.68	−7.99**

（二）社交焦虑、移动社交网络使用偏好与移动网络过度使用行为的关系

相关分析结果显示，社交焦虑与移动社交网络使用偏好呈显著正相关（$p<0.01$），社交焦虑与移动网络过度使用行为呈显著正相关（$p<0.01$），移动社交网络使用偏好与移动网络过度使用行为呈显著正相关（$p<0.01$）。这说明高社交焦虑水平的大学生更偏好使用移动社交网络，也更易产生移动网络过度使用行为，结果见表 7-2。

表 7-2　社交焦虑、移动社交网络使用偏好与移动网络过度使用行为的相互关系

变量	1	2	3	4	5	6	7
1 社交焦虑	1						
2 手机社交网络使用偏好	0.146**	1					
3 戒断症状	0.381**	0.097*	1			1	
4 情绪改变	0.212**	0.138**	0.362**	1			
5 社会功能受损	0.199**	0.254**	0.307**	0.143**	1		
6 耐受性	0.182**	0.108**	0.467**	0.221**	0.309**	1	
7 移动网络过度使用	0.358**	0.227**	0.761**	0.627**	0.681**	0.671**	1

（三）社交焦虑、移动社交网络使用偏好对移动网络过度使用行为的预测

为进一步探究社交焦虑、移动社交网络使用偏好与移动网络过度使用行为间的关系，本研究将人口学变量作为控制变量，以社交焦虑与移动社交网络使用偏好作为预测变量，以移动网络过度使用行为为结果变量，进行逐步多元回归分析。结果表明，社交焦虑（$t=10.200$，$p<0.01$）与移动社交网络使用偏好（$t=4.511$，$p<0.01$）对移动网络过度使用行为有显著的正向预测作用，结果见表 7-3。

表 7-3　各变量对移动网络过度使用行为的多元回归分析

变量		R^2	F	β	t	95%置信区间	
						低	高
第 1 层	性别	0.012	2.301	−0.017	−0.459	−0.133	0.083
	年级			−0.008	−0.178	−0.060	0.050
	生源地			0.057	1.514	−0.019	0.145
	学科			0.101	2.310*	0.018	0.220
第 2 层	社交焦虑	0.176	26.261**	0.358	10.200**	0.310	0.457
	移动社交网络使用偏好			0.156	4.511**	0.044	0.112

（四）移动社交网络使用偏好在社交焦虑与移动网络过度使用行为间的中介效应

为进一步揭示三者间的关系，根据中介效应的假设条件，建立以移动社交网络使用偏好为中介变量，以社交焦虑为自变量，以移动网络过度使用行为为因变量的模型。使用 Amos17.0 对上述中介模型进行检验，结果显示：$\chi^2/df=4.790$、RMSEA＝0.056、CFI＝0.929、NFI＝0.920、IFI＝0.930、GFI＝0.929、AGFI＝0.906。中介模型各项拟合指标均达到了统计要求。进一步分析发现，在加入中介变量——移动社交网络使用偏好后，社交焦虑对移动网络过度使用行为的 Beta 值显著下降，社交焦虑对移动网络过度使用行为变异的解释由 10.8%上升到 16.0%。这表明移动

社交网络使用偏好在社交焦虑与移动网络过度使用行为间存在部分中介效应，效应值约为 0.052，占总效应值的 32.5%，结果见图 7-1。

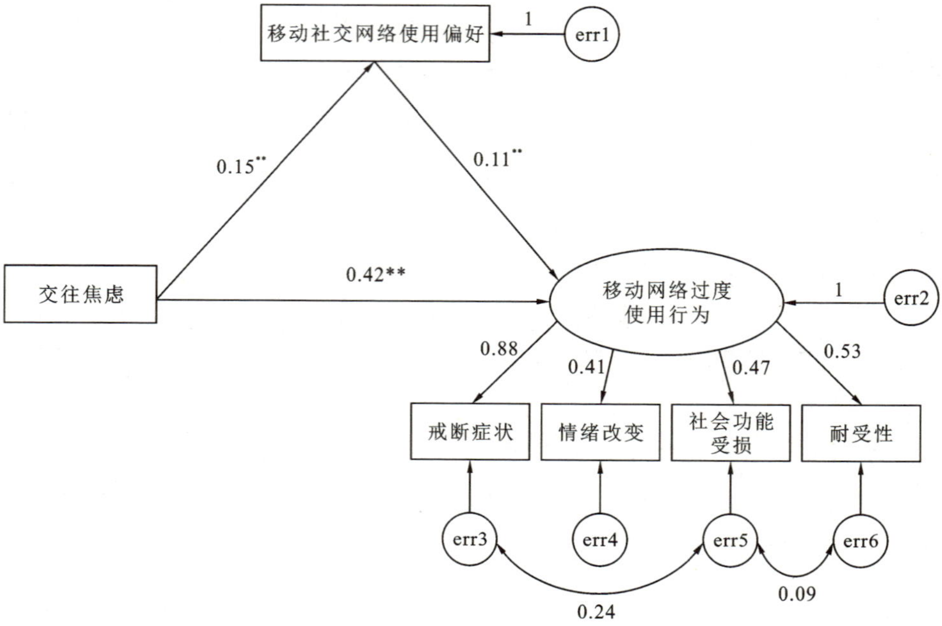

图 7-1 移动网络使用偏好的中介效应

三、讨论与分析

本研究发现，社交焦虑与移动网络过度使用行为存在密切相关性，高社交焦虑水平的大学生更易出现移动网络过度使用行为。回归分析进一步证实了社交焦虑与移动网络过度使用行为间的关系，社交焦虑水平能够显著预测个体的移动网络过度使用行为。这与前人关于社交焦虑与成瘾行为的普遍结论是类似的。Lee 等（2014）的研究发现，大学生过度使用网络的主要原因是为了逃避在现实社交中存在的社交焦虑，并且他们偏好使用社交网络媒体进行网络社交。Reid（2007）的研究也发现，社交焦虑水平较高的个体更偏好使用移动社交网络与他人进行线上即时交流。也有研究表明，青少年愿意投入较多的时间和精力去经营和维持 QQ 空间的人际关系，这种交往给他们带来更多的积极情绪和较少的焦虑情绪（Apaolaza，He，& Hartmann，2014）。社交焦虑是网络媒体时代青少年普遍存在的一种社交技能缺陷，长时间接触网络导致青少年现实中面对面互动的时间和机会逐渐减少，也使他们在面对面交流时会产生紧张、焦虑和不安。在面对新兴手机网络社交媒体时，他们更偏好使用这种既具有网络社交功能又便携的移动媒体与他人进行交流，这可有效避免现实交往不确定性带来的压力、紧张和焦虑，也使他们逐渐产生了对移动网络的过度使用行为。

研究考察了移动社交网络使用偏好在社交焦虑与移动网络过度使用行为间的作用，发现移动社交网络使用偏好在社交焦虑与移动网络过度使用行为间起部分中介变作用。当在社交焦虑与移动网络过度使用行为间加入移动社交网络使用偏好中介变量后，社交焦虑对移动网络过度使用行为的回归系数明显降低，社交焦虑也可通过移动社交网络使用偏好这一中介变量，解释更多移动网络过度使用行为的变异。研究结果也证实了社交焦虑会直接或通过移动社交网络使用偏好间接对大学生的移动网络使用行为产生影响，进而可能导致移动网络的过度使用，使网络成瘾问题手机化。而移动网络使用行为是健康或是病理性的，也受到移动网络服务以及移动网络如何满足个体的需要的影响。移动社交网络具有的即时社交功能也正迎合了有高社交焦虑大学生的心理需求，他们通过移动社交网络与他人建立良好的网络社交，弥补了现实社会交往带来的焦虑和不安，通过这种社交方式，也不断强化了他们对手机网络的使用强度。

第二节　青少年社交困扰对移动网络使用的影响

移动互联网技术的快速发展，改变了人们单一的现实线下生活方式，网络线上生活已经成为青年人追求的一种新的生活方式。手机的移动便携性与移动互联网技术的紧密结合，使手机移动网络成为新兴媒体中拥有用户量最多的媒介。手机移动网络使用行为在给青年学生的学习和生活带来了极大便利的同时，也产生了一系列消极心理与行为问题，如对手机移动网络社交、游戏、娱乐、交易等服务的痴迷与成瘾，进一步导致消极心理体验和消极行为模式，对青年学生的身心发展造成了极大的伤害。如何有效缓解青年学生对手机移动网络的依赖，在合理区间内正常使用这一新兴媒介，成为一个急需解决的问题。

手机移动网络过度使用行为是个体因长时间和高强度使用手机移动网络，导致不可抗拒地延长使用时间，以及由此带来的心理苦恼和生理不适行为反应为特征的社会心理现象（Axelle et al.，2015）。在移动网络过度使用行为影响因素中，人际交往困扰是重要因素之一。人际交往困扰可包括交往焦虑和人际交往困扰。交往焦虑是个体在与他人交往过程中心理出现的紧张、焦虑、不安等消极情绪反应，社会交往中这种持续性消极情绪反应会给个体的生理、心理和行为带来消极影响，它作为一种典型的消极情绪与网络成瘾行为和移动网络过度使用行为间均存在密切关系（钱铭怡，王慈欣，刘兴华，2006）。人际交往困扰是个体与他人交往过程中，在交谈交流、交际交友、待人接物以及与异性交往方面存在的交流和沟通障碍，它常与消极心理情绪相联系，以往研究也表明人际交往困扰是影响手机网络过度使用行为的重要因素（李菲菲，罗青，周宗奎，孙晓军，魏华，2012）。也有研究认为，大学生对焦虑的压力感知可能会间接影响移动网络使用行为（马红霞，杨绍清，朱小茼，张郢，杜君，2011）。能否通过降低个体对社交困扰的压力感知来缓解大学生的移动网络过度使用行为，这需要进一步的研究。

一、对象与方法

（一）研究对象

第一次数据采集：采用整群分层抽样方法，从内蒙古 3 所高校选取大一至大四学生 1500 人参与研究，使用调查问卷对样本进行了测量，回收有效问卷 1488 份。其中，男生 556 人（37.37%），女生 932 人（62.63%），年龄为 20.55 ±2.42 岁；大一年级 512 人（34.41%），大二年级 384 人（25.81%），大三年级 376 人（25.27%），大四年级 216 人（14.52%）；城市生源 760 人（51.08%），农村生源 728 人（48.92%）；大学生样本中，文科生 480 人（32.26%），理科生 1008 人（67.74%）。

（二）研究工具

1. 压力知觉量表

采用杨廷忠和黄汉腾（2003）编制的压力知觉量表，量表包括 14 个题目，分为失控感和紧张感 2 个因子。各项目相加得到量表总分，总分越高代表最近 1 个月感知到的压力越大。问卷采用自陈量表的形式，1～5 分代表完全不同意至完全同意。总量表的内部一致性信度系数为 0.719。

2. 交往焦虑量表

采用彭纯子、龚耀先和朱熊兆（2004）修订的交往焦虑量表，量表由 15 个项目构成，主要用于评定独立于行为之外的主观社交焦虑体验倾向。量表采用五点计分方法，1～5 分代表非常不符合、不太符合、一般、比较符合、非常符合，得分越高代表个体主观体验到的社交焦虑水平越高。量表在美国大学生样本中的内部一致性信度系数为 0.871。

3. 人际关系综合诊断量表

采用郑日昌（1999）等编制的人际关系综合诊断量表测量大学生的人际关系困扰，量表包括 28 个题目，分为交谈交流困扰、交际交友困扰、待人接物困扰和异性交往困扰 4 个维度。1～5 分代表完全不符合至完全符合，分数越高表明人际关系困扰越严重。本研究中总量表的内部一致性信度系数为 0.845，各因子的内部一致性信度系数在 0.640～0.865 之间。

4. 大学生移动社交网络过度使用量表

采用姜永志等（2016）编制的大学生移动社交网络过度使用量表，问卷共 17 个题目，包括消极心境、沉浸体验、时间延长、行为效率降低4 个维度。问卷采用 1～5 五点计分，各维度得分越高表明在移动社交网络过度使用各方面倾向越明显，问卷总分得分越高表明移动社交网络过度使用行为越严重。该问卷的最初施测对象为大学生，本研究由于测量对象包含了初中生、高中生和大学生，因此量表在对中学生进行施测前进行了相应的语言处理，使表达更符合中学生的实际情况。本研究中问卷各维度的内部一致性信度系数为 0.79～0.92，总问卷的内部一致性信度系数为 0.87。

二、研究结果

（一）不同人际交往困扰对象移动网络过度使用量表各因子得分比较

低人际交往困扰组与高人际交往困扰组在移动网络过度使用量表的5个因子和量表总分上的差异有统计学意义（均 $p<0.01$），高人际关系困扰组得分高于低人际关系困扰组，见表7-4。

表7-4　不同组别对象移动网络过度使用得分比较

手机移动网络过度使用因子	低人际交往困扰组	高人际交往困扰组	t 值	p 值
戒断反应	1.98±0.71	3.23±0.69	15.37	0.000
情绪调节	2.60±0.87	3.33±0.79	7.28	0.000
社会功能	2.33±0.84	3.03±0.71	7.75	0.000
耐受性	2.18±0.85	2.89±0.85	7.26	0.000
使用时间	2.10±0.75	3.26±0.88	8.91	0.000
移动网络过度使用总分	2.33±0.49	3.13±0.52	13.60	0.000

（二）压力知觉、交往焦虑、人际交往困扰与移动网络过度使用的关系

压力知觉与戒断反应、社会功能、耐受性和移动网络过度使用呈明显正相关，交往焦虑、人际交往困扰各因子及总分与移动网络过度使用各因子及总分均呈明显正相关，见表7-5。

表7-5　压力知觉、交往焦虑、人际交往困扰与移动网络过度使用的 Pearson 相关分析（r）

因子	戒断反应	情绪调节	社会功能	耐受性	使用时间	移动网络过度使用
压力知觉	0.211**	0.024	0.213**	0.101*	0.024	0.203**
交往焦虑	0.381**	0.212**	0.199**	0.182**	0.133**	0.358**

续表

因子	戒断反应	情绪调节	社会功能	耐受性	使用时间	移动网络过度使用
交谈交流困扰	0.435**	0.304**	0.301**	0.241**	0.093*	0.467**
交际交友困扰	0.357**	0.350**	0.198**	0.213**	0.118**	0.407**
待人接物困扰	0.397**	0.175**	0.343**	0.236**	0.026	0.416**
异性交往困扰	0.428**	0.194**	0.340**	0.298**	0.123**	0.450**
人际交往困扰总分	0.453**	0.286**	0.332**	0.278**	0.092*	0.487**

（三）压力知觉、交往焦虑、人际交往困扰对移动网络过度使用的预测

根据压力知觉、交往焦虑、人际交往困扰与移动网络过度使用的相关分析结果，进一步以压力知觉、交往焦虑和人际交往困扰总分为自变量，以移动网络过度使用为因变量进行多元回归分析。结果显示，压力知觉、交往焦虑和人际交往困扰总分对移动网络过度使用量表总分均有直接正向预测作用，见表 7-6。

表 7-6 各变量对移动网络过度使用的多元回归分析

因变量	预测变量	β	S. E.	t 值	p 值	R^2
移动网络过度使用	压力知觉	0.178	0.692	2.600	0.010	0.265
移动网络过度使用	交往焦虑	2.310	0.716	3.136	0.002	
移动网络过度使用	人际交往困扰总分	7.887	2.917	2.704	0.007	

（四）压力知觉在人际交往困扰与移动网络过度使用间的中介效应

为进一步揭示三者间的关系，研究采用结构方程模型（Amos17.0）建立一个中介模型，以此检验压力知觉在人际交往困扰与移动网络过度使用间的中介效应。模型涉及 4 个潜变量：交往焦虑、人际交往困扰、压力知觉和移动网络过度使用。以交往焦虑和人际交往困扰为自变量、移动网络过度使用为因变量、压力知觉为中介变量构建模型。结果显示：

$\chi^2/df=4.725$、RMSEA $=0.099$、CFI $=0.897$、NFI $=0.887$、IFI $=0.898$、GFI$=0.916$、AGFI$=0.891$。模型各项拟合指标基本达到了统计水平，压力知觉在交往焦虑、人际交往困扰与移动网络过度使用行为间起部分中介作用，见图 7-2。

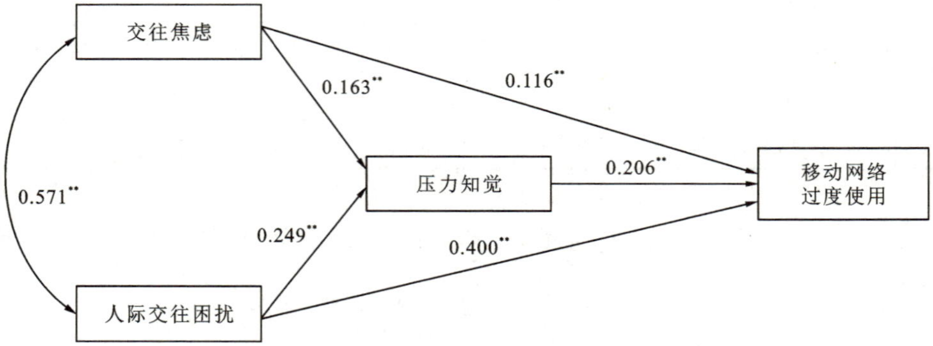

图 7-2　压力知觉的中介效应检验

三、讨论与分析

（一）人际交往困扰与移动网络过度使用存在密切相关

手机移动网络提供的 App 服务可以满足大学生多元化的心理需求，尤其是手机移动网络社交媒体可以有效弥补大学生现实社交能力的不足。高人际交往困扰组的大学生一般现实社交能力都存在问题，手机移动网络服务的使用则可以满足他们对社会交往的心理需要，这与姜永志、王海霞和白晓丽（2015）的研究结果一致。压力知觉与移动网络过度使用行为的相关性，表明大学生感知到的压力可能导致他们对移动网络的过度使用，尤其是可能引起社会功能受损、增加移动网络使用的耐受性，以及出现戒断反应、消极心理等，这与以往的研究结果一致（刘沛汝，姜永志，白晓丽，2014）。交往焦虑、人际交往困扰与移动网络过度使用的相关性，表明高交往焦虑水平和高人际交往困扰的大学生更易形成移动网络过度使用行为，这验证了管浩圻等的研究（管浩圻，陈丽兰，2015）。交往焦虑和人际交往困扰都是大学生社会交往中存在的消极心理，这种消极心理会使大学生难以与他人进行正常的社会交往。

在新媒体时代，线上线下生活共同构建了大学生的社交生活，那些高交往焦虑和高人际交往困扰的大学生也更愿意通过网络社交的方式满足人际交往需要，手机移动网络服务则为他们提供了诸多 App 平台（如微信、人人网、校园网等）可供选择。回归分析表明，压力知觉、交往焦虑和人际交往困扰对移动网络过度使用有直接正向预测作用。压力知觉可以直接预测手机移动网络过度使用。有研究还发现，如果大学生具有较高的社交焦虑，那么基于对现实社交焦虑的回避和对社交满足的需求，青少年更愿意通过移动社交网络来实现需求的满足，而且对于高社交焦虑的青少年来说，他们使用移动社交网络的时间要远远多于低社交焦虑的青少年，这就更易导致移动网络过度使用行为的产生（Meena, Mittal, & Solanki, 2012），这支持了本研究交往焦虑对手机移动网络过度使用行为有直接预测的结果。

（二）人际交往困扰可通过压力知觉的中介效应来影响移动网络过度使用

在对压力知觉的中介效应分析中发现，压力知觉在交往焦虑、人际交往困扰与移动网络过度使用间起部分中介作用，交往焦虑和人际交往困扰能否被大学生主观感受到，成为影响移动网络过度使用的重要因素。那么，通过调节大学生对社会交往中交往焦虑和人际交往困扰的压力感知，可以缓解大学生对移动网络的过度使用。大学生对移动网络的过度使用对其学习和生活都带来了一定消极影响，现实的人际交往困扰与人际交往需求渴望的矛盾则是促使大学生通过手机移动网络寻求心理支持的重要原因。基于本研究结果，一方面可以通过培养大学生现实社会交往能力技巧来缓解移动网络过度使用，另一方面也可以培养大学生积极乐观的心态，通过降低大学生对现实的压力感知来间接缓解其对移动网络的过度使用。

第三节　青少年社会适应对移动社交网络使用的影响

随着使用虚拟社交网络的人数越来越多，研究者们开始关注社交网络使用过程中伴随的心理与行为问题，尤其是哪些因素导致社交网络过度使用，以及社交网络过度使用会给个体带来哪些影响（Andreassen & Pallesen，2014）。例如，社交网络在帮助个体维持和发展新的社会关系中起到积极作用。越来越多的研究者认为，社交网络的使用使人们逐渐产生了对移动网络虚拟社会的依赖，甚至混淆了虚拟与现实的界限，破坏了人们正常的现实社会生活（Hong，Huang，Lin，& Chiu，2014）。例如，有很多家长抱怨孩子因长时间使用社交网络，产生了社会疏离和学业成绩下降。心理学研究也表明，随着移动社交网络使用时间的增加，孩子的社交焦虑水平显著增加，同伴间的冲突也明显增多（Błachnio & Przepiorka，2016）。那么，究竟是什么原因导致青少年越来越依赖这种虚拟的社交网络呢？

研究表明，由社会交往技能缺失、社交焦虑、社交自我效能低、疏离感和自卑等导致的社会适应不良，很可能是导致青少年沉迷于移动社交网络使用的重要原因，尤其是当个体感到抑郁、焦虑、疏离时，具有高孤独感的个体更愿意通过使用社交网络与他人建立联系，并逃避面对面的社会交往（Chen，Yan，Tang，Yang，Xie，& He，2016）。现有研究也发现，具有社会适应不良的个体，往往表现出较低的自尊和较低的自我认同水平，而这种心理会促使他们通过移动社交网络来建立积极的自尊，从而提高自我认同水平（Fox & Moreland，2015）。例如，有研究发现，自我认同对青少年手机使用频率具有积极的预测作用（Ha，Chin，Park，Ryu，& Yu，2008）。由此可见，与社会适应不良相关的心理和社会原因一方面会使个体更倾向于使用移动社交网络；另一方面由社会适应问题引发的移动社交网络过度使用行为还可能存在更为复杂的心理和社会机制。

为进一步探讨社会适应与移动社交网络使用间的作用机制，本研究使用自我认同和心理和谐两个水平作为相关的心理因素，来揭示社会适应与移动社交网络过度使用行为间的关系。自我认同水平的高低表明了个体对与自己相关的心理和行为的认可和接受程度，而心理和谐水平的高低则反映了与个体有关的自我和谐、人际和谐及人事和谐的程度。高自我认同与高心理和谐均与积极自我存在关系，而社会适应是个体与环境交互作用中的心理平衡状态，这种心理平衡状态需要个体的认知来反映。因此，本研究以自我认同和心理和谐作为间接变量，考察社会适应与移动社交网络使用间的关系，进一步揭示“环境-心理-行为”的相互作用机制。

一、对象与方法

（一）研究对象

第二次数据采集：采用随机抽样的方法，从全国 5 个省区 11 所中学和高校选取 2300 名学生参与研究，样本包含了 23 个少数民族。研究共回收有效问卷 2056 份，问卷有效率 89.39%。具体来看，男生 688 人（占 33.46%），女生 1368 人（占 66.54%）；高中生 830 人（高一 322 人（15.66%）、高二 434 人（21.11%）、高三 74 人（3.60%）），初中生 594 人（初一 98 人（4.77%）、初二 164 人（7.98%）、初三 332 人（16.15%）），大学生 632 人（大一 254 人（12.35%）、大二 212（10.31%）、大三 166 人（8.07%））；城市生源地 1108 人（53.89%），农牧区生源地 948 人（46.11%）；汉族学生 1276 人（62.06%），蒙古族学生 592 人（28.79%），其他少数民族学生 188 人（9.14%）；大学生样本中，文科生 418 人（20.33%）、理科生 214 人（10.41%）。

（二）研究工具

1. 青少年社会适应量表

采用邹泓等（2012）编制的青少年社会适应量表，量表包括 50 个题目，分为环境适应、自我适应、行为适应和人际适应4个维度。采用1～5五点计分，各维度得分表示在某一方面的社会适应水平，总分得分越高表明个体的社会适应水平越高。本研究量表的内部一致性信度系数为0.79。

2. 自我认同量表

采用奥克斯和普拉格编制、李义安和娄文婧（2009）修订的自我认同量表，量表共有19个题目。采用1～5五点计分，量表得分越高表明被试的自我认同感发展得越好。本研究量表的内部一致性信度系数为0.87。

3. 大学生心理和谐问卷

采用吴九君和郑日昌（2011）编制的大学生心理和谐问卷，问卷共20个题目，包括自我和谐、人际和谐和人事和谐3个维度。采用1～5五点计分，问卷总分得分越高表明心理和谐水平越高。该问卷的最初施测对象为大学生，本研究由于测量对象包含了初中生、高中生和大学生，因此问卷在对中学生进行施测前进行了相应的语言处理，使表达更符合中学生的实际情况。本研究问卷的内部一致性信度系数为0.76。

4. 大学生移动社交网络过度使用量表

采用姜永志等（2016）编制的大学生移动社交网络过度使用量表，问卷共17个题目，包括消极心境、沉浸体验、时间延长、行为效率降低4个维度。问卷采用1～5五点计分，各维度得分越高表明在移动社交网络过度使用各方面倾向越明显，问卷总分得分越高表明移动社交网络过度使用行为越严重。该问卷的最初施测对象为大学生，本研究由于测量对象包含了初中生、高中生和大学生，因此量表在对中学生进行施测前进行了相应的语言处理，使表达更符合中学生的实际情况。本研究中问卷各维度的内部一致性信度系数为0.79～0.92，总问卷的内部一致性信度系数为0.87。

（三）统计分析

由于本研究采用问卷法对同一批研究对象进行测量，有可能存在共同方法偏差，因此需要首先进行共同方法偏差检验。研究主要采用统计方法进行共同方法偏差检验，根据前人研究采用了 Harman 单因素检验法，使用所有原始题目进行因素分析。经探索性因素分析后提取的第一个因子解释变异的 27.46%，低于 40%的临界值，表明共同方法偏差影响较小，可以进行进一步的统计分析。采用 SPSS18.0 软件进行 Pearson 相关分析和层次回归分析，采用偏差校对非参数百分位 Bootstrap 法进行模型建构和中介效应分析（方杰，张敏强，邱皓政，2012）。如果置信区间不包含 0，则表明中介效应存在；如果置信区间包含 0，则表明中介效应不存在。研究在 SPSS 中使用 Hayes（2012）开发的 PROCESS 插件（Process is written by Andrew F. Hayes，http：//www. afhayes. com）进行分析，本研究从原始样本中有放回地抽取 5000 个样本估计中介效应的 95%置信区间，选择 Hayes 提供的 76 个典型模型中的模型 6 进行分析。

二、研究结果

（一）研究变量的描述性统计

表 7-7 呈现了社会适应、自我认同、心理和谐、移动社交网络过度使用及各因子间的均值、标准差及相关关系。由表 7-7 可知，各主要变量间均存在显著相关，其中，社会适应总分及各因子与自我认同总分和心理和谐总分存在显著正相关，相关系数介于 0.36～0.60 之间（$p<0.01$）；社会适应总分及各因子、自我认同总分和心理和谐总分与移动社交网络及各因子间存在显著负相关，相关系数介于－0.23～－0.06 之间（$p<0.05$）；自我认同总分与心理和谐总分间存在显著正相关，相关系数为 0.479（$p<0.05$）。

表 7-7　研究变量间的相关分析

变量	1	2	3	4	5	6	7	8	9	10	11	12
1 自我适应	1											
2 人际适应	0.54**	1										
3 行为适应	0.58**	0.60**	1									
4 环境适应	0.59**	0.50**	0.57**	1								
5 社会适应总分	0.85**	0.80**	0.82**	0.80**	1							
6 自我认同总分	0.47**	0.39**	0.36**	0.39**	0.50**	1						
7 心理和谐总分	0.51**	0.51**	0.47**	0.48**	0.60**	0.47**	1					
8 消极心境	−0.23**	−0.16**	−0.24**	−0.25**	−0.27**	−0.21**	−0.13**	1				
9 沉浸体验	−0.15**	−0.15**	−0.12**	−0.12**	−0.14**	−0.16**	−0.06*	0.58**	1			
10 时间延长	−0.15**	−0.19**	−0.17**	−0.17**	−0.17**	−0.18**	−0.11*	0.66**	0.56**	1		
11 行为效率	−0.15**	−0.17**	−0.15**	−0.15**	−0.16**	−0.15**	−0.16**	0.43**	0.37**	0.48**	1	
12 移动社交网络使用	−0.21**	−0.12**	−0.21**	−0.22**	−0.23**	−0.22**	−0.11*	0.83**	0.79**	0.84**	0.72**	1
M	3.51	3.48	3.74	3.39	3.53	3.26	3.33	2.26	2.53	2.48	2.61	2.47
SD	0.60	0.64	0.61	0.63	0.51	0.44	0.64	0.92	0.85	0.96	1.02	0.74

（二）链式中介模型中变量关系的回归分析

分别以社会适应为预测变量，自我认同为结果变量；社会适应和自我认同为预测变量，心理和谐为结果变量；社会适应、自我认同和心理和谐为预测变量，移动社交网络使用为结果变量，进行回归分析。回归分析结果（见表7-8）表明：社会适应对自我认同具有直接显著正向预测作用；社会适应对心理和谐具有显著正向预测作用，自我认同对心理和谐具有显著正向预测作用；社会适应对移动社交网络使用具有显著负向预测作用，自我认同对移动社交网络使用具有显著负向预测作用，心理和谐对移动社交网络使用具有显著负向预测作用。

表7-8　链式中介模型中变量关系的回归分析

回归方程		整体拟合指数			回归系数显著性	
结果变量	预测变量	R	R^2	F	β	t
自我认同	社会适应	0.50	0.25	683.38***	0.50	26.14***
心理和谐	社会适应	0.63	0.40	709.52***	0.48	24.94***
	自我认同				0.23	11.98***
移动社交网络使用	社会适应	0.32	0.10	82.69***	−0.18	−6.72***
	自我认同				−0.24	−9.70***
	心理和谐				−0.07	−2.85**

注：模型中各变量经过标准化处理后代入回归方程。

（三）自我认同与心理和谐的链式中介检验

根据假设采用偏差校对非参数百分位Bootstrap法进行中介效应检验，如果置信区间不包含0，则表明存在显著的中介效应；如果置信区间包含0，则表明中介效应不显著。本研究结果显示，总间接效应由三种间接效应构成：第一种间接效应为社会适应→自我认同→移动社交网络使用，间接效应的Bootstrap 95%置信区间不含0值（间接效应−0.119，95%CI（−0.162，−0.080）），表明自我认同在社会适应与移动社交网络使用间起着显著的中介效应；第二种间接效应为社会适应→自我认同→心理和谐→移动社交网络使用，间接效应的Bootstrap 95%置信区间不含0值

（间接效应－0.016，95%CI（－0.027，－0.006）），表明自我认同和心理和谐在与社会适应和移动社交网络使用间起着显著的双重链式中介效应；第三种间接效应为社会适应→心理和谐→移动社交网络使用，间接效应的 Bootstrap 95%置信区间不含 0 值（间接效应－0.068，95%CI（－0.110，－0.025）），表明心理和谐在社会适应与移动社交网络使用间中介效应显著。由此可知，自我认同和心理和谐不但单独在社会适应与移动社交网络间起中介作用，而且二者在社会适应与移动社交网络使用间起着链式中介作用（见图 7-3）。

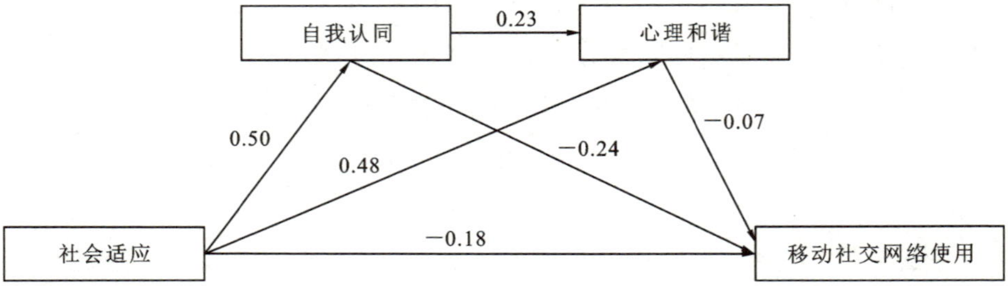

图 7-3　自我认同与心理和谐的双重链式中介效应模型

三、讨论与分析

本研究发现，社会适应与移动社交网络过度使用间存在有显著负相关，青少年社会适应水平越低，就越倾向于使用移动社交网络。本研究还发现，社会适应、自我认同和心理和谐均对青少年移动社交网络过度使用行为产生影响，而且均能负向预测移动社交网络过度使用行为。青少年社会适应、自我认同和心理和谐水平越低，他们就越愿意去使用移动社交网络。以往研究普遍认为，社会适应水平主要表现在个体与环境交互作用过程中的环境适应和人际适应，尤其是人际适应反映了人与人之间的社会交往和沟通能力，以及由此带来的社交结果是否满足了个体的心理需要（Kim，2016）。那么，社会适应水平较低的青少年就可能会在现实社会环境中遇到挫折，他们面对挫折时的一种应对手段就是通过使用移动社交网络来寻求情感和精神慰藉，以及获得积极的社会支持、情感支持、归属感等心理需求。自我认同和心理和谐则反映了青少年对与自我相关的心理行为的积极认知，按照库利“镜中我”的相关理论，青少年自我认同很多时候是通过他人反馈来建立的。那么，自我认同水平偏低的青少年就需要通过他人的积极反馈来获得积极自我认同，而现实生活中社交能力不足，则使他们寻求在移动社交网络中获得积极自我反馈。心理和谐反映了自我和谐、人际和谐和人事和谐，这些心理和谐的水平不但与自我相关，还同个体与他人的相互作用及结果相关，较低的心理和谐反映了较低的自我认识水平、较低的人际关系处理能力以及较低的为人处世能力，这些不足也会使青少年希望通过移动社交网络来寻求补偿。由此可见，青少年移动社交网络使用行为均受到社会适应、自我认同和心理和谐水平的影响。

进一步研究还发现，社会适应不仅直接对移动社交网络过度使用行为产生影响，它还通过三条路径分别影响移动社交网络过度使用行为：一是社会适应通过自我认同对移动社交网络使用产生影响；二是社会适应通过心理和谐对移动社交网络使用产生影响；三是社会适应通过自我认同和心理和谐的双重链式中介作用对移动社交网络使用产生影响。从前文的分析来看，社会适应与自我认同、心理和谐均存在密切的关系，社会适应反映了个体与环境相互作用的心理结果，自我认同和心理和谐反映了个体对与自我相关的心理行为的积极认知，而在本质上三者均反映个体对与自我有关心理行为的认知，只是这些认知之间存在不同顺序效应。

青少年在不同环境中的社会适应存在个体差异，当他们能够很快适应环境后，便会很快建立起积极的自我认同和心理和谐，这时青少年就会理性对待移动社交网络，能够正确认识现实世界与虚拟世界间的关系；而如果当个体很难适应环境变化时，这种窘境就会破坏个体积极自我认同和心理和谐的建立，使个体体验到更多的消极情感，这时青少年就不会以理性的态度对待移动社交网络，他们就会更愿意通过这种方式改善当前的消极情感，从而可能产生对移动社交网络的过度使用；并且，这种行为会由于社会适应不良产生连锁效应，即社会适应不良破坏了积极自我认同的建立，而消极的自我认同也会进一步破坏积极心理和谐的建立，并最终导致移动社交网络过度使用行为。

上述结果表明，社会适应影响青少年移动社交网络使用行为的心理机制可阐释为：青少年的不同社会适应水平对其心理过程（自我认同和心理和谐）产生了影响，进而使其认知产生了偏差（非适应性认知），从而引发了青少年不良移动社交网络使用行为，即“社会环境—心理过程—认知—行为”的模式，这一结果扩展了戴维斯关于网络成瘾行为的“认知—行为”模式（陈秋珠，2006），给青少年移动社交网络过度使用行为的研究提供了一种新的研究视角。因此，家庭、学校和社会在引导青少年合理使用移动社交网络过程中，既要采取一定措施提高青少年的社会适应能力，避免因社会适应不良而使青少年过度寻求网络社会支持，也要使青少年树立正确的自我观，构建积极的自我认同感和培育良好的心理和谐水平，促进其现实社会交往能力的发展，从而避免青少年过度依赖移动社交网络。

第四节　青少年移动社交网络使用对社会交往的影响

使用智能手机进行社会交往已经成为一种趋势，越来越多的研究表明，青少年更倾向于使用智能手机进行社会交往，并导致青少年群体中问题性手机使用行为逐渐增加。青少年使用手机的目的已经不仅仅是收发短信和打电话，而是扩展到其他功能应用，尤其是智能手机 App 越来越迎合青少年的心理需求，青少年使用手机的目的主要是网络社交、网络游戏、休闲娱乐、打发时间等。也正是因为智能手机服务功能的多样化满足了青少年不同的心理需求，青少年使用手机的时间越来越多、强度越来越大，对青少年自身和家庭都产生了消极影响。如今，技术性成瘾行为已经在《精神疾病诊断与统计手册》（DSM-5）中被正式提出，它被看作是与物质成瘾类似的行为成瘾，而继网络成瘾行为之后，智能手机的过度使用行为也被很多研究者认为是一种技术性成瘾行为（Isiklar，Sar，& Durmuscelebi，2013）。

在青少年发展阶段，基于智能手机的移动社交网络使用最大风险是发展成为技术性成瘾行为，这对青少年健康的心理与行为发展极为不利。大多数研究集中在对移动社交网络使用对个体心理与行为的消极影响上。已有研究表明，青少年移动社交网络的过度使用往往会导致个体的睡眠障碍、抑郁倾向、低挫折耐受性、自卑、学习成绩下降、盗窃行为、社会交往缺陷等心理与行为问题（Chen et al.，2016）。然而，较少研究从积极的视角探讨移动社交网络的使用对个体心理与行为的积极影响。移动社交网络是深受青少年喜爱的移动网络服务平台。以往研究普遍认为，过度的移动社交网络使用会对个体的身心发展产生消极影响。也有研究认为，移动社交网络的使用有利于线下社会关系的维持，有利于个体间建立和发展线上社会关系，可满足个体的自尊需要、归属需要、认同需要，以及社会交往需要，提高个体的自尊水平，减少焦虑、抑郁等消极情绪，从而显著提高个体的主观幸福感和生活满意度（Błachnio & Przepiorka，2016）。尤其是，移动社交网络使用与个体现实社会交往存在密切关系。例如，当个体在现实生活中存在人际关系困扰和交往焦虑时，就更倾向于使用移动社交网络，并更易于产生成瘾行为（Babadi-Akashe，Abedini，Akbari，& Hedayati，2014）。

社会交往技能缺失以及社交焦虑是人们使用社交网络的一个重要原因（Billieux et al.，2015），例如，人们通过使用社交网络进行自我呈现和建立并维护自己的积极形象，以缓解现实社会交往中存在的焦虑水平。移动社交网络的不当使用会对青少年的身心发展起到消极破坏作用，而合理的移动社交网络使用也可以起到改善和提高青少年社会交往能力的作用。以往研究大多揭示移动社交网络使用与交往焦虑存在密切关系，但是这些研究存在矛盾之处。例如，有研究认为移动社交网络过度使用的个体更易产生现实的交往焦虑，有研究认为具有现实交往焦虑的个体更易使用移动社交网络，还有研究认为移动社交网络的使用可以减少现实社会交往中的焦虑水平（Bodroža & Jovanović，2016）。尽管已有研究结果存在不一致之处，但不可否认的是移动社交网络的使用对青少年交往焦虑存在影响，那么这种影响究竟是积极的还是消极的？如果是积极的，青少年移动社交网络使用是如何减少交往焦虑水平和提高社会交往能力的？这是本研究所关心的问题。

以往研究认为，社会交往能力受到个体的社交自我效能感和社交满意度的影响。社交自我效能感是个体认为自己有能力与他人建立良好社会交往关系的能力。社交满意度是个体在与他人的社会交往中主观体验到的积极或消极情绪情感。因此，本研究试图验证移动社交网络使用是否会通过个体的社交自我效能感和社交满意度，间接降低个体的交往焦虑水平，进而改善个体的社会交往能力，从而在移动互联网时代为青少年社会交往能力的发展寻找新的路径。本研究建立了如下假设模型（见图 7-4）。

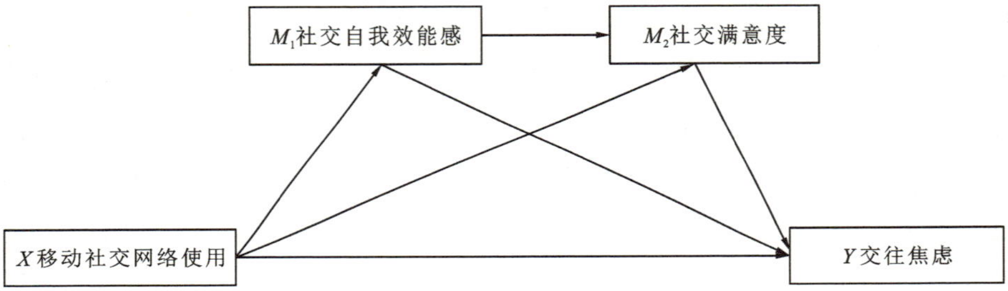

图 7-4　社交自我效能感与社交满意度的双重中介假设模型

一、对象与方法

（一）研究对象

第二次数据采集：采用随机抽样的方法，从全国 5 个省区 11 所中学和高校选取 2300 名学生参与研究，样本包含了 23 个少数民族。研究共回收有效问卷 2056 份，问卷有效率 89.39%。其中，男生 688 人（占 33.46%），女生 1368 人（占 66.54%）；高中生 830 人（高一 322 人（15.66%）、高二 434 人（21.11%）、高三 74 人（3.60%）），初中生 594 人（初一 98 人（4.77%）、初二 164 人（7.98%）、初三 332 人（16.15%）），大学生 632 人（大一 254 人（12.35%）、大二 212（10.31%）、大三 166 人（8.07%））；城市生源地 1108 人（53.89%），农牧区生源地 948 人（46.11%）；汉族学生 1276 人（62.06%），蒙古族学生

592人（28.79%）、其他少数民族学生188人（9.14%）；大学生样本中，文科生418人（20.33%）、理科生214人（10.41%）。

（二）研究工具

1. 大学生移动社交网络过度使用量表

采用姜永志等（2016）编制的大学生移动社交网络过度使用量表，问卷共17个题目，包括消极心境、沉浸体验、时间延长、行为效率降低4个维度。问卷采用1～5五点计分，各维度得分越高表明在移动社交网络过度使用各方面倾向越明显，问卷总分得分越高表明移动社交网络过度使用行为越严重。该问卷的最初施测对象为大学生，本研究由于测量对象包含了初中生、高中生和大学生，因此量表在对中学生进行施测前进行了相应的语言处理，使表达更符合中学生的实际情况。本研究中问卷各维度的内部一致性信度系数为0.79～0.92，总问卷的内部一致性信度系数为0.87。

2. 移动社交网络使用偏好影响因素问卷

采用姜永志等（2016）修订的移动社交网络使用偏好影响因素问卷，修订后的问卷包括17个题项，分为社交自我效能、网络社交普及、手机网络社交卷入和线下社交满意度4个维度。问卷采用1～5五点计分，各维度得分越高表明个体手机移动社交网络使用受其影响越大。问卷各因子的内部一致性信度系数在0.74～0.83之间。本研究仅选取其中的社交自我效能感和线下社交满意度两个维度用于研究。

3. 交往焦虑量表

采用Leary（1983）编制的交往焦虑量表。量表的中文版由彭纯子、龚耀先和朱熊兆（2004）修订，量表由15个项目构成，主要用于评定独立于行为之外的主观社交焦虑体验倾向。量表采用1～5五点计分，得分越高代表个体主观体验到的交往焦虑水平越高。该问卷的最初施测对象为美国大学生样本。本研究由于测量对象包含了初中生、高中生和大学生，因此量表在对中学生进行施测前进行了相应的语言处理，使表达更符合中学生的实际情况。本研究中的内部一致性信度系数为0.85。

（三）统计分析

由于本研究采用问卷法对同一批研究对象进行测量，有可能存在共同方法偏差，因此需要进行共同方法偏差检验。研究主要采用程序控制、统计控制来避免共同方法偏差。首先，研究的问卷施行统一指导语、统一施测，研究人员事先经过相关培训，使研究程序尽量标准化。其次，根据前人研究采用了 Harman 单因素检验法进行统计控制，使用所有原始题目进行因素分析，经探索性因素分析后提取的第一个因子解释变异的 18.13%，低于 40%的临界值。这表明本研究使用问卷法获得的数据受共同方法偏差影响较小，对数据可以进行进一步统计分析。采用 SPSS18.0 软件进行基本的描述分析和层次回归分析，采用偏差校对非参数百分位 Bootstrap 法进行多重中介效应分析。该方法以原样本（样本容量为 n）为基础，在保证每个观察单位每次被抽到的概率相等（均为 $1/n$）的情况下进行有放回的重复抽样，得到一个样本容量为 n 的 Bootstrap 样本，建立间接效应的估计值并进行排序求得序列 C，将序列 C 中的百分位值作为置信区间的上、下置信限来构建中介效应置信区间。如果置信区间不包含 0，则表明中介效应存在；如果置信区间包含 0，则表明中介效应不存在。本研究在 SPSS 中使用 Hayes（2012）开发的 PROCESS 插件（Process is written by Andrew F. Hayes，http：//www. afhayes. com）进行分析，从原始样本中有放回地抽取 5000 个样本估计中介效应的 95%置信区间，选择 Hayes 提供的 76 个典型模型中的模型 6 进行分析。

二、研究结果

（一）研究变量的描述性统计

表 7-9 呈现了移动社交网络使用及各因子、社交自我效能感、社交满意度和交往焦虑的均值、标准差及相关系数。由表 7-9 可知，各主要变量间均存在显著相关，其中移动社交网络使用及各因子与社交自我效能感和交往焦虑存在显著正相关（$r=0.226\sim0.354$，$p<0.01$）；移动社交网络使用及各因子与社交满意度负相关不显著（$r=-0.002\sim-0.065$，$p>$

0.05)；社交自我效能感与社交满意度间存在显著正相关（$r=0.224$，$p<0.01$）；社交自我效能感、社交满意度与交往焦虑间存在显著负相关（$r=-0.456\sim-0.173$，$p<0.01$）。

表 7-9 变量的均值、标准差与相关系数

变量	1	2	3	4	5	6	7	8
2 沉浸体验	0.586**	1						
3 时间延长	0.661**	0.561**	1					
4 行为效率降低	0.432**	0.373**	0.480**	1				
5 移动社交网络使用	0.830**	0.798**	0.841**	0.721**	1			
6 社交自我效能感	0.283**	0.289**	0.226**	0.325**	0.354**	1		
7 社交满意度	−0.065*	−0.018	−0.030	−0.008	−0.002	0.224**	1	
8 交往焦虑	0.277**	0.251**	0.254**	0.233**	0.318**	−0.456**	−0.173**	1
M	2.260	2.531	2.480	2.617	2.476	2.522	2.779	2.488
SD	0.927	0.851	0.967	1.024	0.746	0.914	0.876	0.607

（二）研究变量对移动社交网络过度使用的回归分析

以移动社交网络使用、社交自我效能感和社交满意度为预测变量，以交往焦虑为因变量进行分层回归分析。由表 7-10 可知，移动社交网络使用对交往焦虑具有正向预测作用（$p<0.01$），社交自我效能感和社交满意度对交往焦虑具有负向预测作用（$p<0.01$）。

表 7-10 各变量对手机移动网络过度使用的回归分析

分层	因变量	预测变量	B	$S_{\bar{X}}$	β	t	R^2	F
第 1 层	交往焦虑	移动社交网络使用	0.259	0.017	0.318	15.211**	0.101	231.377**

续表

分层	因变量	预测变量	B	$S_{\bar{X}}$	β	t	R^2	F
第2层	交往焦虑	移动社交网络使用	0.146	0.017	0.179	8.691**	0.236	317.808**
		社交自我效能感	−0.261	0.014	−0.393	−19.063**		
第3层	交往焦虑	移动社交网络使用	0.352	0.017	0.187	9.909**	0.243	220.845**
		社交自我效能感	−0.246	0.014	−0.370	−17.510**		
		社交满意度	−0.062	0.014	−0.090	−4.560**		

（三）社交自我效能感与社交满意度的双重链式中介

根据假设采用偏差校对非参数百分位Bootstrap法进行中介效应检验，结果显示链式间接效应模型显著，移动社交网络使用对交往焦虑的直接效应Bootstrap 95%置信区间不含0值（直接效应0.152，95%CI（0.119，0.185）），移动社交网络使用对交往焦虑的间接效应Bootstrap 95%置信区间不含0值（总间接效应0.107，95%CI（0.087，0.126））。结果还显示，总间接效应由三种间接效应构成：第一种间接效应为移动社交网络使用→社交自我效能感→交往焦虑，间接效应的Bootstrap 95%置信区间不含0值（间接效应0.106，95%CI（−0.126，−0.088），效应比ab/c'=70.394%），表明社交自我效能感在移动社交网络使用与交往焦虑间起着显著的中介效应；第二种间接效应为移动社交网络使用→社交自我效能感→社交满意度→交往焦虑，间接效应的Bootstrap 95%置信区间不含0值（间接效应0.006，95%CI（−0.010，−0.003），效应比ab/c'=3.947%），表明社交自我效能感和社交满意度在移动社交网络使用与交往焦虑间起着显著的链式中介效应；第三种间接效应为移动社交网络使用→社交满意度→交往焦虑，间接效应的Bootstrap 95%置信区间包含0值（间接效应0.005，95%CI（−0.002，0.012），效应比ab/c'=3.289%），表明社交满意度在移动社交网络使用与交往焦虑间中介效应不显著。相关模型如图 7-5 所示。

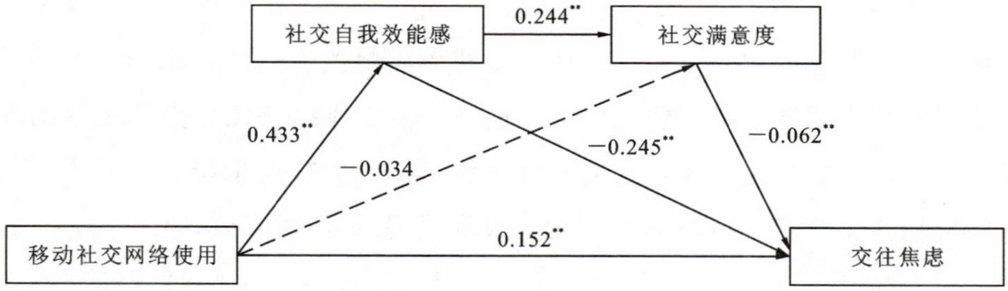

图 7-5　社交自我效能感与社交满意度的双重链式中介模型

三、讨论与分析

（一）移动社交网络与社交自我效能感、社交满意度和交往焦虑的关系

移动社交网络使用对建立、维持和发展青少年社会交往能力，促进青少年心理健康具有积极作用。本研究发现，移动社交网络使用及各因子与社交自我效能感存在显著正相关，并且移动社交网络使用正向预测青少年的社交自我效能感，即移动社交网络使用可以显著提高青少年的社交自我效能感。本研究的结果与 Chiu（2014）的研究结果一致，该研究在考察大学生社交自我效能感与智能手机使用的关系时发现，大学生智能手机使用与社交自我效能感存在显著的正向关系。社交自我效能感是青少年认为自己有能力与他人建立良好社会交往关系的能力，具有高社交自我效能感的个体往往性格开朗、热情，能够站在他人角度考虑问题，具有较好的共情能力，他们在这种虚拟环境中可以较为放松地展示自我并与他人进行交流。尽管过度使用移动社交网络存在成瘾的风险，但适度的移动社交网络使用可以提高青少年社交自我效能感，使他们的社交技能得到一定的锻炼和提高，尤其是对于那些在现实社交中存在羞怯、焦虑的个体，移动社交网络提供的社交平台能够显著提升他们的自尊水平。

研究也发现，移动社交网络使用与交往焦虑存在显著正向关系，并对交往焦虑存在显著正向预测作用，这一结果与以往的研究结果一致（Lee-

Won, Herzog, & Park, 2015)。交往焦虑是个体害怕与他人面对面交流，害怕受到别人的评价的一种社会交往障碍，这也使社交焦虑个体产生了与他人的疏离。以往研究表明，交往焦虑和人际关系困扰是移动社交网络过度使用行为的重要原因，而且移动社交网络使用也会进一步增加个体的交往焦虑水平。智能手机的使用为交往焦虑个体提供维持社会交往关系的新纽带，他们更愿意通过移动社交网络与他人交往。心理学研究也发现，长时间使用移动社交网络可以引起现实交往焦虑和睡眠障碍（Isiklar, Sar, & Durmuscelebi, 2013）。有研究认为，具有移动社交网络过度使用倾向的个体更可能产生交往焦虑，原因在于这些个体在现实社会交往中本身就存在人格缺陷或社交缺陷，而这也导致他们在移动社交网络中期望更多关注和与更多人交流，往往沉溺其中而忽视现实中的人际交往，导致他们在现实生活中的交往焦虑水平加剧。

研究还发现，社交自我效能感和社交满意度与交往焦虑间存在显著负相关，并且二者均能显著负向预测交往焦虑，即青少年社交自我效能感越高，交往焦虑水平越低；社交满意度越高，交往焦虑水平越低。社交自我效能感和社交满意度是影响社会交往发展水平的重要因素，具有较高水平的社交自我效能感和社交满意度的青少年，往往乐于与他人进行社会交往，并能在现实中体验社会交往带来的积极心理体验，获得更多的社会支持和情感支持，提高个体的主观幸福感和生活满意度，进而降低交往焦虑水平，促进社会交往能力的积极健康发展。

（二）移动社交网络使用降低交往焦虑的内部机制

本研究发现，移动社交网络使用虽然会增加青少年的交往焦虑水平，但是移动社交网络使用可以通过社交自我效能感和社交满意度降低交往焦虑水平，改善和提升青少年的社会交往能力。研究使用偏差校对非参数百分位 Bootstrap 法验证了社交自我效能感与社交满意度在移动社交网络使用与交往焦虑之间的作用机制，研究发现移动社交网络可以通过三条路径作用于交往焦虑：第一条路径是移动社交网络使用→社交自我效能感→交往焦虑，通过这条路径可以发现，移动社交网络使用可以改善和提高个体的社交自我效能感，能够使青少年在虚拟的移动社交网络中体验到自尊感、归属感和价值感，提升社交自我效能感，并迁移到现实社会交往中，降低了现实中的交往焦虑；第二条路径是移动社交网络使用→社交自我效能感→社交满意度→交往焦虑，通过这条路径可以发现，移动社交网络可通过改善和提高青少年的社交自我效能感，使青少年体验到更高的社交满意度，并迁移到现实社会交往中，降低了现实中的交往焦虑；第三条路径是移动社交网络使用→社交满意度→交往焦虑，通过这条路径可以发现，移动社交网络使用并不能直接带给个体积极的社交满意度，而是在一定程度上降低了社交满意度，只是这种效应并不显著。对于在现实社交中存在社交不良的个体，移动社交网络的使用能够暂时缓解现实交往困扰和焦虑水平，并提高社交满意度。如果对移动社交网络的使用不加限制而沉迷其中，则会使个体忽略现实生活中人与人之间的交往，出现待人冷漠、漠不关心的行为（Xuaaab，2012），导致因移动社交网络过度使用而产生的现实社交满意度下降。

从上述三条路径来看，移动社交网络主要通过前两条路径对交往焦虑发生作用，尤其是第一条路径中社交自我效能感在移动社交网络使用与交往焦虑间的中介效应值 ab/c' 达到 70.394%，远远高于第二条路径效应值 ab/c'（3.947%）。在移动社交网络使用与交往焦虑的作用机制中，社交自我效能感在移动社交网络使用与交往焦虑间发生的作用占据主导，而社交自我效能感→社交满意度在移动社交网络使用与交往焦虑发生的作用中相对较弱。不过，从整体上来看，在改善和提高青少年社会交往能力方面，这两条路径均发挥着重要作用。可见，移动社交网络使用并非总是对青少年的社会交往发展和其他心理与行为产生消极影响，在一定程度上，移动社交网络使用可以通过改善社交自我效能感以及改善社交自我效能感和提高社交满意度，来降低青少年现实社会交往中的焦虑水平。

综上所述，青少年使用智能手机等移动终端进行网络社交并非总是坏事，根据本研究的结论并结合以往研究，我们认为：第一，在现实的家庭教育、学校教育和社会教育中，家长和老师应辩证看待青少年使用移动社交网络的行为；第二，对于青少年使用移动社交网络应持有宽容的态度，适当鼓励青少年在移动社交网络中与他人建立交往联系，适当进行自我表达，将移动社交网络使用作为现实社会交往的必要延伸，促进青少年社交自我效能感的提高；第三，家庭、学校和社会还应以不同形式和恰当、正确的方式对青少年予以积极引导，培养青少年健康的媒介素养，使他们能够明辨移动社交网络中不同的价值取向，不在没有根据的情况下随意下载和转载不当言论；第四，避免青少年长时间过度使用移动社交网络，避免移动社交网络过度使用行为的发生。在移动互联网时代，智能化社交已经成为发展趋势，任何方式都不能阻挡青少年对移动社交网络的使用。因此，揭示移动互联网时代青少年社会交往能力改善和提高的作用机制十分重要。

第八章　青少年移动社交媒体使用的社会化教育与引导

移动社交媒体（又称“移动社交网络”）使用已经成为新媒体时代青少年生活的重要组成部分，移动社交媒体所发挥的效应也远超出人们的预期。自2008年微信上线以来的约十年间，无论是社会交往、休闲娱乐、信息检索，还是便利的微支付，以微信为代表的中国移动社交媒体成为中国青少年乃至老年人智能手机的必备应用。伴随着“微时代”的到来，一种与网络成瘾类似的社会现象日益凸显，基于智能手机的移动社交媒体使用也已经在很大程度上嵌入青少年的心中，在发挥积极效应的同时，其消极效应也逐渐凸显。这一问题行为也被称为问题性移动社交媒体使用，这个概念目前还存在部分争议，它主要演变自Young在1998年以《精神疾病诊断与统计手册》（DSM-4）中病理性赌博诊断标准为基础，提出的网络成瘾概念（王福兴，倪牧宇，李卉，沃建中，2008）。近年来的研究认为，该问题性行为对个体的身心健康会产生消极后果，尤其是导致学业成绩下降、家庭冲突和工作困扰，甚至导致较严重的抑郁、焦虑和孤独症状，使青少年现实社会交往问题日益突出（Krasnova，Spiekermann，Koroleva，& Hildebrand，2010），这也使该问题成为社会学、心理学、健康医学等学科研究的热点问题。从现有相关研究来看，研究者对该问题行为的发生机制、影响因素、测量评估等开展了较多研究，并从社会心理的视角提出了对该问题行为的解释路径（姜永志等，2016），但少有研究从心理教育的视角提出该问题的教育引导路径。问题性移动社交媒体使用主要是后天塑造的结果，那么基于以往相关理论与实证研究结论，从家庭教育、学校教育和社会教育协作和整合的视角，提出青少年问题性移动社交媒体使用的教育引导路径，能够在一定程度上构建青少年问题性移动社交媒体使用的教育网络体系，将现有实证研究结论转化为具体措施，进而从根本上促进新媒体时代青少年的身心健康发展。

第一节　青少年移动社交媒体使用的家庭教育

家庭教育是教育的起点，它具有启智、育德、培养个性的功能，使个体在家庭生活与人际交往中获得知识经验，形成情绪情感、伦理道德规范和行为习惯，而良好的家庭教育是促进孩子健康成长的催化剂（翟博，2016）。学前期家庭教育对孩子的习惯养成、品性修养、兴趣爱好等具有重要作用，而学龄期家庭教育又与学校教育、社会教育相互衔接和相互补充，对孩子的身心发展产生持续影响。可以说，家庭教育在孩子成长过程中发挥着无可替代的作用。那么，青少年行为习惯养成、品性修养和个性培养也均受到家庭教育持续的、潜移默化的影响。从家庭教育的视角来看，认识家庭教育的重要性，并在家庭教育中为孩子营造积极向上的家庭环境，则能为个体提供身心健康发展的优质土壤。青少年问题性移动社交媒体使用作为一种问题性行为同样受到家庭教育的影响。因此，基于家庭教育的视角，在家庭教育中预防或矫正青少年问题性移动社交媒体使用，应侧重对青少年积极健康人格的塑造、良好行为习惯的养成和积极情绪情感的发展。

一、依靠家庭教育塑造青少年积极健康人格

青少年的人格特质是影响问题性移动社交媒体使用的重要因素，尤其是神经质、开放性、自恋性、冲动性等人格特质（Kross et al.，2013）。虽然人格是相对稳定的心理特质，但它同样会受到后天环境的影响，尤其

是越小的儿童受到环境影响越大，且随着年龄增大不易改变。那么在孩子成长过程中，给孩子创造温馨的成长环境就显得尤为重要。例如，对于神经质和冲动性倾向的孩子给予耐心和宽容；对于开放性倾向的孩子给予表扬与赞美；对于自恋性倾向的孩子，让他们学会客观认识自我以及自我与他人的关系。健康人格的塑造不是一朝一夕的事情，青少年在成长过程中，人格特质也会随着父母教养方式、家庭关系、家庭氛围等发生变化，针对不同人格特质的孩子给予不同的关注，在一定程度上能塑造孩子积极健康的人格特质，而积极健康的人格特质不但能促进个体的身心健康发展，还能避免青少年形成问题性移动社交媒体使用的风险。由此可见，家庭教育作为学校教育和社会教育的基础，它对个体的隐性影响十分巨大，尤其是在个体人格塑造方面发挥着不可忽视的作用。那么，针对某些消极人格特质的教育引导，则能为个体塑造积极健康人格奠定基础，同时更能规避问题性移动社交媒体使用的风险。

二、依靠家庭教育塑造青少年良好行为习惯

习惯养成教育是家庭教育和学校教育的主要功能，但家庭教育因先于学校教育对个体发生影响而显得更为基础，儿童习惯养成会持续影响青少年和成年阶段甚至终身。家庭教育中的习惯养成，主要依靠父母的示范及其相关强化。班杜拉的社会学习理论认为，儿童的学习行为起始于模仿并受到强化的影响，当儿童的某一行为受到强化则其再次发生的概率就会提高，尤其是及时的积极正强化对个体行为影响更为重要（张良驯，2017）。问题性移动社交媒体使用作为一种偏离社会常态的移动网络使用行为，在一定程度上受到家庭教育的影响。例如，父母下班后就机不离手“刷屏”，这一方面会增加孩子对这一不良行为的模仿的概率，另一方面因父母与孩子的沟通交流减少，可能导致亲子关系紧张和家庭矛盾增多，从而使孩子产生逆反心理和行为。由此可见，家庭教育更注重孩子的启智、德育和个性培养，而个体青少年期行为习惯直接受到早期家庭教育的影响。那么，父母在家减少使用智能手机的频率，增加与孩子的互动交流，增进亲子互动，这一方面对培养孩子的个性品质、行为习惯等有积极作用，另一方面

对规避问题性移动社交媒体使用风险具有积极作用。以往研究还发现，移动社交媒体相关视觉线索会使个体产生选择性注意偏向和心理渴求感，这说明刺激线索对个体移动社交媒体使用也具有诱发作用（Welberg，2013）。那么，家庭成员避免在家频繁使用手机、避免视觉线索刺激也能使青少年有效规避问题性移动社交媒体使用风险。

三、依靠家庭教育促进青少年积极情绪情感发展

以往研究发现，交往焦虑、孤独感、无聊感等负性情绪是问题性移动社交媒体使用的重要风险性预测指标，这些消极情绪又多源于不良的人际交往（Lee，Chang，Lin，& Cheng，2014）。家庭教育在个体的情绪情感培养方面发挥着积极作用，良好的家庭教育环境有利于个体积极情绪情感发展，而消极的家庭教育环境则会使个体产生更多的消极情绪情感，并引发一系列的心理与行为问题。那么，积极情绪情感的培养应是家庭教育早期关注的基本问题，通过积极父母教养方式和亲子关系的构建，促进积极情绪情感发展。同时，家庭教育不但要在青少年积极情绪培养方面发挥作用，还应在青少年情绪管理方面发挥效应。负性情绪是生活中的一部分，而如何调节情绪、管理情绪，将负性情绪弱化，甚至是转换成积极情绪，需要在家庭情绪情感教育中，以潜移默化的方式完成。青少年在移动社交媒体使用影响因素与发生机制方面，交往焦虑、孤独感、无聊感等负性情绪导致的人际交往障碍，是问题性移动社交媒体使用的重要发生机制。那么，青少年问题性移动社交媒体使用的引导和矫正，需要家庭教育担负起个体积极情绪情感发展和情绪管理、促进个体积极情绪情感发展的责任，这不但有利于个体身心健康发展，也有利于规避问题性移动社交媒体使用的风险。

综上所述，家庭教育在青少年积极健康人格塑造、良好行为习惯养成和积极情绪情感发展等方面发挥着重要作用。从家庭教育的视角出发，家庭教育对青少年问题性移动社交媒体使用的影响，或许并不够直接，但它的影响是基础性和持久性的。因此，加强儿童青少年时期家庭教育，促进个体积极个性品质、良好习惯养成和积极情绪情感发展，是学校教育和社

会教育进一步发挥功效的基础，也是规避青少年诸多问题性行为风险的重要保障。

第二节　青少年移动社交媒体使用的学校教育

学校教育是家庭教育在时间和空间上的延续，它是由专业教师承担，在专门教育机构，进行目的明确、组织严密、系统完善、计划性强的以影响学生身心发展为直接目标的教育实践活动（王平，朱小蔓，2015）。学校教育相较于家庭教育，时间跨度上更长，空间跨度上更广，青少年大多数知识能力、社会情感、道德规范、社会技能、品格塑造等均深受学校教育影响。因此，学校教育是人的成长中最关键和最重要的阶段，它在整个教育体系中处于主导地位。也正因为学校教育阶段时间长、跨度广，它对青少年生理、心理与行为的影响也最为巨大。青少年正处在生理和心理发展期，他们的心智尚未成熟、价值判断仍未稳定，问题性移动社交媒体使用正是青少年这一时期较易形成的一种消极行为。以往研究认为，青少年问题性移动社交媒体使用不但受到相对稳定的人格特质影响、相对变化的负性情绪影响、深层复杂的心理动机影响，同时也受到上述因素的交互影响，而社会交往相关问题则成为诸多影响因素交互发生作用的典型心理变量（姜永志，白晓丽，刘勇，2017）。同时，由于现实生活缺少积极关注而寻求移动社交媒体关注的心理动机，以及表现为积极自我呈现的行为，也是问题性移动社交媒体形成的重要因素。因此，基于学校教育的视角，在学校教育中预防或矫正青少年问题性移动社交媒体使用，应侧重依靠学校教育培养青少年积极的人际交往能力、积极健康的自我意识和积极健康的媒介素养。

一、依靠学校教育培养青少年积极的人际交往能力

积极的人际交往能力是青少年心理与行为社会化的重要组成部分，它对青少年社会心理与行为发展会产生重要影响。需要层次理论认为，

个体发展需要依次经过生理需要、安全需要、归属和爱的需要（也称社会交往需要）、尊重需要和自我实现需要（安福杰，2013）。在个体满足生理需要和安全需要后会产生社会交往需要，社会交往需要是个体对友谊、爱情以及归属关系的需求。从我国当前青少年社会交往能力发展现状来看，青少年缺乏有效的社交技能、自我中心倾向严重、分享与合作观念淡漠，这使青少年在人际交往中容易产生人际交往障碍。尤其是新媒体时代的来临，移动社交媒体更是替代了传统的面对面交流，网络社交中相关视觉线索的缺失，以及沟通的时间延迟，都使沟通相对容易，但这也造成过度依赖社交媒体而淡漠了现实人际交往，导致现实社交技能缺失，使青少年不愿进行面对面社会交往，而倾向于网络社交。问题的根源在于，青少年现实生活中缺少正常社会交往所需要的心理素质与行为能力。由社交能力缺失引发的社交焦虑，由自我中心倾向及过度自我关注引发的遗漏焦虑，会增加青少年使用移动社交媒体的时间和频率。青少年社会交往能力的发展正是学校教育的重要任务，知识、情感和技能是学校教育的三大目标，而技能也包括社交能力的培养。由此可见，为青少年创造良好的社会交往环境，鼓励青少年之间的交流、对话、沟通，给予其一定的社会交往技能指导，都会在一定程度上促进青少年积极人际交往能力的发展，不但有利于青少年身心健康发展，还能规避问题性移动社交媒体使用形成的风险。

二、依靠学校教育培养青少年积极健康的自我意识

自我意识发展是衡量青少年心理健康水平的重要指标，它对青少年的心理与行为起着指导作用。根据弗洛伊德的意识理论，我们的行为不但受到意识的影响，还受到潜意识的影响。意识是与直接感知有关的心理部分，而潜意识则是感知不到却对心理与行为产生影响的意识。在弗洛伊德的人格结构理论中，自我是对现实自我的感知，它源于本我并受制于超我，当本我、自我和超我出现失衡状态时，便会出现心理问题（孟秋丽，高申春，2007）。例如，当本我占据主导，个体将会以满足个体欲望为行为准则。埃里克森还提出自我发展八阶段理论，该理论强调

青少年时期面临的最主要的挑战是自我同一性危机，即自我认同危机。当个体能够客观认识现实自我与理想自我，以及生理自我、心理自我与社会自我的关系时，便会形成同一性自我（张梅，张玥，辛自强，张乔红，2016）。由此可见，健康的自我意识在青少年成长中的重要作用。在现实生活中，青少年往往因自我认识偏差而产生行为偏差。例如，有研究指出，具有自恋性人格倾向的个体更易在社交媒体中进行积极自我呈现，寻求获得积极关注，这些青少年也更易产生问题性移动社交媒体使用（杨秀娟，周宗奎，刘庆奇，牛更枫，2017）。当个体过度关注自我，自我中心倾向凸显，而忽略社会他人时，便会形成自恋性人格。当个体在社会互动或人际交往中体验到的积极关注过少时，也会产生社交需要无法满足的社交渴求性心理，从而寻求在现实或网络社交中的积极关注。学校教育在青少年自我意识培养方面发挥着重要作用，设置合理的心理健康教育活动课，教师人格魅力的感染，积极同伴关系的发展等，都会对积极自我意识发展产生积极的促进作用。那么，有针对性地开设心理健康教育活动课，塑造青少年积极的自我意识，使青少年学会客观认知自我，学会合作、学会分享、学会换位思考等，都有利于青少年积极自我意识发展，同时也可以规避由自恋性人格、缺乏积极关注等原因形成的问题性移动社交媒体使用。

三、依靠学校教育培养青少年积极健康的媒介素养

媒介素养是指正确地、建设性地享用大众传播资源的能力，能够充分利用媒介资源完善自我，参与社会进步，包括公众利用媒介资源动机、使用媒介资源的方式方法与态度、利用媒介资源的有效程度以及对传媒的批判能力等（晏萍，裴丽娜，2016）。按照“文化规范论”的观点，新兴媒体对个体的心理与行为都会产生巨大影响，人们会在不断的媒介接触中，逐渐将这种“规范力量”的图式内化为自己的思想意识，从而最终影响人们的行为。但以往研究发现，新媒体时代青少年对媒介的批判能力仍较弱，对媒介的使用不够充分，青少年的网络道德和法律意识还比较薄弱，这源于新媒体时代网络媒介的快速发展，而相关媒介素养教育停滞或缺失

(韩福顺，林妍，2018)。处在新媒体时代的青少年不可避免受到新兴媒体的影响，例如，基于移动互联网的微信、微博、QQ 等新媒介，凭借开放性、交互性、便捷性、多样性等特点对青少年的认知方式、思维风格、行为习惯、思想观念等方面产生重要影响。在新媒体时代，学校教育的教育功能还应包括媒介素养教育，因为媒介素养会指导个体的网络信息选择、传播，以及指导现实心理与行为规范。那么，在各级学校开展媒介素养教育是新时期学校教育的新任务。在新媒体时代，良好的媒介素养教育可以使青少年更好地认知和选择媒介信息，树立正确的世界观、人生观和价值观。从媒介素养教育视角来看，青少年问题性移动社交媒体使用也是媒介素养教育缺失所导致的消极结果，培养青少年正确看待移动社交媒体的工具属性，正确看待移动社交媒体使用与自己学习生活的关系，培养青少年积极的移动网络使用素养，不但有利于青少年正确处理移动社交媒体与学习生活的关系，促进身心健康发展，还能规避问题性移动社交媒体使用形成的风险。

第三节　青少年移动社交媒体使用的社会教育

社会教育是家庭教育、学校教育及其以外的社会文化教育机构及有关社会团体或组织，对社会成员特别是青少年所开展的以政治、经济、文化、社会生活等为内容，并影响个人身心发展的教育活动(关冬生，关淑凡，石军，2013)。社会教育比家庭教育和学校教育的范围更广泛，内容更丰富，途径和方法也更加灵活多样。社会教育是人生教育系统的重要组成部分，它的主要任务是继家庭教育和学校教育之后，帮助青少年顺利完成社会化过程。例如，确立社会意识、形成社会观念、塑造社会性格、养成社会能力、学会社会规范、了解社会文化、融入社会生活、培育社会影响力等，其最终目标是帮助青少年建立正确的世界观、人生观和价值观。从社会教育的过程来看，它并不是松散的教育活动，而是针对青少年某些心理与行为特点，开展有系统、有目的、有组织的教育活动，同时社会教育也需要认真策划、精心设计和周密安排。从社会教育的形式来看，主要包括培训、讲座、媒体传播（广播、电视、报纸、杂志等）、展馆（图书馆、博物馆、科技馆、展览馆等）、自学等。随着新兴网络媒体的快速发展，基于移动互联网的网络社会教育逐渐成为一种新的社会教育形式，并对青少年产生持续深刻的影响。问题性移动社交媒体使用是伴随新兴移动媒体发展而形成的一种社会现象，它的形成除了受到人格特质、负性情绪、心理动机的直接影响外，也受到社会环境的影响。因此，在社会教育的视角下，预防或矫正青少年问题性移动社交媒体使用，应侧重依靠社会教育塑造和培养青少年积极社会性人格、社会性情感、社会性交往，促进青少年积极社会性心理发展，并积极转变社会教育思路，从围堵向引导、从矫正向预防转变。

一、依靠社会教育的继续教育功能，塑造和培养青少年积极社会性人格、社会性情感和社会性交往

家庭教育和学校教育在青少年积极人格塑造和积极情绪发展方面发挥着巨大作用，而社会教育能在社会化过程中继续塑造、发展和完善青少年积极人格和积极情绪发展。在新媒体时代，移动社交媒体使用是社会发展的产物，它给人们之间的沟通交流带来诸多便利，已经融入和嵌入人们的生活中，人们对它的依赖性逐渐增加。但从研究来看，积极健康的人格特质能够对其产生抑制作用。例如，开放性人格特质能够反向预测问题性移动社交媒体使用，这表明积极健康的人格特质能够“免疫”问题性移动社交媒体使用（Ryan & Xenos，2011）。社会教育在青少年积极人格发展中发挥的作用是持续和相对稳定的。那么，通过参与各类培训、讲座以及各类公益性活动，不但能塑造青少年友善、热情、开朗、宽容等正面积极性格，促进积极的社会情绪发展，而且能促进现实社会交往能力的发展。新媒体时代的“低头族”多表现为因负性情绪无心进行现实交往，而沉溺于自我中心的网络世界。社会教育的介入能够对青少年社会性人格、社会性情感、社会性交往等方面发展起到积极促进作用，能够使青少年在社会化进程中变得更加成熟稳重，对自己的世界观、人生观和价值观有更充分的

了解和认识，能不因一时的好奇心、冲动和欲望驱使而沉溺于以自我为中心的移动社交媒体使用中。由此可见，社会教育是一种继续教育，对青少年身心发展具有持续影响，不断修正青少年的世界观、人生观和价值观，并促进人的全面发展。

二、依靠传统社会教育与社会教育网络新媒介促进青少年积极社会性心理发展

传统社会教育主要依靠社会机构、团体或成员对青少年施加影响并引起其心理与行为发展变化。传统社会教育内容丰富、形式多样，对青少年身心发展和社会化教育起到积极促进作用。随着移动网络的快速发展，传统社会教育在信息传播的时效性、施加影响的覆盖面等方面的效率远不及基于网络的社会教育新模式。新媒体时代，社会教育模式正逐渐从现实向网络转移，使网络社会教育的形式满足了那些移动网络使用偏好的青少年，这也使青少年有更多的途径接触家庭教育和学校教育之外的教育并受其影响。例如，远程移动网络视频通信技术能使青少年接受异地培训和指导，移动信息平台的快速传播能使青少年在最短时间内获取相关信息。然而，移动网络信息的复杂性也使青少年面临诸多价值选择，表浅化阅读、肤浅理解也成为移动网络传播的后遗症。那么，充分认识社会教育的网络新媒介在社会教育中发挥的作用，将其与传统社会教育相互补充，发挥各自优势，能相得益彰地促进青少年身心潜移默化。问题性移动社交媒体使用作为社会发展的产物，它需要社会教育的介入，需要通过传统社会教育和网络社会教育通过多种形式进行预防、干预和矫正。例如，社会心理服务机构开展心理健康教育培训或讲座，传授身心放松、缓解压力、情绪调节的技术和方法，提升人们的主观幸福感，这都能够预防青少年沉溺于虚拟的移动社交媒体世界。由此可见，结合传统社会教育与网络社会教育，通过形式多样的社会教育模式，开展青少年心理服务，一方面对促进青少年的积极社会心理发展具有积极意义，另一方面能在一定程度上规避青少年问题性移动社交媒体使用风险。

三、转变社会教育思路，从围堵向引导、从矫正向预防转变

青少年心理健康教育包括发展性和补救性教育，以往有关青少年问题性行为的心理健康教育多为补救性教育，以往中小学大多不注重青少年心理健康水平的发展，以成绩作为衡量标准的现状短时间内很难完全改变。从20世纪90年代末开始的网络成瘾行为研究，所施行的教育模式多为补救性或矫正性的教育，网络戒断成为一个专门的心理治疗产业，这也使学校和家长“谈网色变”，错误地认为只要孩子接触网络就会变坏，大多数家长和学校采取“围堵”教育，然而“围堵”的效果有时甚至是适得其反。造成这一结果的原因主要有两个。一是家长和学校没有把握青少年的阶段性心理发展特点。例如，初中生、高中生和大学生在认知特点、思维方式和情感发展等方面都有各自的阶段性特点，初中生自我意识逐渐独立但不成熟，他们对新鲜事物具有强烈的好奇心、猎奇心，情绪上也更易冲动，行为极易受外部环境影响，尤其是处在青春期的青少年，其心理过程复杂多变。二是社会相关部门或机构没有及时澄清互联网对孩子的积极和消极影响，媒体上发布的信息多为网络使用给青少年造成消极后果的报道，这也使得家长和老师认为上网弊大于利，因而采取完全“围堵”措施。青少年问题性移动社交媒体使用能否继续使用“围堵”来解决呢？社会变迁与时代发展，新媒体时代和“微时代”已经到来，移动社交媒体与生活融合嵌入度日益加深，青少年已经很难做到隔绝和充耳不闻。在这样的时代背景下，无论是家庭教育、学校教育还是社会教育，应该给予的不应是围堵而应是积极引导，不应在问题完全暴露出来后再进行矫正，而应在问题苗头乍现阶段将其扑灭。也就是说，社会对青少年移动社交媒体使用的态度应发生转变，从围堵向引导、从矫正向预防转变。社会教育作为终身教育，不但是家庭教育和学校教育的延续，它还与家庭教育和学校教育形成互补之势。社会教育在态度和观念上对青少年移动社交媒体使用的接纳和包容，不代表鼓励青少年无休止地沉溺其中，配合家庭教育与学校教育，对青少年移动社交媒体使用行为进行积极引导，使青少年对其有客观认识，明晰

网络与现实的联系区别，从而做到线上线下生活交叉且不重叠，建立线下生活为主、线下生活为辅的移动社交媒体使用观念。

综上所述，问题性移动社交媒体使用是社会发展过程中形成的一种偏离社会常态的问题性行为，尽管它的影响因素和发生机制复杂多变，但仍受到家庭教育、学校教育和社会教育的影响。那么，从家庭教育、学校教育和社会教育的视角出发，通过各个教育阶段的分层管理、协同管理，三者相互配合，共同推进青少年问题性移动社交媒体使用的预防、矫正和社会治理，充分尊重青少年身心发展特点，以问题性移动社交媒体使用影响因素和发生机制作为依据，提出具有建设性的对策建议，对加强青少年问题性移动社交媒体使用的有效预防具有积极效果。

参考文献

中文部分

[1] 安福杰. 基于需要层次理论的教育游戏激励机制研究 [J]. 中国电化教育，2013 (3)：96-100.

[2] 曹欢欢，姜锦虎，胡立斌. 社交网络持续使用：从众行为和习惯调节作用 [J]. 华东经济管理，2015，29 (4)：156-162.

[3] 曹枫林，苏林雁. 中学生互联网过度使用与冲动的关系 [J]. 中国心理卫生，2007，21 (4)：252-253.

[4] 常亚平，朱东红. 社交网络用户参与动机的测量 [J]. 图书情报工作，2011，55 (4)：32-35.

[5] 柴唤友，牛更枫，褚晓伟，魏 祺，宋玉红，孙晓军 . 错失恐惧：我又错过了什么？[J]. 心理科学进展，2018，26 (3)：527-537.

[6] 巢乃鹏. 青年人社交网站使用动机研究 [J]. 图书情报工作，2012，52 (2)：55-60.

[7] 陈武，李董平，鲍振宙，闫昱文，周宗奎. 亲子依恋与青少年的问题性网络使用：一个有调节的中介模型 [J]. 心理学报，2015，47 (5)：611-623.

[8] 陈欢，王丽，乔宁宁，曹玉萍，张亚林. 成年人智能手机成瘾量表的初步编制 [J]. 中国临床心理学杂志，2017，25 (4)：645-649.

[9] 陈秋珠. 病理性互联网使用的认知-行为模式述评 [J]. 心理科学, 2006, 29 (1): 137-139.

[10] 邓林园, 武永新, 孔荣, 方晓义. 冲动性人格、亲子沟通对青少年网络成瘾的交互作用分析 [J]. 心理发展与教育, 2014, 30 (2): 169-176.

[11] 丁倩, 魏华, 张永欣, 周宗奎. 自我隐瞒对大学生网络成瘾的影响: 社交焦虑和孤独感的多重中介作用 [J]. 中国临床心理学杂志, 2016, 24 (2): 293-297.

[12] 杜鑫. 六成网民不玩手机难入眠, 九成网民离开手机难生活 [N]. 工人日报, 2012-10-21.

[13] 段文婷, 江光荣. 计划行为理论述评 [J]. 心理科学进展, 2008, 16 (2): 315-320.

[14] 方杰, 张敏强, 邱皓政. 中介效应的检验方法和效果量测量、回顾与展望 [J]. 心理发展与教育, 2012, 28 (1): 105-111.

[15] 冯锐, 李亚娇. 大学生网络社交方式及社交行为特征分析 [J]. 扬州大学学报 (高教研究版), 2014, 18 (6): 75-82.

[16] 费孝通. 乡土中国 [M]. 北京: 北京大学出版社, 2012.

[17] 葛缨, 何华敏, 夏文芬. 大学生手机依赖与人格特质的关系研究 [J]. 重庆高教研究, 2013, 1 (5): 46-51.

[18] 关冬生, 关淑凡, 石军. 青少年社会教育与学校教育、家庭教育的比较研究——以广东为例 [J]. 中国青年研究, 2013 (3): 62-63.

[19] 管浩圻, 陈丽兰. 海南大学生交往焦虑在手机成瘾与孤独感间的中介作用 [J]. 中国学校卫生, 2015, 36 (8): 1164-1166.

[20] 韩福顺, 林妍. 移动互联网时代大学生学习存在的问题及其解决策略 [J]. 教育理论与实践, 2018, 38 (3): 42-44.

[21] 郝若琦. 美国大学生社交网站使用动机研究 [D]. 西安: 西北大学, 2010.

[22] 贺金波, 陈昌润, 鲍远纯, 雷玉菊. 青少年手机依赖的测量、危害和发生机制 [J]. 中国临床心理学杂志, 2012, 20 (6): 822-825.

［23］ 贺金波，洪伟琦，鲍远纯，雷玉菊．网络成瘾者的大脑异于常人吗？［J］．心理科学进展，2012，20（12）：2033-2041．
［24］ 黄海，侯建湘，余莉，周春燕．大学生网络和手机依赖及其与心理健康状况的相关性［J］．中国学校卫生，2014，13（11）：1654-1656．
［25］ 黄海，李翠景，桂娅菲，周春燕，吴和鸣，张建育．大学生冲动性与手机依赖的关系：疏离感的中介作用［J］．中国临床心理学杂志，2015，23（4）：674-677．
［26］ 黄时华，张卫，胡谏萍．"无聊"的心理学研究述评［J］．华南师范大学学报（社会科学版），2011（4）：133-139．
［27］ 黄浩铭．大学生对社交网站的使用动机研究——基于对广西大学学生的实证调查［D］．南宁：广西师范大学，2015．
［28］ 冀嘉嘉，吴燕，田学红．大学生手机依赖和学业拖延、主观幸福感的关系［J］．杭州师范大学学报（自然科学版），2014（5），482-487．
［29］ 蒋娅娅．手机依赖也是病［N］．解放日报，2012-10-25．
［30］ 姜永志．青少年问题性移动社交网络使用研究［D］．呼和浩特：内蒙古师范大学，2018．
［31］ 姜永志，白晓丽．大学生手机依赖量表的初步编制与应用［J］．教育生物学杂志，2013，1（3）：181-187．
［32］ 姜永志，白晓丽．大学生手机互联网依赖与孤独感的关系：网络社会支持的中介作用［J］．中国特殊教育，2014（1）：41-47．
［33］ 姜永志，白晓丽．大学生手机互联网依赖对疏离感的影响：社会支持系统的作用［J］．心理发展与教育，2014，30（5）：540-549．
［34］ 姜永志，白晓丽．大学生人格倾向与手机移动互联网娱乐服务偏好的关系［J］．杭州师范大学学报（自然科学版），2015，14（3）：252-257．
［35］ 姜永志，白晓丽．大学生羞怯与手机移动互联网过度使用行为的关系：人际交往困扰的中介作用［J］．杭州师范大学学报（自然科学版），2015，14（2）：133-137．

[36] 姜永志，白晓丽. 大学生人格特质对手机移动互联网社交服务使用偏好的影响：沉醉感的中介作用 [J]. 中国药物依赖性杂志，2015，24 (4)：296-302.

[37] 姜永志，王晓超，白晓丽. 手机移动互联网使用与大学生社交能力的关系 [J]. 教育生物学杂志，2015，3 (1)：9-15.

[38] 姜永志，白晓丽，阿拉坦巴根，刘勇，李敏，刘桂芹. 青少年问题性社交网络使用 [J]. 心理科学进展，2016，24 (9)：1435-1447.

[39] 姜永志，李笑燃，白晓丽，阿拉坦巴根，王海霞，刘勇. 大学生神经质人格、手机网络服务偏好与手机网络过度使用的关系 [J]. 心理与行为研究，2016，14 (2)：247-255.

[40] 姜永志，刘勇，白晓丽. 青少年移动社交网络使用偏好及影响因素研究 [J]. 教育学术月刊，2017 (1)：90-96.

[41] 姜永志，白晓丽，刘勇. 青少年移动社交网络使用动机调查 [J]. 中国青年社会科学，2017 (1)：88-94.

[42] 姜永志，白晓丽，刘勇，陈中永. 社会适应能力对青少年移动社交媒体使用的影响：自我认同与心理和谐的链式中介作用 [J]. 中国临床心理学杂志，2017，25 (3)：550-553.

[43] 雷雳，柳铭心. 青少年的人格特质与互联网社交网络使用偏好的关系 [J]. 心理学报，2005，37 (6)：797-802.

[44] 雷雳，杨洋，柳铭心. 青少年神经质人格、互联网服务偏好与网络成瘾的关系 [J]. 心理学报，2006，38 (3)：375-381.

[45] 雷雳，杨洋. 青少年病理性互联网使用量表的编制与验证 [J]. 心理学报，2007，39 (4)：688-696.

[46] 雷雳. 青少年网络成瘾探析 [J]. 心理发展与教育，2010，26 (5)：554-560.

[47] 雷雳. 青少年"网络成瘾"干预的实证基础 [J]. 心理科学进展，2012，20 (6)：791-797.

[48] 雷雳. 青少年网络心理解析 [M]. 北京：开明出版社，2012.

［49］ 柳铭心，雷雳．人格特质和互联网使用［J］．首都师范大学学报（社会科学版），2006（3）：111-116.
［50］ 李雪．手机使用的负社会功能辨析：简析手机对人的反控制［J］．理论界，2009（10）：172-174.
［51］ 李翔昊．SNS 浪潮：拥抱社会化网络的新变革［M］．北京：人民邮电出版社，2010.
［52］ 李彩娜，周伟，张曼．大学生人际关系困扰与依恋的自我他人工作模型的关系［J］．心理发展与教育，2010，26（5）：509-514.
［53］ 李止庸．国内外“手机依赖对大学生学习行为的影响”研究综述［C］//中国商品学会第十四届学术论坛暨中韩商品科学交流会议论文集．北京：中国商品学会，2011.
［54］ 李献云，费立鹏，徐东，张亚利，杨少杰，童永胜．Barratt 冲动性量表中文修订版在社区和大学人群中应用的信效度［J］．中国心理卫生杂志，2011，25（8）：610-615.
［55］ 李菲菲，罗青，周宗奎，孙晓军，魏华．大学生羞怯与网络交往依赖的关系：人际交往困扰的中介作用［J］．中国临床心理学杂志，2012，20（2）：182-184.
［56］ 李悦，朱广思．大学生冲动性水平与手机成瘾的关系研究［J］．郑州师范教育，2015，2（3）：40-42.
［57］ 李丽，牛志民，梅松丽，宋玉婷．医学生智能手机成瘾、冲动性与心理健康相关分析［J］．现代预防医学，2016，43（3）：482-485.
［58］ 黎亚军，高燕，王耘．青少年网络交往与孤独感的关系：调节效应与中介效应［J］．中国临床心理学杂志，2013，21（3）：490-492.
［59］ 李义安，娄文婧．自我认同感量表在青少年学生群体中的信度分析［J］．中国健康心理学杂志，2009，17（2）：181-182.
［60］ 刘薇，戴晓阳．害羞的心理学研究进展［J］．中国临床心理学杂志，2006，14（2）：200-202.
［61］ 刘树娟，张智君．网络成瘾的社会-心理-生理模型及研究展望［J］．应用心理学，2004，10（2）：48-54.

[62] 刘勇，陈健芷，姜梦，徐海燕，刘杰，John，等. 多维状态无聊量表中文版在中国大学生中的应用 [J]. 中国临床心理学杂志，2013，21 (4)：558-561.

[63] 刘沛汝，姜永志，白晓丽. 手机互联网依赖与心理和谐的关系：网络社会支持的作用 [J]. 中国临床心理学杂志，2014，22 (2)：277-280.

[64] 刘勤学，陈武，周宗奎. 大学生网络使用与网络利他行为：网络使用自我效能和性别的作用 [J]. 心理发展与教育，2015，31 (6)：685-693.

[65] 刘勤学，杨燕，林悦，余思，周宗奎. 智能手机成瘾：概念、测量及影响因素 [J]. 中国临床心理学杂志，2017，25 (1)：82-87.

[66] 林永峰，顾理平，高文斌，王利刚. 青少年网络使用卷入度与心理动机的关系研究及量表编制 [J]. 中华疾病控制杂志，2014，18 (7)：650-653.

[67] 陆奇. 移动社交网络对青年受众态度和行为的影响研究 [D]. 北京：电子科技大学，2010.

[68] 罗江洪. 网络成瘾青少年心理特征及神经递质、微量元素水平研究 [D]. 武汉：华中科技大学，2011.

[69] 马红霞，杨绍清，朱小茼，张郢，杜君. 大学生时间管理倾向及人际困扰与心理健康关系 [J]. 中国公共卫生，2011，27 (9)：1082-1083.

[70] 马金焕，张耀庭，史梦梦. 大学生自尊与孤独感、人际关系困扰的关系 [J]. 信阳师范学院学报（哲学社会科学版），2017，37 (4)：7-10.

[71] 梅松丽，柴晶鑫. 青少年使用手机上网与主观幸福感、自我控制的关系研究 [J]. 中国特殊教育，2013 (9)：78-83.

[72] 孟秋丽，高申春. 弗洛伊德精神分析无意识观念的理论性质 [J]. 南京师大学报：社会科学版，2007 (3)：103-106.

[73] 聂衍刚，窦凯，王玉洁. 冲动性与网络成瘾：自我控制的中介作用 [J]. 宁波大学学报（教育科学版），2013，35（3）：7-12.
[74] 牛更枫，鲍娜，周宗奎，范翠英，孔繁昌，孙晓军. 社交网站中的自我呈现对生活满意度的影响：积极情绪和社会支持的作用 [J]. 心理发展与教育，2015，31（5）：563-570.
[75] 倪晓莉，陈思路，周小军. 人格因素对大学生网络依赖行为的影响研究 [J]. 中国健康心理学杂志，2009，17（4）：406-407.
[76] 彭纯子，龚耀先，朱熊兆. 交往焦虑量表的信效度及其在中国大学生中的适用性 [J]. 中国心理卫生杂志，2004，18（1）：39-41.
[77] 彭鑫. “手机依赖”是一种心理疾病吗？ [N]. 科技日报，2011-09-21.
[78] 钱铭怡，王慈欣，刘兴华. 社交焦虑个体对于不同威胁信息的注意偏向 [J]. 心理科学，2006，29（6）：1296-1299.
[79] 孙国庆，于妍，罗正里，李英，赵行宇. 中学生手机网络成瘾与网络使用自控力的研究 [J]. 中国健康心理学杂志，2011，19（9）：1078-1080. .
[80] 谭树华，郭永玉. 大学生自我控制量表的修订 [J]. 中国临床心理学杂志，2008，16（5）：468-470.
[81] 唐海波，朱传文，罗黄金. 大学生网络成瘾倾向与羞怯的关系 [J]. 中国健康心理学杂志，2013，21（12）：1893-1895.
[82] 王相英. 大学生手机成瘾与孤独感、人格特质的关系研究 [J]. 中国特殊教育，2012（12）：59-63.
[83] 王佩剑. 不玩手机会让我们倍感温暖 [N]. 辽宁日报，2012-10-24.
[84] 王平，朱小蔓. 建设情感文明：当代学校教育的必然担当 [J]. 教育研究，2015，36（12）：12-19.
[85] 王福兴，倪牧宇，李卉，沃建中. 网络成瘾的诊断及其治疗 [J]. 心理科学，2008，31（3）：714-716.
[86] 王涛，席波，王翠丽，徐立柱. 大学生人际关系困扰心理社会影响因素分析 [J]. 中国公共卫生，2007，23（5）：533-534.

[87] 王欢，黄海，吴和鸣. 大学生人格特征与手机依赖的关系：社交焦虑的中介作用［J］. 中国临床心理学杂志，2014，22（3）：447-450.

[88] 王伟，雷雳. 青少年移动社交媒介使用行为的结构及特点［J］. 心理研究，2015，8（5）：57-63.

[89] 王倩倩，王鹏，韩磊，宫瑞莹，高峰强. 大学生羞怯问题研究［J］. 心理科学，2009，32（1）：204-206.

[90] 汪向东，王希林，马弘. 心理卫生评定量表手册（增订版）［M］. 北京：中国心理卫生杂志社，1999.

[91] 王东梅，张立新，张镇. 问题性网络使用与幸福感、社交焦虑、抑郁关系的纵向研究［J］. 心理与行为研究，2017，15（4）：569-576.

[92] 温忠麟，侯杰泰，张雷. 调节效应和中介效应的比较和应用［J］. 心理学报，2005，37（2）：614-620.

[93] 吴文丽，刘伟志，郑希付，殷华西. 病理性互联网使用与情绪、认知需要的模型构建［J］. 心理科学，2009，32（1）：236-238.

[94] 吴月辉，赵永新. 触屏时代，不要"为屏所控"［N］. 人民日报，2013-05-17.

[95] 吴九君，郑日昌. 大学生心理和谐量表的编制［J］. 中国健康心理学杂志，2011，19（5）：622-624.

[96] 苏双，潘婷婷，刘勤学，陈潇雯，王宇静，李明月. 大学生智能手机成瘾量表的初步编制［J］. 中国心理卫生杂志，2014，28（5）：392-397.

[97] 宋姜，甘利人，吴鹏. 网络社交偏好影响因素研究［J］. 情报杂志，2014，33（1）：140-145.

[98] 汤雅婷，邹锦慧，李敏，梁洁，刘文沃. 主观幸福感与大学生手机依赖：自尊及自我控制的中介作用［J］. 中国校医，2015（10）：721-724.

[99] 徐华，吴玄娜，兰彦婷，陈英和. 大学生手机依赖量表的编制 [J]. 中国临床心理学杂志，2008，18 (1)：26-27.
[100] 熊婕，周宗奎，陈武，游志麒，翟紫艳. 大学生手机成瘾倾向量表的编制 [J]. 中国心理卫生杂志，2012，26 (3)：222-225.
[101] 谢英香. “90 后”大学生网络社交中信任关系的研究 [D]. 上海：华东师范大学，2013.
[102] 谢其利，宛蓉. 大学生羞怯与手机成瘾倾向：孤独感的中介作用 [J]. 贵州师范大学学报（自然科学版），2015，33 (2)：28-31.
[103] 夏芝宁. SNS 网站成员参与动机研究 [D]. 杭州：浙江工商大学，2010.
[104] 姚梦萍，贾振彪，陈欣，周静. 大学生无聊倾向与手机依赖行为关系 [J]. 中国公共卫生，2015，31 (2)：215-217.
[105] 杨廷忠，黄汉腾. 社会转型中城市居民心理压力的流行病学研究 [J]. 中华流行病学杂志，2003，24 (9)：760-764.
[106] 杨洋，雷雳，柳铭心. 青少年责任心人格、互联网服务偏好与网络成瘾的关系 [J]. 心理科学，2006，29 (4)：947 -950.
[107] 杨洋，雷雳. 青少年外向/宜人性人格、互联网服务偏好与网络成瘾的关系 [J]. 心理发展与教育，2007，23 (2)：42-48.
[108] 杨辰，王文秀，孙晋海. 网络成瘾青少年的社会适应性特征 [J]. 中国特殊教育，2010 (8)：85-90.
[109] 杨咏，冯锐，李亚娇. 大学生网络社交现状与学习方式的变化探索 [J]. 远程教育杂志，2014 (6)：65-71.
[110] 杨雪，陈为东，马捷. 基于认知失调的网络信息生态系统结构模型研究 [J]. 情报理论与实践，2015，38 (8)：50-55.
[111] 杨秀娟，周宗奎，刘庆奇，牛更枫. 自恋与社交网站使用的关系 [J]. 心理科学进展，2017，25 (9)：1552-1564.
[112] 姚梦萍，贾振彪，陈欣，焦珊珊. 大学生生命意义感在无聊感与手机依赖行为间中介作用 [J]. 中国学校卫生，2016，37 (3)：453-456.

[113] 晏萍，裴丽娜. 提升大学生网络媒介素养的若干思考 [J]. 思想理论教育，2016 (3)：76-79.
[114] 叶悦妹，戴晓阳. 大学生社会支持评定量表的编制 [J]. 中国临床心理学杂志，2006，16 (5)：456-458.
[115] 张保刚. 偏好、时间贴现、跨期选择与成瘾行为 [D]. 天津：南开大学，2014.
[116] 张然. 新媒体与高校青年教师思想政治教育工作 [J]. 思想政治教育研究，2015，31 (4)：94-96.
[117] 翟博. 树立新时代的家庭教育价值观 [J]. 教育研究，2016，37 (3)：92-98.
[118] 张良驯. 青年社会教育的理论依据 [J]. 中国青年社会科学，2017，36 (6)：9-17.
[119] 张锦涛，陈超，刘凤娥，邓林园，方晓义. 同伴网络过度使用行为和态度、网络使用同伴压力与大学生网络成瘾的关系 [J]. 心理发展与教育，2012，28 (6)：634-640.
[120] 张国华，戴必兵，雷雳. 初中生病理性互联网使用的发展及其与自尊的关系：同学关系的调节效应 [J]. 心理学报，2013，45 (12)：1345-1354.
[121] 张晓旭，朱海雪. 正念认知疗法对手机依赖大学生的干预效果 [J]. 心理与行为研究，2014，12 (3)：391-394.
[122] 张梅，张玥，辛自强，张乔红. 大学生网络同一性实验与自我同一性的关系：网络社交倾向和强迫性网络使用的作用 [J]. 心理发展与教育，2016，32 (1)：98-105.
[123] 赵长春，刘罗，陈英敏，王鹏，高峰强. 初中生友谊质量与羞怯的关系：自尊的中介作用 [J]. 山东省团校学报，2013 (4)：19-24.
[124] 赵宇，陈健芷，刘勇，姜梦. 无聊倾向对大学生攻击行为的影响：特质愤怒和冲动性的多重中介效应 [J]. 中国临床心理学杂志，2015，23 (2)：312-316.

［125］ 赵建芳，张守臣，姜永志，姜梦，刘勇. 大学生无聊倾向冲动性与手机成瘾的关系［J］. 中国学校卫生，2016，37（11）：1658-1660.

［126］ 郑日昌. 大学生心理诊断［M］. 济南：山东教育出版社，1999.

［127］ 周浩，龙立荣. 共同方法偏差的统计检验与控制方法［J］. 心理科学进展，2004，12（6）：942-950.

［128］ 周亮，何晓燕，肖水源. 冲动性测量的方法学问题［J］. 中国临床心理学杂志，2006，14（5）：455-457

［129］ 周挥辉，党波涛，蒋永红. 手机对当代大学生发展的影响及其对策研究［J］. 中国青年研究，2011（6）：90-92.

［130］ 赵兵辉，禹建. "手机依赖症"：悄悄吞噬你的身心健康［N］. 中国妇女报，2013-04-22.

［131］ 祖静，张向葵，左恩玲. 手机依赖的大学生的情绪觉察特点［J］. 中国心理卫生杂志，2017，31（5）：412-417.

［132］ 邹泓. 青少年的同伴关系：发展特点、功能及其影响因素［M］. 北京：北京师范大学出版社，2003.

［133］ 邹泓，余益兵，周辉，刘艳. 中学生社会适应状况评估的理论模型建构与验证［J］. 北京师范大学学报（社会科学版），2012（1）：65-72.

［134］ 宗一楠，徐英. 广州某高校大学生手机依赖倾向与人际关系的相关性［J］. 中国学校卫生，2014，35（11）：1722-1724.

［135］ 中国互联网络信息中心. 第33次中国互联网络发展状况统计报告［EB/OL］. 2014-08-10. 取自 http：//www. cnnic. net. cn/hlwfzyj/hlwxzbg/.

［136］ 中国互联网络信息中心. 第40次中国互联网络发展状况统计报告［OL］. 2017-07-02. 取自 http：//www. cnnic. net. cn/hlwfzyj/hlwxzbg/.

外文部分

[1] Akın A, Turan M E, Altundağ Y, Akın U. The validity and reliability of the turkish version of the new computer game attitude scale for adolescents [J]. Procedia-Social and Behavioral Sciences, 2014, 152: 70-73.

[2] Alabi O F. A survey of Facebook addiction level among selected Nigerian university undergraduates [J]. New Media and Mass Communication, 2012, 10: 70-80.

[3] Allen K A, Ryan T, Gray D L, Mclnerney D M, Waters L. Social media use and social connectedness in adolescents: The positives and the potential pitfalls [J]. The Australian Educational and Developmental Psychologist, 2014, 31: 18-31.

[4] Al-Menayes J. Psychometric Properties and Validation of the Arabic Social Media Addiction Scale [J]. Journal of Addiction, 2015, 2015: 1-6.

[5] Alavi S S, Maracy M R, Jannatifard F, Ojaghi R, Rezapour H. The psychometric properties of cellular phone dependency questionnaire in students of isfahan: a pilot study [J]. Journal of Education & Health Promotion, 2014, 3 (71): 71.

[6] Andreassen C S, Torsheim T, Brunborg G S, Pallesen S. Development of a Facebook addiction scale [J]. Psychological Reports, 2012, 110 (2): 501-517.

[7] Andreassen C S, Pallesen S. Social network site addiction-an overview [J]. Current Pharmaceutical Design, 2014, 20: 4053-4061.

[8] Andreassen C S. Online Social Network Site Addiction: A Comprehensive Review [J]. Current Addiction Report, 2015, 2: 175-184.

[9] Antoci A, Sabatini F, Sodini M. See you on Facebook! A framework for analyzing the role of computer-mediated interaction in the evolution of social capital [J]. The Journal of Socio-Economics, 2012, 41 (5): 541-547.

[10] Axelle M, Stephanie L, Manon D, Henri C. Psychopathological profiles of adolescent and young adult problematic Facebook users [J]. Computers in Human Behavior, 2015, 44: 64-69.

[11] Amichai-Hamburger Y, Vinitzky G. Social network use and personality [J]. Computer in Human Behavior, 2010, 26 (6): 1289-1295.

[12] Andreassen C S, Torsheim T, Brunborg G S, Pallesen, S. Development of a Facebook addiction scale [J]. Psychological Reports, 2012, 110 (2): 501-517.

[13] Augner C, Hacker G W. Associations between problematic mobile phone use and psychological parameters in young adults [J]. International Journal of Public Health, 2012, 57: 437-441.

[14] Avander N, Overbeek G, Engels R C, Scholte R H J, Meerkerk G J, Van den Bane C M H, Cornish, M, Erspamer N, Kampman L. Self-disclosure through weblogs and perceptions of online and "real-life" friendships among female bloggers [J]. Cyberpsychology, Behavior, and Social Networking, 2010, 13 (2): 131-139.

[15] Apaolaza V, He J X, Hartmann P. The effect of gratifications derived from use of the social networking site Qzone on Chinese adolescents' positive mood [J]. Computers in Human Behavior, 2014, 41 (12): 203-211.

[16] Bardi C A, Brady M F. Why shy people use instant messaging: Loneliness and other motives [J]. Computers in Human Behavior, 2010, 26 (1): 1722-1726.

[17] Babadi-Akashe Z, Zamani B E, Abedini Y, Akbari H, Hedayati N. The Relationship between Mental Health and Addiction to Mobile Phones among University Students of Shahrekord Iran [J]. Addict Health, 2014, 6 (3-4): 93-98.

[18] Bareket-Bojmel L, Moran S, Shahar G. Strategic self-presentation on Facebook: Personal motives and audience response to online behavior [J]. Computers in Human Behavior, 2016, 55: 788-795.

[19] Bevan J L, Gomez R, Sparks L. Disclosures about important life events on Facebook: Relationships with stress and quality of life [J]. Computers in Human Behavior, 2014, 39: 246-253.

[20] Bianchi A, Phillips J G. Psychological Predictors of Problem Mobile Phone Use [J]. Cyber Psychology Behavior, 2005, 8 (1): 39-51.

[21] Billieux J, van der Linden M, Acremont M, Ceschi G, Zermatten A. Does impulsivity relate to perceived dependence on and actual use of the mobile phone [J]. Applied Cognitive Psychology, 2007, 21 (4): 527-537.

[22] Billieux J, Philippot P, Schmid, C, Maurage P, De M J, Van L M. Is dysfunctional use of the mobile phone a behavioural addiction? confronting symptom-based versus process-based approaches [J]. Clinical Psychology & Psychotherapy, 2015, 22 (5): 460.

[23] Billieux J, Maurage P, Lopez-Fernandez O, Kuss D J, Griffiths M D. Can Disordered Mobile Phone Use Be Considered a Behavioral Addiction? An Update on Current Evidence and a Comprehensive Model for Future Research [J]. Current Addiction Reports, 2015, 2 (2): 156-162.

[24] Błachnio A, Przepiorka A, Bałakier E, Boruch W. Who discloses the most on Facebook? [J]. Computers in Human Behavior, 2016, 55: 664-667.

[25] Błachnio A, Przepiorka A. Personality and positive orientation in internet and facebook addiction. an empirical report from poland [J]. Computers in Human Behavior, 2016, 59: 230-236.

[26] Boyd D M, Ellison N B. Social network sites: definition, history, and scholarship [J]. Journal of Computer-Mediated Communication, 2007, 13 (1): 210-230.

[27] Bonetti L, Campbell M A, Gilmore L. The relationship of loneliness and social anxiety with children' s and adolescents' online communication [J]. Cyberpsychology, Behavior, and Social Networking, 2010, 13 (3): 279-285.

[28] Bodroža B, Jovanović T. Validation of the new scale for measuring behaviors of Facebook users: Psycho-Social Aspects of Facebook Use (PSAFU) [J]. Computers in Human Behavior, 2016, 54 (C): 425-435.

[29] Bouazza A, Al-Barashdi H S, Jabur N H. Smartphone addiction among university undergraduates: a literature review [J]. Journal of Scientific Research & Reports, 2014, 4 (3): 1-16.

[30] Bright L F, Kleiser S B, Grau S L. Too much Facebook? An exploratory examination of social media fatigue [J]. Computers in Human Behavior, 2015, 44: 148-155.

[31] Britt R K. Effects of self-presentation and social media use in attainment of beauty ideals [J]. Studies in Media and Communication, 2015, 3 (1): 79-88.

[32] Brandtzag P B, Heim J. Why people use social networking sites [J]. Lecture Notes in Computer Science, 2009, 5621: 143-152.

[33] Carbonell X. Chamarro A, Griffiths M, Oberst U, Cladellas R, Talarn, A. Problematic Internet and cell phone use in Spanish teenagers and young students [J]. Anales de Psicología, 2012, 28 (3): 789-796.

[34] Carbonell X, Chamarro A, Griffiths M, Talarn A. Uso problemático de Internet y móvil en adolescentes y jóvenes españoles [J]. Pediatriia, 2012, 50 (11): 73-74.
[35] Casale S, Lecchi S, Fioravanti G. The Association Between Psychological Well-Being and Problematic Use of Internet Communicative Services Among Young People [J]. The Journal of Psychology: Interdisciplinary and Applied, 2014, 148 (4): 497-499.
[36] Cao F, Su L, Liu T Q, Gao X. The relationship between impulsivity and internet addiction in a sample of chinese adolescents [J]. European Psychiatry the Journal of the Association of European Psychiatrists, 2007, 22 (7): 466-471.
[37] Caprara G V, Steca P, Cervone D, Artistico D. The contribution of self-efficacy beliefs to dispositional shyness: on social-cognitive systems and the development of personality dispositions [J]. Journal of Personality, 2010, 71 (6): 943-970.
[38] Cheek J M, Buss A H. Shyness and sociability [J]. Journal of Personality & Social Psychology, 1981, 41 (2): 330-339.
[39] Chen W, Lee K H. Sharing, liking, commenting, and distressed? The pathway between Facebook interaction and psychological distress [J]. Cyberpsychology, Behavior, and Social Networking, 2013, 16 (10): 728-734.
[40] Chen L, Yan Z, Tang W, Yang F, Xie X, He J. Mobile phone addiction levels and negative emotions among Chinese young adults: The mediating role of interpersonal problems [J]. Computers in Human Behavior, 2016, 55: 856-866.
[41] Chen C, Leung L. Are you addicted to candy crush saga? an exploratory study linking psychological factors to mobile social game addiction [J]. Telematics & Informatics, 2016, 33 (4): 1155-1166.

[42] Cheung C M, Lee M K. A theoretical model of intentional social action in online social networks [J]. Decision Support Systems, 2010, 49 (1): 24-30.

[43] Cheung L M, Wong W S. The effects of insomnia and internet addiction on depression in Hong Kong Chinese adolescents: an exploratory cross sectional analysis [J]. Journal of Sleep Research, 2011, 20 (2): 311-317.

[44] Cheever N A, Rosen L D, Carrier, L M, Chavez A. Out of sight is not out of mind: The impact of restricting wireless mobile device use on anxiety levels among low, moderate and high users [J]. Computers in Human Behavior, 2014, 37 (8): 290-297.

[45] Chliz M. Mobile phone addiction: A point of issue [J]. Addiction, 2010, 105 (2): 373-374.

[46] Chou H T, Edge N. "They are happier and having better lives than I am": the impact of using facebook on perceptions of others' lives [J]. Cyberpsychology, Behavior, and Social Networking, 2012, 15 (2): 117-121.

[47] Chiu S I. The relationship between life stress and smartphone addiction on taiwanese university student: A mediation model of learning self-Efficacy and social self-Efficacy [J]. Computers in Human Behavior, 2014, 34: 49-57.

[48] Choi S B, Lim M S. Effects of social and technology overload on psychological well-being in young South Korean adults: The mediatory role of social network service addiction [J]. Computers in Human Behavior, 2016, 61: 245-254.

[49] Clarke J P, Birch M R, Whitton A E, Parker G, Manicavasagar V, Harrison V, Christensen H, Hadzi-Pavlovic D. Effects of mental health self-efficacy on outcomes of a mobile phone and web intervention for mild-to-moderate depression, anxiety and stress:

secondary analysis of a randomised controlled trial [J]. Bmc Psychiatry, 2014, 14 (1): 272.

[50] Correa T, Hinsley A W, de Zuniga H G. Who interacts on the Web: The intersection of users' personality and social media use [J]. Computer Humman Behavior, 2010, 26: 247-253.

[51] Deters F G, Mehl M R. Does posting facebook status updates increase or decrease loneliness? an online social networking experiment [J]. Social Psychological & Personality Science, 2013, 4 (5): 579-586.

[52] Dhir A, Kaur P, Chen S, Lonka K. Understanding online regret experience in facebook use effects of brand participation, accessibility & problematic use [J]. Computers in Human Behavior, 2016, 59: 420-430.

[53] Doane L D. Loneliness, stress and depression over the transition to adulthood: Interpersonal and physiological pathways [D]. Evanston: Northwestern University, 2008.

[54] Dominic E M, Muncer S J. Control over social interactions: an important reason for young people' s use of the internet and mobile phones for communication? [J]. Cyber Psychology & Behavior, 2007, 10 (1): 137-140.

[55] Douglas A C, Mills J E, Niang M, Stepchenkova S, Byun S, Ruffini C, Lee S K, Loutfi J, Lee J K, Atallah M, Blanton M. Internet addiction: meta-synthesis of qualitative research for the decade 1996-2006 [J]. Computers in Human Behavior, 2008, 24: 3027-3044.

[56] Duven E, Müller K W, Beutel M E. Psychological perspective on problematic and addictive computer game use in adolescence [J]. International Journal of Child and Adolescent Health, 2013, 6 (4): 421-435.

[57] Echeburua E, de Corral P. Addiction to new technologies and to online social networking in young people: a new challenge [J]. Adicciones, 2010, 22 (2): 91-95.

[58] Ehrenberg A, Juckes S, White K M, Walsh S P. Personality and self-esteem as predictors of young people' s technology use [J]. CyberPsychology & Behavior, 2008, 11: 739-741.

[59] Eijnden R J. Daily and compulsive internet use and well-being in adolescence: A diathesis-stress model based on big five personality traits [J]. Journal of Youth and Adolescence, 2009, 38 (6): 765-776.

[60] Ellison N B, Steinfield C, Lampe C. The benefits of Facebook "friends": Social capital and college students' use of online social network sites [J]. Journal of Computer-Mediated Communication, 2007, 12 (4): 2-3.

[61] Ellison N B, Steinfield C, Lampe C. Connection strategies: Social capital implications of Facebook-enabled communication practices [J]. New Media & Society, 2010, 13: 873-892.

[62] Elphinston R A, Nollen P. Time to face it! Facebook intrusion and the implications for romantic jealousy and relationship satisfaction [J]. Cyberpsychology, Behavior, and Social Networking, 2011, 14 (11): 631-635.

[63] Enez Darcin A, Noyan C, Nurmedov S, Yilmaz O, Dilbaz N. Smartphone addiction in relation with social anxiety and loneliness among university students in Turkey [J]. European Psychiatry, 2015, 30: 505.

[64] Epkins C C, Heckler D R. Integrating etiological models of social anxiety and depression in youth: evidence for a cumulative interpersonal risk model [J]. Clinical Child and Family Psychology Review, 2011, 14 (4): 329-376.

[65] Feinstein B A, Hershenberg R, Bhatia V, Latack J A, Meuwly N, Davila J. Negative social comparison on Facebook and depressive symptoms: Rumination as a mechanism [J]. Psychology of Popular Media Culture, 2013, 2 (3): 161-170.

[66] Fjeldsoe B S, Marshall A L, Miller Y D. Behavior change interventions delivered by mobile telephone short-message service [J]. American Journal of Preventive Medicine, 2009, 36 (2): 165-73.

[67] Fishbein M, Ajzen I. Attitudes towards objects as predictors of single and multiple behavioral criteria [J]. Psychological Review, 1974, 81 (81): 59-74.

[68] Fox J, Moreland J J. The dark side of social networking sites: An exploration of the relational and psychological stressors associated with Facebook use and affordances [J]. Computers in Human Behavior, 2015, 45: 168-176.

[69] Große Deters F, Mehl M R. Does posting Facebook status updates increase or decrease loneliness? An online social networking experiment [J]. Social Psychological and Personality Science, 2013, 4: 579-586.

[70] Gentile B, Twenge J M, Freeman E C, Campbell W K. The effect of social networking websites on positive self-views: An experimental investigation [J]. Computers in Human Behavior, 2012, 28: 1929-1933.

[71] Grieve R, Indian M, Witteveen K, Tolan G A, & Marrington, J. Face-to-face or Facebook: Can social connectedness be derived online? [J]. Computers in Human Behavior, 2013, 29: 604-609.

[72] Gruzd A, Wellman B, Takhteyev Y. Imagining Twitter as an imagined community [J]. American Behavioral Scientist, 2011, 55 (10): 1294-1318.

[73] Gosling S D, Augustine A A, Vazire S, Holtzman N, Gaddis S. Manifestations of personality in online social networks: Self-reported Facebook-related behaviors and observable profile information [J]. Cyberpsychology, Behavior and Social Networking, 2011, 14 (9): 483-488.

[74] Guzeller C O, Cosguner T. Development of a problematic mobile phone use scale for Turkish adolescents [J]. Cyberpsychology, Behavior, and Social Networking, 2012, 15 (4): 205-211.

[75] Guedes E, Nardi A E, Guimarães F M, Machado S, King A L S. Social networking, a new online addiction: a review of Facebook and other addiction disorders [J]. Medical Express, 2016, 3 (1): 1-6.

[76] Grieve R, Indian M, Witteveen K, Tolan G A, Marrington J. Face-to-face or Facebook: Can social connectedness be derived online [J]. Computers in Human Behavior, 2013, 29: 604-609.

[77] Han D H, Kim Y S, Lee Y S, Min K J, Renshaw P F. Changes in cue-induced, prefrontal cortex activity with video-game play [J]. Cyber psychology, Behavior, and Social Networking, 2010, 13 (6): 655-661.

[78] Hadlington L J. Cognitive failures in daily life: Exploring the link with Internet addiction and problematic mobile phone use [J]. Computers in Human Behavior, 2015, 51 (A): 75-81.

[79] Hayes A F. PROCESS: A versatile computational tool for observed variable mediation, moderation, and conditional process modeling [J]. Manuscript submitted for publication, 2012.

[80] Haferkamp N, Krämer N C. Social comparison 2.0: Examining the effects of online profiles on social-networking sites [J]. Cyberpsychology, Behavior, and Social Networking, 2011, 14: 309-314.

[81] Hall J A, Pennington N, Lueders A. Impression management and formation on facebook: A lens model approach [J]. New Media and Society, 2014, 16 (6): 958-982.

[82] Hamburger Y A, Ben-Artzi E. The relationship between extraversion and neuroticism and the different uses of the Internet [J]. Computers in Human Behavior, 2000, 16: 441-449.

[83] Hamper N, Krämer N C. Social comparison 2.0: examining the effects of online profiles on social-networking sites [J]. Cyberpsychology Behavior & Social Networking, 2011, 14 (5): 309-314.

[84] Hames J L, Hagan C R, Joiner T E. Interpersonal processes in depression [J]. Annual Review of Clinical Psychology, 2013, 9: 355-377.

[85] Hancock J T, Toma C L. Putting your best face forward: The accuracy of online dating photographs [J]. Journal of Communication, 2009, 59 (2): 367-386.

[86] Hand M M, Thomas D, Buboltz W C, Deemer E D, Buyanjargal M. Facebook and romanticrelationships: Intimacy and couple satisfaction associated with online social network use [J]. Cyberpsychology, Behavior, and Social Networking, 2013, 16: 8-13.

[87] Henderson L, Zimbardo P G. Dimensions of Shyness: The Shy Q [J]. Western Psychological Association, 2002 (4): 1-19.

[88] Househ M, Borycki E, Kushniruk A. Empowering patients through social media: The benefits and challenges [J]. Health Information Journal, 2014, 20 (1): 50-58.

[89] Hong F Y, Huang D H, Lin H Y, Chiu S L. Analysis of the psychological traits, Facebook usage, and Facebook addiction model of Taiwanese university students [J]. Telematics and Informatics, 2014, 31: 597-606.

[90] Huang H, Leung L. Instant messaging addiction among teenagers in China: Shyness, alienation, and academic performance decrement [J]. Cyberpsychology, Behavior, and Social Networking, 2009, 12 (6): 675-679.

[91] Huang X, Zhang H, Li M, Wang J, Zhang Y, Tao R. Mental health, personality, and parental rearing styles of adolescents with Internet addiction disorder [J]. Cyberpsychology, Behavior, and Social Networking, 2010, 13 (4): 401-406.

[92] Ifinedo P. Applying uses and gratifications theory and social influence processes to understand students' pervasive adoption of social networking sites: perspectives from the Americas [J]. International Journal of Information Management, 2016, 36 (2): 192-206.

[93] Igarashi T, Motoyoshi T, Takai J, Yoshida T. No mobile, no life: Self-perception and text-message dependency among Japanese high school students [J]. Computers in Human Behavior, 2008, 24 (5): 2311-2324.

[94] Indian M, Grieve R. When Facebook is easier than face-to-face: Social support derived from Facebook in socially anxious individuals [J]. Personality and Individual Differences, 2014, 59 (3): 102-106.

[95] Isiklar A, Sar A H, Durmuscelebi M. An investigation of the relationship between high-school students' problematic mobile phone use and their self-esteem levels [J]. Education, 2013, 134: 9-14.

[96] Jelenchick L A, Eickhoff J C, Moreno M A. "Facebook depression?" Social networking site use and depression in older adolescents [J]. Journal of Adolescent Health, 2013, 52 (1): 128-130.

[97] John R B A, Lucila O B. Personality traits as predictors of Facebook use. International Journal of Psychology and Counselling, 2016, 8 (4): 45-52.

[98] Johnson B K, Knobloch-Westerwick S. Glancing up or down: Mood management and selective social comparisons on social networking sites [J]. Computers in Human Behavior, 2014, 41: 33-39.

[99] Jung E H, Sundar S S. Senior citizens on facebook: how do they interact and why? [J]. Computers in Human Behavior, 2016, 61 (1): 27-35.

[100] Jung T, Youn H, McClung S. Motivations and self-presentation strategies on korean-based "cyworld" weblog format personal homepages [J]. Cyberpsychology Behavior, 2007, 10 (1): 24-31.

[101] Karaiskos D, Tzavellas E, Balta G, Paparrigopoulos T. Social network addiction: A new clinical disorder? [J]. European Psychiatry, 2010, 25: 855-860.

[102] Karadag E, Tosuntas S B, Erzen E, Duru P. Bostan N, Sahin B M, Babadag B. Determinants of phubbing, which is the sum of many virtual addictions: a structural equation model [J]. Journal of Addictive Behaviors, 2015, 4 (2): 60-74.

[103] Karimzadeh N. Investigating the relationship between internet addiction and strengthening students' social skills [J]. Educational Research and Reviews, 2015, 10 (15): 2146-2152.

[104] Kim H S What drives you to check in on Facebook? Motivations, privacy concerns, and mobile phone involvement for location-based information sharing [J]. Computers in Human Behavior, 2016, 54: 397-406.

[105] Kim D, Lee Y, Lee J, Nam J K, Chung Y. Development of Korean smartphone addiction proneness scale for youth [J]. Plos One, 2014, 9 (5): e97920.

[106] Kim Y,Sohn D, Choi S M. Cultural difference in motivations for using social network sites: a comparative study of american and korean college students [J]. Computers in Human Behavior, 2011, 27 (1): 365-372.

[107] Kim J H, Seo M, David P. Alleviating depression only to become problematic mobile phone users: Can face-to-face communication be the antidote? [J]. Computers in Human Behavior, 2015, 51: 440-447.

[108] Kittinger R, Correia C J, Irons J G. Relationship between Facebook use and problematic Internet use among college students [J]. Cyberpsychology, Behavior, and Social Networking, 2012, 15 (6): 324-327.

[109] Ku Y C, Chu T H, Tseng C H. Gratifications for using cmc technologies: a comparison among sns, im, and e-mail [J]. Computers in Human Behavior, 2013, 29 (1): 226-234.

[110] Kuss D J,Griffiths M D. Online social networking and addiction—A review of the psychological literature [J]. International Journal of Environmental Research and Public Health, 2011, 8 (9): 3528-3552.

[111] Korda H, Itani Z. Harnessing social media for health promotion and behavior change [J]. Health Promotion Practice, 2013, 14 (1): 15-23.

[112] Kormas G, Critselis E, Janikian M, Kafetzis D, Tsitsika A. Risk factors and psychosocial characteristics of potential problematic and problematic internet use among adolescents: A cross-sectional study [J]. BMC Public Health, 2011, 11 (1): 595.

[113] Koc M, Gulyagci S. Facebook addiction among Turkish College students: The role of psychological health, demographic, and usage characteristics [J]. CyberPsychology and Behavior, 2013, 16 (4): 279-285.

[114] Ko C H, Yen J Y, Chen C C, Chen S H, Wu K, Yen C F. Tridimensional personality of adolescents with internet addiction and substance use experience [J]. Canadian Journal of Psychiatry, 2006, 51 (14): 887-894.

[115] Kraut R, Kiesler S, Boneva B, Cummings J, Helgeson V, Crawford A. Internet Paradox Revisited [J]. Journal of Social Issues, 2002, 58 (1): 49-74.

[116] Krasnova H, Spiekermann S, Koroleva K, Hildebrand T. Online social networks: why we disclose [J]. Journal of Information Technology, 2010, 25 (2): 109-125.

[117] Kross E, Verduyn P, Demiralp E, Park J, Lee D S, Lin N. Facebook use predicts declines in subjective well-being in young adults [J]. Plos One, 2013, 8 (8): e69841

[118] Kwan G C E, Skoric M M. Facebook bullying: An extension of battles in school [J]. Computers in Human Behavior, 2013, 29: 16-25.

[119] Lam L T. Internet gaming addiction, problematic use of the Internet, and sleep problems: a systematic review [J]. Current Psychiatric Reports, 2014, 16 (4): 1-9.

[120] Laconi S, Rodgers R F, Chabrol H. The measurement of Internet addiction: A critical review of existing scales and their psychometric properties [J]. Computers in Human Behavior, 2014, 41: 190-202.

[121] Leung L. Stressful Life Events, Motives for Internet Use, and Social Support Among Digital Kids [J]. Cyber Psychology & Behavior, 2007, 10 (2): 204-214.

[122] Lee W. An exploratory study on addictive use of smartphone: developing saus (smartphone addictive use scale) [J]. Journal of Convergence Information Technology, 2013, 8 (12): 403-407.

[123] Lee S, Tam C L, Chie Q T. Mobile phone usage preferences: The contributing factors of personality, social anxiety and loneliness [J]. Social Indicators Research, 2013, 118 (3): 1205-1228.

[124] Lee S Y. How do people compare themselves with others on social network sites? The case of Facebook [J]. Computers in Human Behavior, 2014, 32: 253-260.

[125] Lee Y K, Chang C T, Lin Y, Cheng Z H. The dark side of smart phone usage: Psychological traits, compulsive behavior and techno stress [J]. Computers in Human Behavior, 2014, 31 (2): 373-383.

[126] Lee E W J, Ho S S, Lwin M O. Explicating problematic social network sites use—a review of concepts, theoretical frameworks, and future directions for communication theorizing [J]. New Media & Society, 2016, 19 (2): 308-326.

[127] Lee R J, Herzog L, Park S G. Hooked on facebook: the role of social anxiety and need for social assurance in problematic use of facebook [J]. Cyberpsychology Behavior & Social Networking, 2015, 18 (10): 567.

[128] Leary M R. Social Anxiousness: The Construct and Its Measurement [J]. Journal of Personality Assessment, 1983, 47: 66-75.

[129] Lemola S, Perkinson-Gloor N, Brand S, Dewald-Kaufmann J F, Grob A. Adolescents' electronic media use at night, sleep disturbance, and depressive symptoms in the smartphone age [J]. Journal of Youth and Adolescence, 2014, 44 (2): 1-14.

[130] Lepp A, Li J, Barkley J E, Salehi-Esfahani S. Exploring the relationships between college students' cell phone use, personality and leisure [J]. Computers in Human Behavior, 2015, 43: 210-219.

[131] Li C, Dang J, Zhang X, Zhang Q, Guo J. Internet addiction among Chinese adolescents: the effect of parental behavior and self control [J]. Computers in Human Behavior, 2014, 41 (6): 1-7.

[132] Lin H, Fan W G, Chau P. Determinants of users' continuance of social networking sites: A self-regulation perspective [J]. Information & Management, 2014, 51: 595-603

[133] Lin Y H, Chang L R, Lee Y H, Tseng H W, Kuo T B, Chen S. Development and validation of the Smartphone Addiction Inventory (SPAI) [J]. PLoS ONE, 2014, 9 (6): e98312.

[134] Lopez-Fernandez O, Honrubia-Serrano L, Freixa-Blanxart M, Gibson W. Prevalence of problematic mobile phone use in British adolescents [J]. Cyberpsychology, Behavior, and Social Networking, 2014, 17 (2): 91-98.

[135] Madell D E, Muncer S J. Control over social interactions: an important reason for young people' s use of the internet and mobile phones for communication? [J]. Cyber Psychology & Behavior, 2007, 10 (1): 137-140.

[136] Malik S, Khan, M. Impact of Facebook addiction on narcissistic behavior and self-esteem among students [J]. Journal of Pakistan Medical Association, 2015, 65: 260-263.

[137] Malik A, Dhir A, Nieminen M. Uses and gratifications of digital photo sharing on facebook [J]. Telematics and Informatics, 2016, 33 (1): 129-138.

[138] Marder B, Joinson A, Shankar A, Thirlaway K. Strength matters: Self-presentation to the strongest audience rather than lowest common denominator when faced with multiple audiences in social network sites [J]. Computers in Human Behavior, 2016, 61: 56-62.

[139] Marshall T C, Lefringhausen K, Ferenczi N. The big five, self-esteem, and narcissism as predictors of the topics people write about in facebook status updates [J]. Personality & Individual Differences, 2015, 85: 35-40.

[140] McHolland J D. Client-therapist boredom: What does it mean and what do we do? [J]. The Psychotherapy Patient, 1988, 3 (3-4): 87-96.

[141] McEwan B. Sharing, caring, and surveilling: An actor-partner interdependence model examination of Facebook relational maintenance strategies [J]. Cyberpsychology, Behavior, and Social Networking, 2013, 16: 863-869.

[142] McKinney B C, Kelly L, Duran R L. Narcissism or openness? College students' use of Facebook and Twitter [J]. Communication Research Reports, 2012, 29 (2): 108-118.

[143] McCord B, Rodebaugh T, Levinson C. Facebook: Social uses and anxiety [J]. Computers in Human Behavior, 2014, 34: 23-27.

[144] Meena P S, Mittal P K, Solanki R K. Problematic use of social networking sites among urban school going teenagers [J]. Industrial Psychiatry Journal, 2012, 21 (2): 94-100.

[145] Mehdizadeh S. Self-presentation 2. 0: Narcissism and self-esteem on facebook [J]. Cyberpsychology, Behavior, and Social Networking, 2010, 13: 357-364.

[146] Merlo L J, Stone A M, Bibbey A. Measuring problematic mobile phone use: development and preliminary psychometric properties of the pump scale [J]. Journal of Addiction, 2013 (6): 80-87.

[147] Meryem K, Buse K. "I Love My Smartphone": A Review Study of Smartphone Addiction And Related Psychological Risk Factors [J]. Journal of Dependence, 2015, 16 (2): 78-85.

[148] Milani L, Osualdella D, Di Blasio P. Quality of interpersonal relationships and problematic Internet use in adolescence [J]. CyberPsychology and Behavior, 2009, 12: 681-684.

[149] Michikyan M, Subrahmanyam K, Dennis J. Can you tell who I am? Neuroticism, extraversion, and online self-presentation among young adults [J]. Computers in Human Behavior, 2014, 33 (4): 179-183.

[150] Mok J Y, Choi S W, Kim D J, Choi J S, Lee J, Ahn H, Song W Y. Latent class analysis on internet and smartphone addiction in college students [J]. Neuropsychiatric Disease and Treatment, 2014, 10: 817-828.

[151] Modi Y, Gandhi I. Internet sociology: Impact of Facebook addiction on the lifestyle and other recreational activities of the Indian youth [J]. SHS Web of Conferences, 2014, 5: 1-4.

[152] Moeller F G, Barratt E S, Dougherty D M, Schmitz J M, Swann A C. Psychiatric aspects of impulsivity [J]. American Journal of Psychiatry, 2011, 158 (11): 1783.

[153] Moore K, McElroy J C. The influence of personality on Facebook usage, wall postings and regret [J]. Computers in Human Behavior, 2012, 28 (1): 267-274.

[154] Moreau A, Laconi S, Delfour M, Chabrol H. Psychopathological profiles of adolescent and young adult problematic Facebook users [J]. Computers in Human Behavior, 2015, 44: 64-69.

[155] Morahan-Martin J, Schumacher P. Incidence and correlates of pathological internet use among college students [J]. Computers in Human Behavior, 2000, 16 (1): 13-29.

[156] Morahan-Martina J, Schumacher P. Loneliness and social uses of the Internet [J]. Computers in Human Behavior, 2003, 19: 659-671.

[157] Moreau A, Laconi S, Delfour M, Chabrol H. Psychopathological profiles of adolescent and young adult problematic facebook users [J]. Computers in Human Behavior, 2015, 44: 64-69.

[158] Müller K, Beutel M, Egloff B, Wölfling K. Investigating risk factors for internet gaming disorder: A comparison of patients with addictive gaming, pathological gamblers and healthy controls regarding the Big Five personality traits [J]. European Addiction Research, 2013, 20 (3): 129-136.

[159] Müller K W, Dreier M M, Beutel E, Duven E, Giralt S, Wölfling K. A hidden type of internet addiction? Intense and addictive use of social networking sites in adolescents [J]. Computers in Human Behavior, 2016, 55: 172-177.

[160] Nadkarni A, Hoffman S G. Why do people use Facebook? [J]. Personality and Individual Difference, 2012, 52: 243-249.

[161] Nepon T, Flett G L, Hewitt P L, Molnar D S. Perfectionism, negative social feedback, and interpersonal rumination in depression and social anxiety [J]. Canadian Journal of Behavioural Science, 2011, 43 (4): 297-308.

[162] Okdie B M, Guadagno R E, Bernieri F J, Geers A L, McLarney-Vesotski A R. Getting to know you: Face-to-face versus online interactions [J]. Computers in Human Behavior, 2011, 27 (1): 153-159.

[163] Ong E Y L, Ang R P, Ho J C M, Lim J C Y, Goh D, Lee C S. Narcissism, extraversion and adolescents' self-presentation on Facebook [J]. Personality and Individual Differences, 2011, 50 (2): 180-185.

[164] Orr E S, Ross C, Simmering M G, Arseneault J M, Orr R R. The influence of shyness on the use of Facebook in an undergraduate sample [J]. Cyberpsychology and Behavior, 2009, 12: 337-340.

[165] Ozgur H, Demiralay T, Demiralay I. Exploration of problematic internet use and loneliness among distance education students [J]. Turkish Online Journal of Distance Education, 2014, 15 (2): 75-90.

[166] Park B W, Lee K C. The effect of users' characteristics and experiential factors on the compulsive usage of the smartphone [J]. Ubiquitous Computing and Multimedia Applications, 2011, 151: 438-446.

[167] Park N, Kee K F, Valenzuela S. Being immersed in social networking environment: Facebook groups, uses and gratifications, and social outcomes [J]. Cyber Psychology and Behavior, 2009, 12: 729-733.

[168] Park N, Lee H. Social implications of smartphone use: Korean college students' smartphone use and psychological well-being [J]. Cyberpsychology, Behavior, and Social Networking, 2012, 15 (9): 491e497.

[169] Pelling E L, White K M. The theory of planned behavior applied to young people' s use of social networking web sites [J]. Cyber Psychology & Behavior, 2009, 12 (6): 755.

[170] Peter M, Yellowlees Marks S. Problematic Internet use or Internet addiction? [J]. Computers in Human Behavior, 2017, 23 (3): 1447-1453.

[171] Petry N M, O' Brien C P. Internet gaming disorder and the DSM-5 [J]. Addiction, 2013, 108 (7): 1186-1187.

[172] Pelling E L, Sc B B, White K M. The Theory of Planned Behavior Applied to Young People' s Use of Social Networking Web Sites [J]. CyberPsychology and Behavior, 2009, 12 (6): 735-740.

[173] Przybylski A K, Murayama K, Dehaan C R, Gladwell V. Motivational, emotional, and behavioral correlates of fear of missing out

[J]. Computers in Human Behavior, 2013, 29 (4): 1841-1848.

[174] Quanhaase A, Young A L. Uses and gratifications of social media: a comparison of facebook and instant messaging [J]. Bulletin of Science Technology & Society, 2010, 30 (5): 350-361.

[175] Rauch S M, Strobel C, Bella M, et al. Face to face versus Facebook: does exposure to social networking web sites augment or attenuate physiological arousal among the socially anxious? [J]. Cyberpsychology Behavior & Social Networking, 2014, 17 (3): 187.

[176] Reid F J, Reid D J. Text or talk? Social anxiety, loneliness, and divergent preferences for cell phone use [J]. CyberPsychology & Behavior, 2007, 10 (3): 424-435.

[177] Ross C, Orr E S, Sisic M, Arseneault J M, Simmering M G, Orr R R. Personality and motivations associated with Facebook use [J]. Computers in Human Behavior, 2009, 25 (2): 578-586.

[178] Rosen L D, Whaling K, Rab S, Carrier L M, Cheever N A. Is Facebook creating "iDisorders"? The link between clinical symptoms of psychiatric disorders and technology use, attitudes and anxiety [J]. Computers in Human Behavior, 2013, 29 (3): 1243-1254.

[179] Rosen L D, Whaling K, Carrier L M, Cheever N A, Rokkum J. The media and technology usage and attitudes scale: an empirical investigation [J]. Computers in Human Behavior, 2013, 29 (6): 2501-2511.

[180] Roberts J A, Pullig C, Manolis C. I need my smartphone: a hierarchical model of personality and cell-phone addiction [J]. Personality & Individual Differences, 2015, 79: 13-19.

[181] Russell D W. UCLA loneliness scale (version 3): reliability, validity, and factor structure [J]. Journal of Personality Assessment, 1996, 66 (1): 20-40.

[182] Ruiz M A, Pincus A L, Dickinson K A. NEO PI-R predictors of alcohol use and alcohol-related problems [J]. Journal of Personality Assessment, 2010, 81 (3): 226-236.

[183] Ryan T, Chester A, Reece J, Xenos S. The uses and abuses of Facebook: A review of Facebook addiction [J]. Journal of Behavioral Addictions, 2014, 3: 133-148.

[184] Ryan T, Xenos S. Who uses Facebook? An investigation into the relationship between the Big Five, shyness, narcissism, loneliness, and Facebook usage [J]. Computers in Human Behavior, 2011, 27 (5): 1658-1664.

[185] Sampasa-Kanyinga H, Hamilton H A. Social networking sites and mental health problems in adolescents: The mediating role of cyberbullying victimization [J]. European Psychiatry, 2015, 30: 1021-1027.

[186] Satici S A, Uysal R. Well-being and problematic Facebook use [J]. Computers in Human Behavior, 2015, 49 (8): 185-190.

[187] Sampasa-Kanyinga H, Hamilton H A. Social networking sites and mental health problems in adolescents: the mediating role of cyberbullying victimization [J]. European Psychiatry, 2015, 30 (8): 1021-1027.

[188] Sansone R A, Sansone L A. Cell Phones: The Psychosocial Risks [J]. Innovations in Clinical Neuroscience, 2013, 10 (1): 33-37.

[189] Sheldon P. Student favorite: Facebook and motives for its use [J]. Southwestern Mass Communication Journal, 2008, 23 (2): 39-53.

[190] Seidman G. Expressing the "True Self" on Facebook [J]. Computers in Human Behavior, 2014, 31: 367-372.

[191] Subramanyam K, Smahel D. Digital youth: The role of media in development [M]. New York: Springer Science and Business

Media, 2011.

[192] Sussman S, Lisha N, Griffiths M. Prevalence of the addictions: a problem of the majority or theminority? [J]. Evaluation & the health professions, 2011, 34: 3-56.

[193] Staksrud E, Ólafsson K, Livingstone S. Does the use of social networking sites increase children's risk of harm? [J]. Computers in Human Behavior, 2013, 29: 40-50.

[194] Song H, Zmyslinski-Seelig A, Kim J, Drent A, Victor A, Omor K, Allen M. Does facebook make you lonely: A meta analysis [J]. Computers in Human Behavior, 2014, 36: 446-452.

[195] Takao M, Takahashi S, Kitamura M. Addictive personality and problematic mobile phone use [J]. Cyber Psychology and Behavior, 2009, 12 (5): 501-507.

[196] Taraszow T, Aristodemou E, Shitta G, Laouris Y, Arsoy A. Disclosure of personal and contact information by young people in social networking sites: An analysis using Facebook profiles as an example [J]. International Journal of Media and Cultural Politics, 2010, 6 (1): 81-101.

[197] Tang J H, Chen M C, Yang C Y, Chung T Y, Lee Y A. Personality traits, interpersonal relationships, online social support, and facebook addiction [J]. Telematics & Informatics, 2015, 33 (1): 102-108.

[198] Tian L, Shi J, Yang Z. Why does half the world's population have a mobile phone? an examination of consumers' attitudes toward mobile phones [J]. Cyberpsychology and Behavior, 2009, 12 (5): 513.

[199] Toda M, Monden K, Kubo K. Mobile phone dependence and health related lifestyle of university students [J]. Social Behavior&Personality: An International Journal, 2006, 34 (10):

1277-1284.

[200] Toda M, Ezoe S, Nishi A. Mobile phone dependence of female students and perceived parental rearing attitudes [J]. Social Behavior & Personality: An International Journal, 2008, 36 (6): 765-770.

[201] Turel O, Serenko A. The benefits and dangers of enjoyment with social networking websites [J]. European Journal of Information Systems, 2012, 21 (5): 512-528.

[202] Utz S, Beukeboom C J. The role of social network sites in romantic relationships: Effects on jealousy and relationship happiness [J]. Journal of Computer-Mediated Communication, 2011, 16: 511-527.

[203] Valenzuela S, Halpern D, Katz J E. Social network sites, marriage well-being and divorce: Survey and state-level evidence from the United States [J]. Computers in Human Behavior, 2014, 36: 94-101.

[204] Valkenburg P M, Peter J, Schouten A P. Friend networking sites and their relationship to adolescents' well-being and social self-esteem [J]. CyberPsychology and Behavior, 2006, 9 (5): 584-590.

[205] Valkenburg P M, Peter J. Online communication among adolescents: An integrated model of its attraction, opportunities, and risks [J]. Journal of Adolescent Health, 2011, 48 (2): 121-127.

[206] Vilca L W, Vallejos M. Construction of the Risk of Addiction to Social Networks Scale (Cr. A. R. S.) [J]. Computers in Human Behavior, 2015, 48 (C): 190-198.

[207] Vitak J, Ellison N B, Steinfield C. The ties that bond: Re-examining the relationship between Facebook use and bonding social capital [C]. In Proceedings of the 44th Hawaii International Conference on System Sciences (HICSS), 2011.

[208] Wang J L, Jackson L A, Zhang D J, Su Z Q. The relationships among the big five personality factors, self-esteem, narcissism, and sensation-seeking to chinese university students' uses of social networking sites (SNSS) [J]. Computers in Human Behavior, 2012, 28 (6): 2313-2319.

[209] Wang J L, Jackson L A, Gaskin J, Wang H. Z. The effects of Social Networking Site (SNS) use on college students' friendship and well-being [J]. Computers in Human Behavior, 2014, 37: 229-236.

[210] Wang J L, Wang H Z, Gaskin J, Wang L. H. The role of stress and motivation in problematic smartphone use among college students [J]. Computers in Human Behavior, 2015, 53: 181-188.

[211] Wang C W, Ho R T, Chan C L, Tse S. Exploring personality characteristics of Chinese adolescents with internet-related addictive behaviors: trait differences for gaming addiction and social networking addiction [J]. Addictive Behaviors, 2015, 42: 32-35.

[212] Wang J L, Gaskin J, Wang H Z, Liu D. Life satisfaction moderates the associations between motives and excessive social networking site usage [J]. Addiction Research & Theory, 2016, 24 (6): 450-457.

[213] Walsh S P, White K M, Young R M. Over-connected? A qualitative exploration of the relationship between Australian youth and their mobile phones [J]. Journal of Adolescence, 2008, 31 (1): 77-92.

[214] Walsh S P, White K M, Young R M. The phone connection: A qualitative exploration of how belongingness and social identification relate to mobile phone use amongst Australian youth [J]. Journal of Community and Applied Social Psychology, 2009, 19

(3): 225-240.
[215] Walsh S P, White K M, Cox S. Keeping in constant touch: The predictors of young Australians mobile phone involvement [J]. Computers in Human Behavior, 2011, 27 (1): 333-342.
[216] Walsh S P, White K M, Cox S, Young R M. Keeping in constant touch: The predictors of young Australians mobile phone involvement [J]. Computers in Human Behavior, 2011, 27 (1): 333-342.
[217] Walburg V, Mialhes A, Moncla D. Does school-related burnout influence problematic facebook use? [J]. Children & Youth Services Review, 2016, 61: 327-331.
[218] Welberg L. Addiction: craving: a core issue [J]. Nature Reviews Neuroscience, 2013, 14 (5): 307-308.
[219] Wei P S, Lu H P. Why do people play mobile social games? An examination of network externalities and of uses and gratifications [J]. Internet Reseach, 2014, 24 (3): 313-331.
[220] Wilson K, Fornasier S, White K M. Psychological predictors of young adults' use of social networking sites [J]. CyberPsychology, Behavior, and Social Networking , 2010, 13: 173-177.
[221] Wilson K, Dip G, Fornasier S, White K M. Psychological predictors of young adults' use of social networking sites [J]. CyberPsychology and Behavior, 2010, 13 (2): 173-120.
[222] Wilson K, Fornasier S, White K M. Psychological predictors of young adults' use of social networking sites [J]. Cyber Psychology and Behavior, 2010, 13: 173-177.
[223] Wolniczak I, Caceres-DelAguila J A, Palma-Ardiles G, Arroyo K J, Solís-Visscher R, Paredes-Yaur S. Association between Facebook dependence and poor sleep quality: a study in a sample of un-

dergraduate students in Peru [J]. PLoS One, 2013, 8 (3): 59-87.

[224] Wohn D Y, Rose R L. Effects of loneliness and differential usage of Facebook on college adjustment of first-year students [J]. Computers & Education, 2014, 76 (4): 158-167.

[225] Wright K B, Rosenberg J, Egbert N, Ploeger N A, Bernard D R, King S. Communication competence, social support, and depression among college students: A model of Facebook and face-to-face support network influence [J]. Journal of Health Communication, 2012, 18 (1): 41-57.

[226] Wu A M S, Cheung V I, Ku L, Hung E P W. Psychological risk factors of addiction to social networking sites among Chinese smart phone users [J]. Journal of Behavioral Addictions, 2013, 2: 160-166.

[227] Xanidis N, Brignell C M. The association between the use of social network sites, sleep quality and cognitive function during the day [J]. Computers in Human Behavior, 2016, 55: 121-126.

[228] Xu C. It is not for fun: an examination of social network site usage [J]. Information & Management, 2012, 49 (5): 210-217.

[229] Yan W, Li Y, Sui N. The relationship between recent stressful life events, personality traits, perceived family functioning and internet addiction among college students [J]. Stress and Health, 2014, 30 (1): 3-11.

[230] Yao M Z, Zhong Z J. Loneliness, social contacts and internet addiction: A cross-lagged panel study [J]. Computers in Human Behavior, 2014, 30: 164-170.

[231] Young K S. Internet addiction: the emergence of a new clinical disorder [J]. Cyberpsychology, Behavior and Social Networking, 1998, 1 (3): 237-244.

［232］ Zamani B E, Abedini Y, Kheradmand A. Internet addiction based on personality characteristics of high school students in Kerman, Iran [J]. Addiction & Health, 2011, 3 (3-4): 85-91.

［233］ Zhao S, Grasmuck S, Martin J. Identity construction on Facebook: Digital empowerment in anchored relationships [J]. Computers in Human Behavior, 2008, 24: 1816-183.

［234］ Zulkefly S N, Baharudinm R. Mobile phone use amongst students in a university in Malaysia: Its correlates and relationship to psychological health [J]. European Journal of Scientific Research, 2009, 27 (2): 206-218.

［235］ Zywica J, Danowski J. The faces of Facebookers: investigating social enhancement and social compensation hypotheses; predicting Facebook™ and offline popularity from sociability and self-esteem, and mapping the meanings of popularity with semantic networks [J]. Journal of Computer-Mediated Communication, 2008, 14 (1): 1-34.